2012

中国新闻出版

统计资料汇编

新闻出版总署出版产业发展司　编

中国书籍出版社

图书在版编目（CIP）数据

中国新闻出版统计资料汇编. 2012 / 新闻出版总署出版产业发展司编. —北京：中国书籍出版社，2012. 10

ISBN 978 -7 -5068 -3210 -6

Ⅰ. ①中… Ⅱ. ①新… Ⅲ. ①出版社—出版物—统计资料—汇编—中国—2012 Ⅳ. ①G239. 21

中国版本图书馆 CIP 数据核字（2012）第 237086 号

责任编辑 / 牧 人 刘洁琼

责任印制 / 孙马飞 张智勇

封面设计 / 嘉玮文化

出版发行 / 中国书籍出版社

地 址：北京市丰台区三路居路 97 号（邮编：100073）

电 话：(010)52257143(总编室) (010)52257153(发行部)

电子邮箱：chinabp@ vip. sina. com

经 销 / 全国新华书店

印 刷 / 鑫宏源印刷有限公司

开 本 / 787 毫米 ×1092 毫米 1/16

印 张 / 17. 5

字 数 / 330 千字

版 次 / 2012 年 10 月第 1 版 2012 年 10 月第 1 次印刷

书 号 / ISBN 978 -7 -5068 -3210 -6

定 价 / 96. 00 元

目　录

二〇一一年全国新闻出版业基本情况

2011 年，全国出版图书、期刊、报纸总印张为 3099.23 亿印张，折合用纸量 717.01 万吨，与上年相比用纸量增长 5.58%。其中：书籍用纸占总量 11.80%，课本用纸占总量 8.95%，图片用纸占总量 0.01%，附录用纸占总量 0.04%；期刊用纸占总量 6.32%；报纸用纸占总量 72.88%。

图　　书

截至 2011 年年底，全国共有出版社 580 家（包括副牌社 33 家），其中中央级出版社 220 家（包括副牌社 13 家），地方出版社 360 家（包括副牌社 20 家）。

一、图书出版总量

2011 年，全国共出版图书 369523 种（初版 207506 种，重版、重印 162017 种），总印数 77.05 亿册（张），总印张 634.51 亿印张，折合用纸量 149.15 万吨，定价总金额 1063.06 亿元。与上年相比，图书品种增长 12.53%（初版增长 9.62%，重版、重印增长 16.48%），总印数增长 7.46%，总印张增长 4.65%，定价总金额增长 13.57%。其中：

1. 书籍 290359 种（初版 180884 种，重版、重印 109475 种），总印数 42.19 亿册（张），总印张 359.94 亿印张，折合用纸量 84.58 万吨（包括附录用纸 0.36 亿印张，折合用纸量 0.01 万吨），定价总金额 726.41 亿元（包括附录定价总金额 13.72 亿元）。与上年相比，种数增长 11.90%（初版增长 9.79%，重版、重印增长 15.57%），总印数增长 11.88%，总印张增长 7.73%，定价总金额增长 18.54%。

2. 课本 78281 种（初版 25944 种，重版、重印 52337 种），总印数 34.40 亿册（张），总印张 272.94 亿印张，折合用纸量 64.14 万吨，定价总金额 330.17 亿元。与上年相比，种数增长 14.87%（初版增长 8.38%，重版、重印增长 18.39%），总印数增长 2.55%，总印张增长 0.95%，定价总金额增长 4.20%。

3. 图片 883 种（初版 678 种，重版、重印 205 种），总印数 0.10 亿册（张），总印张 0.26 亿印张，折合用纸量 0.10 万吨，定价总金额 1.19 亿元。与上年相比，种数增长 15.42%（初版增长 11.70%，重版、重印增长 29.75%），总印数下降 1.02%，总印张增长 11.58%，定价总金额下降 3.75%。

4. 附录总印数 0.36 亿册（张），总印张 1.37 亿印张，折合用纸量 0.32 万吨，定价总金额 5.29 亿元。

二、各类图书出版情况

在使用《中国标准书号》的 22 类出版物中，各类图书的出版数量、所占比重及与上年相比增减百分比如下：

1. 马列主义、毛泽东思想类604种（初版392种）、1468万册（张）、279634千印张、总定价36372万元，占总品种0.16%（初版占0.19%）、总印数0.19%、总印张0.44%、总定价0.34%。与上年相比，种数增长26.62%（初版增长23.66%），总印数下降5.96%，总印张下降8.74%，总定价下降1.98%。

2. 哲学类8600种（初版6496种）、6301万册（张）、903294千印张、总定价192636万元，占总品种2.33%（初版占3.13%）、总印数0.82%、总印张1.42%、总定价1.81%。与上年相比，种数增长15.93%（初版增长15.90%），总印数增长20.32%，总印张增长16.10%，总定价增长13.77%。

3. 社会科学总论类5344种（初版3478种）、4414万册（张）、540512千印张、总定价98539万元，占总品种1.45%（初版占1.68%）、总印数0.57%、总印张0.85%、总定价0.93%。与上年相比，种数增长10.39%（初版增长7.05%），总印数下降9.38%，总印张下降10.73%，总定价下降24.22%。

4. 政治、法律类15669种（初版12322种）、14017万册（张）、1930263千印张、总定价409370万元，占总品种4.24%（初版占5.94%）、总印数1.82%、总印张3.04%、总定价3.85%。与上年相比，种数增长12.70%（初版增长15.70%），总印数增长9.23%，总印张增长11.41%，总定价增长19.62%。

5. 军事类1178种（初版892种）、933万册（张）、141684千印张、总定价29691万元，占总品种0.32%（初版占0.43%）、总印数0.12%、总印张0.22%、总定价0.28%。与上年相比，种数增长24.52%（初版增长29.09%），总印数增长14.76%，总印张增长27.49%，总定价增长27.86%。

6. 经济类30253种（初版19434种）、16523万册（张）、2763968千印张、总定价581695万元，占总品种8.19%（初版占9.37%）、总印数2.14%、总印张4.36%、总定价5.47%。与上年相比，种数增长10.07%（初版增长10.65%），总印数增长3.55%，总印张增长3.28%，总定价增长7.64%。

7. 文化、科学、教育、体育类133054种（初版59312种）、578433万册（张）、38886613千印张、总定价5219485万元，占总品种36.01%（初版占28.58%）、总印数75.07%、总印张61.29%、总定价49.10%。与上年相比，种数增长19.46%（初版增长18.33%），总印数增长8.05%，总印张增长8.25%，总定价增长16.21%。

8. 语言、文字类19550种（初版10317种）、21919万册（张）、3244175千印张、总定价618004万元，占总品种5.29%（初版占4.97%）、总印数2.84%、总印张5.11%、总定价5.81%。与上年相比，种数增长5.05%（初版增长1.90%），总印数增长8.46%，总印张增长4.36%，总定价增长7.52%。

9. 文学类32317种（初版22891种）、39762万册（张）、4381331千印张、总定价854757万元，占总品种8.75%（初版占11.03%）、总印数5.16%、总印张6.91%、总定价8.04%。与上年相比，种数增长7.87%（初版增长1.98%），总印数增长18.52%，总印张增长3.76%，总定价增长20.38%。

10. 艺术类19825种（初版13094种）、17468万册（张）、1254779千印张、总定价481195万元，占总品种5.37%（初版占6.31%）、总印数2.27%、总印张1.98%、总定价

4.53%。与上年相比，种数增长18.10%（初版增长11.14%），总印数增长24.91%，总印张增长26.94%，总定价增长28.21%。

11. 历史、地理类14511种（初版11138种）、11130万册（张）、1405607千印张、总定价391846万元，占总品种3.93%（初版占5.37%）、总印数1.44%、总印张2.22%、总定价3.69%。与上年相比，种数增长16.92%（初版增长17.55%），总印数下降22.20%，总印张下降13.05%，总定价增长8.18%。

12. 自然科学总论类827种（初版499种）、791万册（张）、76957千印张、总定价16762万元，占总品种0.22%（初版占0.24%）、总印数0.10%、总印张0.12%、总定价0.16%。与上年相比，种数下降30.68%（初版下降18.46%），总印数下降58.84%，总印张下降44.43%，总定价下降26.03%。

13. 数理科学、化学类6997种（初版2731种）、4313万册（张）、669626千印张、总定价114351万元，占总品种1.89%（初版占1.32%）、总印数0.56%、总印张1.06%、总定价1.08%。与上年相比，种数增长11.17%（初版增长1.45%），总印数下降2.40%，总印张下降2.88%，总定价增长3.22%。

14. 天文学、地球科学类2014种（初版1301种）、980万册（张）、110365千印张、总定价28386万元，占总品种0.55%（初版占0.63%）、总印数0.13%、总印张0.17%、总定价0.27%。与上年相比，种数增长12.51%（初版增长2.85%），总印数下降30.15%，总印张增长3.78%，总定价增长10.52%。

15. 生物科学类2259种（初版1373种）、1375万册（张）、182891千印张、总定价40556万元，占总品种0.61%（初版占0.66%）、总印数0.18%、总印张0.29%、总定价0.38%。与上年相比，种数增长14.50%（初版增长7.43%），总印数下降2.96%，总印张增长8.87%，总定价增长17.18%。

16. 医药、卫生类15711种（初版9540种）、11401万册（张）、1751178千印张、总定价373495万元，占总品种4.25%（初版占4.60%）、总印数1.48%、总印张2.76%、总定价3.51%。与上年相比，种数下降0.51%（初版下降4.58%），总印数下降2.07%，总印张下降0.11%，总定价下降1.87%。

17. 农业科学类6305种（初版3185种）、6246万册（张）、467900千印张、总定价94844万元，占总品种1.71%（初版占1.53%）、总印数0.81%、总印张0.74%、总定价0.89%。与上年相比，种数下降4.77%（初版下降0.72%），总印数增长15.73%，总印张增长11.56%，总定价增长12.14%。

18. 工业技术类44539种（初版22997种）、21547万册（张）、3473871千印张、总定价757191万元，占总品种12.05%（初版占11.08%）、总印数2.80%、总印张5.47%、总定价7.12%。与上年相比，种数增长6.29%（初版增长1.51%），总印数增长3.42%，总印张下降19.93%，总定价增长9.25%。

19. 交通运输类4189种（初版2060种）、2452万册（张）、334312千印张、总定价80961万元，占总品种1.13%（初版占0.99%）、总印数0.32%、总印张0.53%、总定价0.76%。与上年相比，种数增长8.47%（初版增长1.23%），总印数增长0.66%，总印张增长7.97%，总定价增长10.76%。

20. 航空、航天类338种（初版235种）、148万册（张）、19683千印张、总定价5797万元，占总品种 0. 09%（初版占 0. 11%）、总印数 0. 02%、总印张 0. 03%、总定价 0. 05%。与上年相比，种数增长 21. 15%（初版增长 14. 63%），总印数增长 13. 85%，总印张增长 21. 56%，总定价增长 26. 60%。

21. 环境科学类 1706 种（初版 1243 种）、992 万册（张）、104480 千印张、总定价 26796 万元，占总品种 0. 46%（初版占 0. 60%）、总印数 0. 13%、总印张 0. 16%、总定价 0. 25%。与上年相比，种数增长 7. 36%（初版增长 10. 59%），总印数下降 48. 94%，总印张下降 25. 98%，总定价下降 18. 50%。

22. 综合性图书类 2850 种（初版 1898 种）、3326 万册（张）、364744 千印张、总定价 113101 万元，占总品种 0. 77%（初版占 0. 91%）、总印数 0. 43%、总印张 0. 57%、总定价 1. 06%。与上年相比，种数增长 35. 20%（初版增长 19. 60%），总印数增长 38. 30%，总印张增长 21. 82%，总定价增长 45. 53%。

三、各类课本出版情况

各类课本的出版数量与上年相比增减的百分比如下：

1. 大专及大专以上课本 48126 种（初版 17976 种）、33207 万册（张）、5779979 千印张、总定价 972202 万元，与上年相比，种数增长 11. 85%（初版增长 9. 02%），总印数下降 5. 69%，总印张下降 5. 50%，总定价增长 0. 16%。

2. 中专课本 6151 种（初版 1622 种）、7456 万册（张）、958302 千印张、总定价 152064 万元，与上年相比，种数增长 22. 12%（初版增长 0. 62%），总印数增长 10. 82%，总印张增长 9. 81%，总定价增长 15. 77%。

3. 中学课本 6307 种（初版 954 种）、168160 万册（张）、12843298 千印张、总定价 1247800 万元，与上年相比，种数增长 35. 46%（初版增长 63. 08%），总印数下降 3. 35%，总印张下降 2. 99%，总定价增长 0. 05%。

4. 小学课本 5267 种（初版 730 种）、121815 万册（张）、6235323 千印张、总定价 651738 万元，与上年相比，种数增长 30. 21%（初版增长 40. 12%），总印数增长 16. 97%，总印张增长 18. 20%，总定价增长 20. 32%。

5. 业余教育课本 6288 种（初版 3147 种）、4228 万册（张）、685683 千印张、总定价 144168 万元，与上年相比，种数增长 66. 26%（初版增长 44. 76%），总印数增长 31. 43%，总印张增长 52. 48%，总定价增长 64. 80%。

6. 扫盲课本 8 种（初版 4 种）、6 万册（张）、399 千印张、总定价 49 万元。

7. 教学用书 6134 种（初版 1511 种）、9119 万册（张）、791320 千印张、总定价 133709 万元，与上年相比，种数下降 19. 19%（初版下降 40. 86%），总印数下降 24. 94%，总印张下降 26. 95%，总定价下降 29. 68%。

四、少年儿童读物出版情况

2011 年，全国共出版少年儿童读物 22059 种（初版 14077 种）、37800 万册（张）、2138117 千印张、总定价 603373 万元，与上年相比，种数增长 11. 44%（初版增长 11. 37%），总印数增长 5. 64%，总印张增长 13. 92%，总定价增长 27. 62%。

期　　刊

一、期刊出版总量

2011 年，全国共出版期刊 9849 种，平均期印数 16880 万册，总印数 32.85 亿册，总印张 192.73 亿印张，定价总金额 238.43 亿元，折合用纸量 45.28 万吨。与上年相比，种数下降 0.35%，平均期印数增长 3.25%，总印数增长 2.17%，总印张增长 6.44%，定价总金额增长 9.53%。

二、各类期刊出版情况

各类期刊的出版数量、所占比重及与上年相比增减百分比如下：

1. 综合类期刊 435 种，平均期印数 1206 万册，总印数 25358 万册，总印张 1266075 千印张；占期刊总品种 4.42%，总印数 7.72%，总印张 6.57%。与上年相比，种数下降 12.12%，平均期印数下降 31.71%，总印数下降 37.49%，总印张下降 33.89%。

2. 哲学、社会科学类期刊 2516 种，平均期印数 7175 万册，总印数 138842 万册，总印张 7181138 千印张；占期刊总品种 25.55%，总印数 42.26%，总印张 37.26%。与上年相比，种数增长 2.03%，平均期印数增长 11.08%，总印数增长 16.12%，总印张增长 2.06%。

3. 自然科学、技术类期刊 4920 种，平均期印数 3282 万册，总印数 48717 万册，总印张 3797212 千印张；占期刊总品种 49.95%，总印数 14.83%，总印张 19.70%。与上年相比，种数下降 0.32%，平均期印数增长 8.66%，总印数增长 3.50%，总印张增长 14.53%。

4. 文化、教育类期刊 1349 种，平均期印数 3664 万册，总印数 78539 万册，总印张 4934170 千印张；占期刊总品种 13.70%，总印数 23.91%，总印张 25.60%。与上年相比，种数增长 11.76%，平均期印数增长 34.48%，总印数增长 28.69%，总印张增长 47.12%。

5. 文学、艺术类期刊 629 种，平均期印数 1553 万册，总印数 37066 万册，总印张 2094282 千印张；占期刊总品种 6.39%，总印数 11.28%，总印张 10.87%。与上年相比，种数下降 0.32%，平均期印数增长 22.43%，总印数增长 37.46%，总印张增长 46.52%。

三、少年儿童期刊出版情况

2011 年，全国共出版少年儿童期刊 118 种，平均期印数 1387 万册，总印数 36454 万册，总印张 944731 千印张；占期刊总品种 1.20%，总印数 11.10%，总印张 4.90%。与上年相比，种数增长 20.41%，平均期印数增长 42.07%，总印数增长 53.93%，总印张增长 29.24%。

四、画刊出版情况

2011 年，全国共出版画刊（不含面向少年儿童的画刊）58 种，平均期印数 113 万册，总印数 2070 万册，总印张 176258 千印张；占期刊总品种 0.59%，总印数 0.63%，总印张 0.91%。与上年相比，种数增长 13.73%，平均期印数下降 15.67%，总印数下降 22.24%，总印张下降 45.75%。

报　　纸

一、报纸出版总量

2011 年，全国共出版报纸 1928 种，平均期印数 21517.05 万份，总印数 467.43 亿份，总印张 2271.99 亿印张，定价总金额 400.44 亿元，折合用纸量 522.56 万吨。与上年相比，种数下降 0.57%，平均期印数增长 0.37%，总印数增长 3.38%，总印张增长 5.77%，定价总金额增长 8.91%。

二、各级报纸出版情况

各级报纸的出版数量、所占比重及与上年相比增减百分比如下：

1. 全国性和省级报纸 1042 种，平均期印数 16003.40 万份，总印数 315.35 亿份，总印张 1510.78 亿印张。占报纸总品种 54.05%，总印数 67.46%，总印张 66.50%。与上年相比种数下降 0.96%，平均期印数增长 1.38%，总印数增长 2.07%，总印张增长 3.70%。其中：

全国性报纸 217 种，平均期印数 2939.65 万份，总印数 68.96 亿份，总印张 199.91 亿印张；占报纸总品种 11.25%，总印数 14.75%，总印张 8.80%。与上年相比种数下降 4.41%，平均期印数下降 3.44%，总印数下降 0.82%，总印张下降 13.72%。

省级报纸 825 种，平均期印数 13063.75 万份，总印数 246.39 亿份，总印张 1310.87 亿印张；占报纸总品种 42.79%，总印数 52.71%，总印张 57.70%。与上年相比种数持平，平均期印数增长 2.53%，总印数增长 2.92%，总印张增长 6.98%。

2. 地、市级报纸 869 种，平均期印数 5480.06 万份，总印数 151.15 亿份，总印张 759.45 亿印张；占报纸总品种 45.01%，总印数 32.34%，总印张 33.43%。与上年相比，种数下降 0.23%，平均期印数下降 2.44%，总印数增长 6.28%，总印张增长 10.23%。

3. 县级报纸 17 种，平均期印数 33.59 万份，总印数 0.94 亿份，总印张 1.76 亿印张；占报纸总品种 0.88%，总印数 0.20%，总印张 0.08%。与上年相比，种数增长了 6.25%，平均期印数下降 2.44%，总印数下降 4.08%，总印张下降 16.19%。

三、各类报纸出版情况

各类报纸的出版数量、所占比重及与上年相比增减百分比如下：

1. 综合报纸 809 种，平均期印数 9552.80 万份，总印数 325.43 亿份，总印张 1915.09 亿印张；占报纸总品种 41.96%，总印数 69.62%，总印张 84.29%。与上年相比，种数增长了 0.37%，平均期印数增长 0.66%，总印数增长 3.70%，总印张增长 6.35%。

2. 专业报纸 1119 种，平均期印数 11964.25 万份，总印数 142.00 亿份，总印张 356.90 亿印张；占报纸总品种 58.04%，总印数 30.38%，总印张 15.71%。与上年相比，种数下降 1.24%，平均期印数增长 0.14%，总印数增长 2.65%，总印张增长 2.75%。

音像制品与电子出版物

截至 2011 年年底，全国共有音像制品出版单位 369 家，电子出版物出版单位 268 家。

一、录音制品出版情况

2011年，全国共出版录音制品9931种，出版数量2.46亿盒（张），发行数量2.60亿盒（张），发行总金额10.35亿元。与上年相比，品种下降6.65%，出版数量增长3.30%，发行数量增长1.43%，发行总金额下降14.28%。

各类录音制品的出版数量及占总量的比重如下：

1. 录音带（AT）3250种，18757.06万盒（新出1322种、1797.1万盒，再版1928种、16959.96万盒）。与上年相比，品种下降2.58%，数量增长7.78%。其中：

自编节目3249种、18756.76万盒，占录音带种数的99.97%、数量的99.99%。自编节目中：歌曲144种、168.87万盒，占录音带种数的4.43%、数量的0.90%；乐曲6种、0.29万盒，占录音带种数的0.18%、数量的0.01%；戏曲75种、2.54万盒，占录音带种数的2.30%、数量的0.01%；曲艺10种、0.43万盒，占录音带种数的0.31%、数量的0.002%；教育2188种、6204.7万盒，占录音带种数的67.32%、数量的33.08%；文学125种、14.98万盒，占录音带种数的3.85%、数量的0.08%；语言673种、12359.28万盒，占录音带种数的20.71%、数量的65.89%；除以上各类外其他类28种、5.67万盒，占录音带种数的0.86%、数量的0.03%。

引进节目1种、0.3万盒，为文学类，占录音带种数的0.03%、数量的0.002%。

无对外合作节目。

少年儿童录音带445种、数量60.25万盒。

2. 激光唱盘（CD）4716种，3731.56万张（新出3456种、2165.31万张，再版1260种、1566.25万张）。与上年相比，品种下降了7.27%，数量下降了5.47%。其中：

自编节目4228种、3298.03万张，占激光唱盘种数的89.65%、数量的88.38%。自编节目中：歌曲1397种、623.77万张，占激光唱盘种数的29.62%、数量的16.72%；乐曲590种、303.04万张，占激光唱盘种数的12.51%、数量的8.12%；戏曲175种、55.44万张，占激光唱盘种数的3.71%、数量的1.49%；曲艺44种、12.9万张，占激光唱盘种数的0.93%、数量的0.35%；教育1197种、1579.65万张，占激光唱盘种数的25.38%、数量的42.33%；文学112种、131.63万张，占激光唱盘种数的2.37%、数量的3.53%；语言590种、517.6万张，占激光唱盘种数的12.51%、数量的13.87%；除以上各类外其他类123种、74万张，占激光唱盘种数的2.61%、数量的1.98%。

引进节目487种、433.33万张，占激光唱盘种数的10.33%、数量的11.61%。引进节目中：歌曲349种、251.73万张，占激光唱盘种数的7.40%、数量的6.75%；乐曲109种、160.31万张，占激光唱盘种数的2.31%、数量4.30%；教育13种、9.07万张，占激光唱盘种数的0.28%、数量的0.24%；语言8种、8.29万张，占激光唱盘种数的0.17%、数量的0.22%。除以上各类外其他类8种、3.93万张，占激光唱盘种数的0.17%、数量的0.11%。

对外合作节目1种、0.2万张。

少年儿童激光唱盘（CD）457种、数量374.48万张。

3. 高密度激光唱盘及其他载体1965种，2154.13万张（新出1070种、790.15万张，再版895种、1363.98万张）。与上年相比，品种下降11.37%，数量下降13.97%。其中：

自编节目1918种、2134.72万张，占高密度激光唱盘及其他载体种数的97.61%、数量的

99. 10%。自编节目中：歌曲 28 种、190. 3 万张，占高密度激光唱盘及其他载体种数的 1. 42%、数量的 8. 83%；乐曲 29 种、23. 86 万张，占高密度激光唱盘及其他载体种数的 1. 48%、数量的 1. 11%；教育 461 种、698. 45 万张，占高密度激光唱盘及其他载体种数的 23. 46%、数量的 32. 42%；语言 1370 种、1200. 29 万张，占高密度激光唱盘及其他载体种数的 69. 72%、数量的 55. 72%；除以上各类外其他类 30 种、21. 82 万张，占高密度激光唱盘及其他载体种数的 1. 17%、数量的 0. 80%。

引进节目 47 种、19. 41 万张，占高密度激光唱盘及其他载体种数的 2. 39%、数量的 0. 90%。引进节目中：教育 16 种、7. 95 万张，占高密度激光唱盘及其他载体种数的 0. 81%、数量的 0. 37%；语言 30 种、9. 46 万张，占高密度激光唱盘及其他载体种数的 1. 53%、数量的 0. 44%。

无对外合作节目。

少年儿童高密度激光唱盘及其他载体 67 种、数量 18. 19 万张。

二、录像制品出版情况

2011 年，全国共出版录像制品 9477 种，出版数量 2. 18 亿盒（张），发行数量 1. 28 亿盒（张），发行总金额 7. 91 亿元。与上年相比，品种下降 13. 16%，出版数量增长 17. 59%，发行数量增长 7. 97%，发行总金额下降 1. 72%。

各类录像制品的出版数量及占总量的比重如下：

1. 录像带（VT）及其他 141 种，62. 98 万盒（新出 137 种、59. 77 万盒）。与上年相比，品种增长 227. 91%，数量下降 75. 35%。其中：

自编节目 90 种、40. 68 万盒，占录像带种数的 63. 83%、数量的 64. 59%。自编节目中：教育 44 种、19. 37 万盒，占录像带种数的 31. 21%、数量的 30. 76%；语言 1 种、0. 2 万盒，占录像带种数的 0. 71%、数量的 0. 32%；除以上各类外其他类 45 种、21. 11 万盒，占录像带种数的 17. 02%，数量的 33. 52%。

引进节目 51 种、22. 3 万盒。

无对外合作节目。

少年儿童节目 7 种、4. 61 万盒。

2. 数码激光视盘（VCD）2994 种，6864. 36 万张（新出 1591 种、4417. 73 万张，再版 1403 种、2446. 63 万张）。与上年相比，品种下降 25. 78%，数量增长 5. 29%。其中：

自编节目 2943 种、6594. 38 万张，占数码激光视盘种数的 98. 30%、数量的 96. 07%。自编节目中：故事片 31 种、30. 1 万张，占数码激光视盘种数的 1. 04%、数量的 0. 44%；电视剧 2 种、4 万张，占数码激光视盘种数的 0. 07%、数量的 0. 06%；戏曲片 334 种、318. 63 万张，占数码激光视盘种数的 11. 16%、数量的 4. 64%；风光片 4 种、3. 9 万张，占数码激光视盘种数的 0. 13%、数量的 0. 06%；卡通片 122 种、1105. 45 万张，占数码激光视盘种数的 4. 07%、数量的 16. 10%；音乐舞蹈 163 种、199. 63 万张，占数码激光视盘种数的 5. 44%、数量的 2. 90%；卡拉 OK、MTV18 种、31. 8 万张，占数码激光视盘种数的 0. 60%、数量的 0. 46%；社会科学 42 种、305. 41 万张，占数码激光视盘种数的 1. 40%、数量的 4. 45%；教育 1246 种、4050. 57 万张，占数码激光视盘种数的 41. 62%、数量的 59. 01%；语言 77 种、64. 43 万张，占数码激光视盘种数的 2. 57%、数量的 0. 94%；科技 74 种、58. 6 万张，占数码激光视盘种数的

2.47%、数量的0.85%；经济36种、40.72万张，占数码激光视盘种数的1.20%、数量的0.59%；体育22种、20.72万张，占数码激光视盘种数的0.73%、数量的0.30%；医药卫生68种、49.6万张，占数码激光视盘种数的2.27%、数量的0.72%；农业科学467种、132.79万张，占数码激光视盘种数的15.60%、数量的1.93%；综合89种、47.17万张，占数码激光视盘种数的2.97%、数量的0.69%；除以上各类外其他类148种、130.86万张，占数码激光视盘种数的4.94%、数量的1.91%。

引进节目51种、269.98万张，占数码激光视盘种数的1.70%、数量的3.93%。引进节目中：故事片7种、59.4万张，占数码激光视盘种数的0.23%、数量的0.87%；卡通片12种、181.2万张，占数码激光视盘种数的0.40%、数量的2.63%；除以上各类外其他类32种、29.38万张，占数码激光视盘种数的1.07%、数量的0.43%。

无对外合作节目。

少年儿童数码激光视盘（VCD）673种，数量3664.23万张。

3. 高密度激光视盘（DVD－V）6342种，14860.86万张（新出5265种、13743.70万张，再版1059种、1117.16万张）。与上年相比，品种下降7.23%，数量增长26.43%。其中：

自编节目5622种、14024.53万张，占高密度激光视盘种数的88.65%、数量的94.37%。自编节目中：故事片197种、376.22万张，占高密度激光视盘种数的3.11%、数量的2.53%；电视剧378种、8616.39万张，占高密度激光视盘种数的5.96%、数量的57.98%；戏曲片242种、85.12万张，占高密度激光视盘种数的3.82%、数量的0.57%；风光片59种、71.6万张，占高密度激光视盘种数的0.93%、数量的0.48%；卡通片158种、720.5万张，占高密度激光视盘种数的2.49%、数量的4.85%；音乐舞蹈451种、270.72万张，占高密度激光视盘种数的7.11%、数量的1.82%；卡拉OK、MTV108种、31.14万张，占高密度激光视盘种数的1.70%、数量的0.21%；社会科学216种、210.98万张，占高密度激光视盘种数的3.41%、数量的1.42%；教育2126种、2318.92万张，占高密度激光视盘种数的33.52%、数量的15.60%；语言154种、97.37万张，占高密度激光视盘种数的2.43%、数量的0.66%；经济95种、133.29万张，占高密度激光视盘种数的1.50%，0.90%；体育114种、84.62万张，占高密度激光视盘种数的1.81%、数量的0.57%；医药卫生245种、107.8万张，占高密度激光视盘种数的3.86%、数量的0.73%；综合511种、482.44万张，占高密度激光视盘种数的8.06%、数量的3.25%；除以上各类外其他类568种、417.41万张，占高密度激光视盘种数的8.96%、数量的2.81%。

引进节目710种、829.83万张，占高密度激光视盘种数的11.2%、数量的5.58%。引进节目中：故事片414种、350.84万张，占高密度激光视盘种数的6.53%、数量的2.36%；音乐舞蹈39种、31.1万张，占高密度激光视盘种数的0.61%、数量的0.21%；卡通片190种、324.86万张，占高密度激光视盘种数的3.00%、数量的2.19%。除以上各类外其他类67种、123.03万张，占高密度激光视盘种数的1.06%、数量的0.83%。

对外合作节目10种、6.5万张。

少年儿童高密度激光视盘（DVD－V）960种，数量1929.03万张。

三、电子出版物出版情况

2011年，全国共出版电子出版物11154种、21322.22万张。与上年相比，品种下降

0.19%，数量下降17.71%。其中：只读光盘（CD－ROM）7546种、15919.66万张，与上年相比，品种下降1.53%，数量下降29.09%。高密度只读光盘（DVD－ROM）2747种、3995.4万张，与上年相比，品种下降0.18%，数量增长47.19%。交互式光盘（CD－I）及其他861种、1407.17万张，与上年相比，品种增长13.29%，数量增长88.14%。

出版物发行

一、发行网点与从业人员情况

2011年，全国共有出版物发行网点168586处，与上年相比增长0.42%。其中国有书店和国有发行网点9513处，与上年相比降低4.73%；供销社发行网点997处，与上年相比降低34.41%；出版社自办发行网点447处，与上年相比降低3.25%；文化、教育、广电、邮政系统发行网点36455处，与上年相比降低7.15%；新华书店系统外批发网点7141处，与上年相比增长10.15%；集个体零售网点113932处，与上年相比增长3.58%。

2011年，全国出版物发行业从业人员72.54万人，与上年相比增长0.22%。其中国有书店和国有发行网点从业人员13.95万人，与上年相比增长1.38%；文化、教育、广电、邮政系统发行从业人员7.70万人，与上年相比增长8.76%；新华书店系统外批发点从业人员15.22万人，与上年相比增长1.4%；集个体零售网点从业人员34.74万人，与上年相比增长7.35%。

二、出版物购进情况

2011年，全国新华书店系统、出版社自办发行单位出版物总购进184.06亿（册张份盒）、2024.89亿元；与上年相比，数量增长6.68%，金额增长14.05%。其中：新华书店系统购进123.50亿（册张份盒），与上年相比增长8.42%，购进金额1078.02亿元，与上年相比增长10.65%。

三、出版物销售情况

（一）总销售情况

2011年，全国新华书店系统、出版社自办发行单位出版物总销售178.17亿册（张、份、盒）、1953.49亿元；与上年相比，数量增长4.99%，金额增长11.36%。其中：新华书店系统销售117.51亿册（张、份、盒）、1040.40亿元；与上年相比，数量增长5.76%，金额增长8.64%；其中：

1. 居民和社会团体零售总额582.40亿元，与上年相比增长9.22%。其中城市零售474.78亿元，农村零售107.62亿元，城乡零售比重为4.41:1。

2. 出版物批发销售总额1369.11亿元，比上年增长12.14%，批零比重为2.35:1。其中：批给市、县批发、零售出版物发行企业1299.91亿元，与上年相比增长12.37%；批给县以下单位或个人27.11亿元，与上年相比增长38.07%；其他批发42.09亿元，与上年相比减少5.40%。

3. 出口总额1.99亿元，与上年相比下降21.3%。

（二）纯销售情况

2011年，全国新华书店系统、出版社自办发行单位纯销售65.78亿册（张、份、盒）、

653.59 亿元；与上年相比，数量增长 1.80%，金额增长 8.95%。

（三）各类出版物零售情况

2011 年，全国新华书店单位、出版社自办发行单位各类出版物的零售数量和金额、所占零售总量的比重如下：

1. 哲学、社会科学类图书 2.18 亿册、36.86 亿元，占销售数量 3.67%、销售金额 6.33%。

2. 文化、教育类（含教辅读物）图书 22.49 亿册、215.38 亿元，占销售数量 37.78%、销售金额 36.98%。

3. 文学、艺术类图书 2.01 亿册、28.78 亿元，占销售数量 3.38%、销售金额 4.94%。

4. 自然科学、技术类图书 1.50 亿册、28.34 亿元，占销售数量 2.52%、销售金额 4.87%。

5. 少年儿童读物图书 1.51 亿册、17.86 亿元，占销售数量 2.54%、销售金额 3.07%。

6. 大中专教材、业余教育及教参 0.97 亿册、17.11 亿元，占销售数量 1.62%、销售金额 2.94%。

7. 中小学课本及教参 26.23 亿册、199.27 亿元，占销售数量 44.05%、销售金额 34.22%。

8. 其他类图书 1.36 亿册、15.21 亿元，占销售数量 2.29%、销售金额 2.61%。

9. 期刊 0.17 亿册、4.44 亿元，占销售数量 0.28%、销售金额 0.76%。

10. 报纸 0.08 亿份、0.57 亿元，占销售数量 0.14%、销售金额 0.10%。

11. 音像制品 0.69 亿盒张、9.27 亿元，占销售数量 1.16%、销售金额 1.59%。

12. 电子出版物 0.33 亿张、9.30 亿元，占销售数量 0.56%、销售金额 1.60%。

四、出版物库存情况

全国新华书店系统、出版社自办发行单位年末库存 55.86 亿册（张、份、盒）、804.05 亿元；与上年相比，数量增长 5.39%，金额增长 8.98%。

五、非出版物商品销售

非出版物商品销售金额 55.01 亿元（不含在销售总额之内）。

印刷复制

一、印刷复制总体情况

2011 年，全国印刷复制（包括出版物印刷、包装装潢印刷、其他印刷品印刷、专项印刷、打字复印、复制和印刷物资供销）实现营业收入 9305.35 亿元，与上年相比增长 17.52%；增加值 2324.91 亿元，与上年相比增长 9.63%；利润总额 614.60 亿元，与上年相比增长 6.26%。

二、出版物印刷（含专项印刷）

2011 年，全国出版物印刷企业（含专项印刷）8309 家，职工年末平均人数 57.62 万人，与上年相比下降 5.97%，职工工资总额 158.65 亿元，与上年相比增长 15.68%，人均年工资 2.75 万元，与上年相比增长 22.77%。

（一）出版物印刷厂产值产量（含专项印刷）

1. 工业销售产值 1320.68 亿元，与上年相比增长 7.00%。

2. 图书、报纸、其他出版物黑白印刷产量30090.95万令，比上年增长6.43%。彩色印刷产量152912.73万对开色令，与上年相比增长7.75%。

3. 装订产量28984.86万令，与上年相比下降0.08%。

4. 印刷用纸33366.23万令，比上年下降11.87%；1013.97万吨，比上年下降8.48%。

（二）出版物印刷厂主要经济指标（含专项印刷）

1. 资产合计年末数1781.99亿元，与上年相比增长1.84%。

2. 年末负债合计915.38亿元，与上年相比增长2.22%。

3. 所有者权益合计年末数866.61亿元，与上年相比增长1.45%。

4. 主营业务收入1312.41亿元，与上年相比增长9.32%。

5. 利润总额78.37亿元，与上年相比下降2.24%。

6. 增加值412.37亿元，与上年相比增长6.19%。

三、包装装潢印刷厂主要经济指标

1. 营业收入6747.94亿元，与上年相比增加21.06%。

2. 增加值1517.10亿元，与上年相比增加9.49%。

3. 利润总额405.08亿元，与上年相比增加1.52%。

四、其他印刷品印刷厂主要经济指标

1. 营业收入900.66亿元，与上年相比增加6.11%。

2. 增加值295.55亿元，与上年相比增加15.73%。

3. 利润总额96.38亿元，与上年相比增加45.13%。

出版物进出口

一、图书、报纸、期刊出口

2011年，全国累计出口①图书、报纸、期刊1056800种次、1549.17万册（份）、5894.12万美元。其中：全国出版物进出口经营单位累计出口914726种次、1144.18万册（份）、3905.51万美元；与上年相比，种次下降4.21%，数量增长21.00%，金额增长5.24%；其中：

1. 图书出口878174种次、855.76万册、3276.61万美元；与上年相比，种次下降3.85%，数量增长21.00%，金额增长1.38%。

2. 期刊出口36018种次、252.89万册、573.44万美元；与上年相比，种次下降12.29%，数量增长29.83%，金额增长35.25%。

3. 报纸出口534种次、35.52万份、55.46万美元；与上年相比，种次下降4.81%，数量下降18.56%，金额增长1.01%。

全国出版物进出口经营单位各类图书出口的种次、数量、金额及所占全国出版物进出口经营单位图书出口总量的比重如下：

① 包括全国出版物进出口经营单位的出口和部分出版单位、发行单位的出口，系不完全统计。后同。

1. 哲学、社会科学类201653种次、101.52万册、752.50万美元，占图书出口种次22.96%、数量11.86%、金额22.97%。

2. 文化、教育类181888种次、158.08万册、571.18万美元，占图书出口种次20.71%、数量18.47%、金额17.43%。

3. 文学、艺术类208855种次、144.66万册、650.66万美元，占图书出口种次23.78%、数量16.90%、金额19.86%。

4. 自然、科学技术类89654种次、57.99万册、345.88万美元，占图书出口种次10.21%、数量6.78%、金额10.56%。

5. 少儿读物类64657种次、205.23万册、280.61万美元，占图书出口种次7.36%、数量23.98%、金额8.56%。

6. 综合类131467种次、188.27万册、675.77万美元，占图书出口种次14.97%、数量22.00%、金额20.62%。

二、图书、报纸、期刊进口

2011年，全国出版物进出口经营单位累计进口图书、报纸、期刊1119975种次、2979.88万册（份）、28373.26万美元；与上年相比，种次增长27.31%，数量增长3.40%，金额增长9.09%。其中：

1. 图书进口1042288种次、754.85万册、11666.91万美元；与上年相比，种次增长29.30%，数量增长32.76%，金额增长24.09%。

2. 期刊进口76337种次、439.93万册、13906.17万美元；与上年相比，种次增长5.94%，数量增长4.58%，金额增长0.56%。

3. 报纸进口1350种次、1785.10万份、2800.18万美元；与上年相比，种次下降14.66%，数量下降5.68%，金额增长0.81%。

各类图书进口的种次、数量、金额及所占图书进口总量的比重如下：

1. 哲学、社会科学类276618种次、117.99万册、2476.69万美元，占图书进口种次26.54%、数量15.63%、金额21.23%。

2. 文化、教育类165089种次、180.25万册、2037.88万美元，占图书进口种次15.84%、数量23.88%、金额17.47%。

3. 文学、艺术类168122种次、138.23万册、1690.11万美元，占图书进口种次16.13%、数量18.31%、金额14.49%。

4. 自然、科学技术类252027种次、134.63万册、3414.30万美元，占图书进口种次24.18%、数量17.84%、金额29.26%。

5. 少儿读物类63665种次、78.66万册、629.25万美元，占图书进口种次6.11%、数量10.42%、金额5.39%。

6. 综合类116767种次、105.09万册、1418.68万美元，占图书进口种次11.20%、数量13.92%、金额12.16%。

三、音像制品、电子出版物出口

2011年，全国累计出口音像制品、电子出版物430378种次、8.32万盒（张）、1502.43

万美元。其中：全国出版物进出口经营单位累计出口 8077 种次、7.71 万盒（张）、35.17 万美元；与上年相比，种次下降 21.98%，数量下降 92.43%，金额下降 25.41%；其中：

1. 激光唱盘（CD）347 种次、1345 盒、0.25 万美元，占音像、电子出版物出口种次 4.30%、数量 1.74%、金额 0.71%。与上年相比，种次增长 84.57%，数量下降 61.12%，金额下降 94.03%。

2. 高密度激光视盘（DVD－V）7104 种次、69129 张、34.25 万美元，占音像、电子出版物出口种次 87.95%、数量 89.67%、金额 97.37%。与上年相比，种次增长 176.85%，数量下降 93.08%，金额增长 58.13%。

3. 数码激光视盘（VCD）626 种次、6617 张、0.68 万美元，占音像、电子出版物出口种次 7.75%、数量 8.58%、金额 1.92%。与上年相比，种次下降 90.86%，数量下降 57.88%，金额下降 96.79%。

四、音像制品、电子出版物进口

2011 年，全国出版物进出口经营单位累计进口音像制品、电子出版物 14553 种次、39.63 万盒（张）、14134.78 万美元；与上年相比，种次下降 42.40%，数量下降 37.05%，金额增长 24.18%。其中：

1. 激光唱盘（CD）和高密度激光唱盘（DVD－A）11386 种次、147281 张、130.79 万美元，占音像、电子出版物进口种次 78.24%、数量 37.17%、金额 0.93%。与上年相比，种次下降 26.28%，数量增长 51.37%，金额增长 18.31%。

2. 高密度激光视盘（DVD－V）691 种次、75489 张、13.32 万美元，占音像、电子出版物进口种次 4.75%、数量 19.05%、金额 0.09%。与上年相比，种次下降 83.55%，数量下降 78.79%，金额下降 88.79%。

3. 电子出版物 2476 种次、173517 张、13990.67 万美元，占音像、电子出版物进口种次 17.01%、数量 43.79%、金额 98.98%。与上年相比，种次下降 22.60%，数量增长 0.35%，金额增长 25.45%。

版权管理与版权贸易

一、版权管理

（一）版权合同登记

2011 年，全国版权合同登记 20797 份，其中图书 14401 份，期刊 288 份，音像制品 245 份，电子出版物 485 份，软件 955 份，电视节目 3 份，其他 4420 份。

（二）作品自愿登记

2011 年，全国作品自愿登记 442983 份，其中文字作品 80424 份，口述 1 份，音乐作品 2004 份，曲艺作品 46 份，舞蹈作品 34 份，杂技作品 1 份，美术作品 53326 份，摄影作品 297028 份，建筑 6 份，影视作品 7544 份，设计图 1210 份，地图 93 份，模型 8 份，其他 1258 份。

二、版权贸易

（一）版权引进

1. 总体情况

2011 年，全国共引进版权 16639 种，其中图书 14708 种，录音制品 278 种，录像制品 421 种，电子出版物 185 种，软件 273 种，电影 37 种，电视节目 734 种，其他 3 种。

版权引进地情况如下：

美国 5182 种，英国 2595 种，德国 895 种，法国 720 种，俄罗斯 57 种，加拿大 140 种，新加坡 265 种，日本 2161 种，韩国 1098 种，香港地区 658 种，澳门地区 1 种，台湾地区 1497 种，其他国家和地区 1370 种。

2. 出版物版权引进情况

2011 年，全国共引进图书、音像制品和电子出版物版权 15592 种。其中，图书版权引进地情况如下：

美国 4553 种，英国 2256 种，德国 881 种，法国 706 种，俄罗斯 55 种，加拿大 133 种，新加坡 200 种，日本 1982 种，韩国 1047 种，香港地区 345 种，澳门地区 1 种，台湾地区 1295 种，其他国家和地区 1254 种。

（二）版权输出

1. 总体情况

2011 年，全国共输出版权 7783 种，其中图书 5922 种，录音制品 130 种，录像制品 20 种，电子出版物 125 种，软件 5 种，电影 2 种，电视节目 1559 种，其他 20 种。

版权输出地情况如下：

美国 1077 种，英国 433 种，德国 146 种，法国 129 种，俄罗斯 40 种，加拿大 16 种，新加坡 221 种，日本 187 种，韩国 507 种，香港地区 448 种，澳门地区 37 种，台湾地区 1656 种，其他国家和地区 2886 种。

2. 出版物版权输出情况

2011 年，全国共输出图书、音像制品和电子出版物版权 6197 种。其中，图书版权输出地情况如下：

美国 766 种，英国 422 种，德国 127 种，法国 126 种，俄罗斯 40 种，加拿大 15 种，新加坡 131 种，日本 161 种，韩国 446 种，香港地区 366 种，澳门地区 19 种，台湾地区 1644 种，其他国家和地区 1659 种。

（说明：以上统计未包含香港、澳门、台湾地区相关统计数据。）

一、图书出版

全国各类图书出版数量及与上年相比增减百分比

(一)种　数

	本版图书种数(种)			与上年相比增减%			租型图书种数(种)	与上年相比增减%
	合计	新出	重印	合计	新出	重印		
图　书　总　计	**369523**	**207506**	**162017**	**12.53**	**9.62**	**16.48**	**10490**	**5.27**
(一)使用《中国标准书号》部分合计	368640	206828	161812	12.52	9.61	16.47	10490	5.27
A 马克思主义、列宁主义、毛泽东思想	604	392	212	26.62	23.66	32.50	7	
B 哲学	8600	6496	2104	15.93	15.90	16.05	13	225.00
C 社会科学总论	5344	3478	1866	10.39	7.05	17.21	9	-25.00
D 政治、法律	15669	12322	3347	12.70	15.70	2.89	47	56.67
E 军事	1178	892	286	24.52	29.09	12.16		
F 经济	30253	19434	10819	10.07	10.65	9.04	53	1.92
G 文化、科学、教育、体育	133054	59312	73742	19.46	18.33	20.39	10039	6.92
H 语言、文字	19550	10317	9233	5.05	1.90	8.82	12	300.00
I 文学	32317	22891	9426	7.87	1.98	25.50	67	19.64
J 艺术	19825	13094	6731	18.10	11.14	34.49	38	-73.97
K 历史、地理	14511	11138	3373	16.92	17.55	14.88	27	-84.39
N 自然科学总论	827	499	328	-30.68	-18.46	-43.55		-100.00
O 数理科学、化学	6997	2731	4266	11.17	1.45	18.43	1	-75.00
P 天文学、地球科学	2014	1301	713	12.51	2.85	35.81	13	
Q 生物科学	2259	1373	886	14.50	7.43	27.48	1	
R 医药、卫生	15711	9540	6171	-0.51	-4.58	6.51	99	560.00
S 农业科学	6305	3185	3120	-4.77	-0.72	-8.58	20	-65.52
T 工业技术	44539	22997	21542	6.29	1.51	11.91	31	210.00
U 交通运输	4189	2060	2129	8.47	1.23	16.53	4	
V 航空、航天	338	235	103	21.15	14.63	39.19		
X 环境科学	1706	1243	463	7.36	10.59	-0.43	3	50.00
Z 综合性图书	2850	1898	952	35.20	19.60	82.73	6	-14.29
(二)不使用《中国标准书号》部分合计	883	678	205	15.42	11.70	29.75		
1. 图片	883	678	205	15.42	11.70	29.75		
2. 国标(GB)、部标(BB)等标准类文件印品								
3. 活页文选、活页歌篇、小件印品等								

全国各类图书出版数量及与上年相比增减百分比(续表1)

(二)总　印　数

	本年图书总印数(万册、张)				与上年相比增减%	
	合计	新出	重印	租型	合计	租型
图　书　总　计	**770518**	**203972**	**415883**	**150663**	**7.46**	**-2.46**
(一)使用《中国标准书号》部分合计	765939	200502	414774	150663	7.48	-2.46
A 马克思主义、列宁主义、毛泽东思想	1468	275	1181	12	-5.96	
B 哲学	6301	4260	2018	23	20.32	1050.00
C 社会科学总论	4414	3056	1354	4	-9.38	-96.33
D 政治、法律	14017	10289	3667	61	9.23	408.33
E 军事	933	583	350		14.76	
F 经济	16523	9848	6657	18	3.55	-5.26
G 文化、科学、教育、体育	578433	101292	326905	150236	8.05	0.19
H 语言、文字	21919	7660	14253	6	8.46	500.00
I 文学	39762	24094	15621	47	18.52	-92.47
J 艺术	17468	8908	8503	57	24.91	-94.06
K 历史、地理	11130	6309	4750	71	-22.20	-97.36
N 自然科学总论	791	294	497		-58.84	-100.00
O 数理科学、化学	4313	1330	2983		-2.40	-100.00
P 天文学、地球科学	980	494	469	17	-30.15	
Q 生物科学	1375	722	653		-2.96	
R 医药、卫生	11401	6085	5259	57	-2.07	714.29
S 农业科学	6246	1448	4777	21	15.73	-60.38
T 工业技术	21547	10449	11081	17	3.42	325.00
U 交通运输	2452	982	1469	1	0.66	
V 航空、航天	148	88	60		13.85	
X 环境科学	992	570	413	9	-48.94	350.00
Z 综合性图书	3326	1466	1854	6	38.30	-33.33
(二)不使用《中国标准书号》部分合计	4579	3470	1109		2.97	
1. 图片	975	802	173		-1.02	
2. 国标(GB)、部标(BB)等标准类文件印品	1555	1180	375		-15.95	
3. 活页文选、活页歌篇、小件印品等	2049	1488	561		27.11	

全国各类图书出版数量及与上年相比增减百分比(续表2)

(三)总　印　张

	本年图书总印数(千印张)				与上年相比增减%	
	合计	新出	重印	租型	合计	租型
图　书　总　计	**63451289**	**21130004**	**31551996**	**10769289**	**4.65**	**-2.23**
(一)使用《中国标准书号》部分合计	63287867	21016310	31502268	10769289	4.69	-2.23
A 马克思主义、列宁主义、毛泽东思想	279634	46071	232510	1053	-8.74	
B 哲学	903294	630777	267679	4838	16.10	3593.13
C 社会科学总论	540512	325910	213946	656	-10.73	-85.51
D 政治、法律	1930263	1400588	514517	15158	11.41	1502.33
E 军事	141684	94295	47389		27.49	
F 经济	2763968	1635446	1125345	3177	3.28	16.93
G 文化、科学、教育、体育	38886613	7902288	20267295	10717030	8.25	0.18
H 语言、文字	3244175	1076584	2166716	875	4.36	520.57
I 文学	4381331	2707197	1668164	5970	3.76	-85.90
J 艺术	1254779	700312	550639	3828	26.94	-85.24
K 历史、地理	1405607	979425	421967	4215	-13.05	-98.21
N 自然科学总论	76957	32978	43979		-44.43	-100.00
O 数理科学、化学	669626	204750	464836	40	-2.88	-96.54
P 天文学、地球科学	110365	58663	50324	1378	3.78	
Q 生物科学	182891	82375	100505	11	8.87	
R 医药、卫生	1751178	920245	824634	6299	-0.11	837.35
S 农业科学	467900	144321	322544	1035	11.56	-56.82
T 工业技术	3473871	1655741	1815750	2380	-19.93	389.71
U 交通运输	334312	135293	198903	116	7.97	
V 航空、航天	19683	11988	7695		21.56	
X 环境科学	104480	66342	37529	609	-25.98	527.84
Z 综合性图书	364744	204721	159402	621	21.82	52.96
(二)不使用《中国标准书号》部分合计	163422	113694	49728		-10.73	-100.00
1. 图片	26252	19773	6479		11.58	
2. 国标(GB)、部标(BB)等标准类文件印品	71545	53251	18294		-24.02	-100.00
3. 活页文选、活页歌篇、小件印品等	65625	40670	24955		0.39	

全国各类图书出版数量及与上年相比增减百分比(续表3)

(四)图书总定价

	图书总定价(万元)				
	合计	增减%	新出	重印	租型
图书总计	**10630637**	**13.57**	**4819518**	**4777189**	**1033930**
(一)使用《中国标准书号》部分合计	10565830	13.66	4769015	4762885	1033930
A 马克思主义、列宁主义、毛泽东思想	36372	-1.98	9495	26707	170
B 哲学	192636	13.77	142603	48832	1201
C 社会科学总论	98539	-24.22	62589	35837	113
D 政治、法律	409370	19.62	314919	91059	3392
E 军事	29691	27.86	21267	8424	
F 经济	581695	7.64	382873	198273	549
G 文化、科学、教育、体育	5219485	16.21	1457475	2738627	1023383
H 语言、文字	618004	7.52	223414	394426	164
I 文学	854757	20.38	568166	285530	1061
J 艺术	481195	28.21	349381	131001	813
K 历史、地理	391846	8.18	309092	81864	890
N 自然科学总论	16762	-26.03	9841	6921	
O 数理科学、化学	114351	3.22	41505	72840	6
P 天文学、地球科学	28386	10.52	18002	10201	183
Q 生物科学	40556	17.18	23393	17162	1
R 医药、卫生	373495	-1.87	226049	146244	1202
S 农业科学	94844	12.14	39113	55530	201
T 工业技术	757191	9.25	438541	318342	308
U 交通运输	80961	10.76	37035	43906	20
V 航空、航天	5797	26.60	4257	1540	
X 环境科学	26796	-18.50	18956	7691	149
Z 综合性图书	113101	45.53	71049	41928	124
(二)不使用《中国标准书号》部分合计	64807	1.75	50503	14304	
1. 图片	11863	-3.75	9634	2229	
2. 国标(GB)、部标(BB)等标准类文件印品	37769	-5.49	30370	7399	
3. 活页文选、活页歌篇、小件印品等	15175	33.10	10499	4676	

中央出版单位各类图书出版数量及与上年相比增减百分比

(一)种　数

	本版图书种数(种)			与上年相比增减%			租型图书种数(种)	与上年相比增减%
	合计	新出	重印	合计	新出	重印		
图　书　总　计	**161243**	**93269**	**67974**	**7.83**	**6.31**	**9.98**	**119**	**72.46**
(一)使用《中国标准书号》部分合计	161128	93180	67948	7.94	6.50	9.97	119	72.46
A 马克思主义、列宁主义、毛泽东思想	304	193	111	25.10	22.15	30.59		
B 哲学	5281	4116	1165	22.61	27.63	7.67		
C 社会科学总论	3274	2096	1178	16.26	13.17	22.20	7	-12.5
D 政治、法律	10856	8594	2262	9.65	13.11	-1.78	5	25
E 军事	685	535	150	18.72	15.55	31.58		
F 经济	20262	12943	7319	10.97	11.71	9.68	46	27.78
G 文化、科学、教育、体育	28113	12899	15214	9.56	10.67	8.63	31	244.44
H 语言、文字	10811	5339	5472	-1.37	-6.20	3.85	2	
I 文学	9151	6734	2417	-4.90	-7.65	3.69		-100
J 艺术	5752	3825	1927	27.17	24.27	33.36		
K 历史、地理	6462	5016	1446	15.81	18.50	7.35	2	
N 自然科学总论	294	191	103	11.79	5.52	25.61		
O 数理科学、化学	4680	1699	2981	10.61	3.03	15.45	1	
P 天文学、地球科学	1324	857	467	10.70	-1.61	43.69	1	
Q 生物科学	1434	776	658	14.17	4.58	28.02		
R 医药、卫生	9571	5408	4163	-0.99	-5.78	6.01	5	150
S 农业科学	3240	1856	1384	6.61	18.22	-5.79		
T 工业技术	34139	17002	17137	5.72	-0.13	12.25	18	157.14
U 交通运输	3262	1578	1684	6.95	-1.19	15.90		
V 航空、航天	241	164	77	23.59	5.13	97.44		
X 环境科学	1241	895	346	19.44	23.11	10.90	1	
Z 综合性图书	751	464	287	24.13	15.14	42.08		
(二)不使用《中国标准书号》部分合计	115	89	26	-55.25	-62.92	52.94		
1. 图片	115	89	26	-55.25	-62.92	52.94		
2. 国标(GB)、部标(BB)等标准类文件印品								
3. 活页文选、活页歌篇、小件印品等								

中央出版单位各类图书出版数量及与上年相比增减百分比(续表1)

(二)总　印　数

	本年图书总印数(万册、张)				与上年相比增减%	
	合计	新出	重印	租型	合计	租型
图　书　总　计	**215393**	**74786**	**139599**	**1008**	**5.61**	**1801.89**
(一)使用《中国标准书号》部分合计	213355	73165	139182	1008	4.80	1801.89
A 马克思主义、列宁主义、毛泽东思想	1293	188	1105		-7.97	
B 哲学	3845	2608	1237		22.18	
C 社会科学总论	1950	1088	860	2	-45.71	-33.33
D 政治、法律	10022	7525	2496	1	-1.81	
E 军事	507	339	168		5.63	
F 经济	11843	7054	4773	16	5.67	33.33
G 文化、科学、教育、体育	117527	24261	92303	963	7.49	2732.35
H 语言、文字	13107	3738	9368	1	6.60	
I 文学	10148	6438	3710		19.57	
J 艺术	4187	2454	1733		53.20	
K 历史、地理	5168	2801	2367		-27.30	
N 自然科学总论	190	97	93		31.03	
O 数理科学、化学	2966	895	2071		-1.56	
P 天文学、地球科学	526	256	268	2	-11.74	
Q 生物科学	792	373	419		-18.94	
R 医药、卫生	7050	3254	3787	9	-8.42	
S 农业科学	2477	757	1720		5.99	
T 工业技术	16114	7537	8566	11	3.10	450
U 交通运输	1933	719	1214		3.81	
V 航空、航天	105	59	46		32.91	
X 环境科学	581	329	249	3	14.15	
Z 综合性图书	1024	395	629		36.90	
(二)不使用《中国标准书号》部分合计	2038	1621	417		472.47	
1. 图片	269	184	85		-24.44	
2. 国标(GB)、部标(BB)等标准类文件印品	1491	1159	332			
3. 活页文选、活页歌篇、小件印品等	278	278				

中央出版单位各类图书出版数量及与上年相比增减百分比(续表2)

(三)总　印　张

	本年图书总印数(千印张)				与上年相比增减%	
	合计	新出	重印	租型	合计	租型
图　书　总　计	**23269545**	**9570166**	**13654734**	**44645**	**-4.04**	**945.55**
(一)使用《中国标准书号》部分合计	23178576	9498722	13635209	44645	-4.04	945.55
A 马克思主义、列宁主义、毛泽东思想	253521	32417	221104		-11.50	
B 哲学	591652	422777	168875		22.17	
C 社会科学总论	334537	182779	151260	498	-23.76	-2.54
D 政治、法律	1464635	1075510	388828	297	4.14	14.67
E 军事	81070	57598	23472		22.00	
F 经济	2017568	1183321	831289	2958	4.48	31.41
G 文化、科学、教育、体育	8433260	1987100	6408658	37502	1.23	4783.07
H 语言、文字	2128228	598827	1529308	93	4.76	-17.7
I 文学	1313673	796665	517008		-22.70	
J 艺术	371692	221649	150043		32.05	
K 历史、地理	710567	476391	233879	297	-19.22	
N 自然科学总论	29015	16789	12226		29.33	
O 数理科学、化学	502070	144889	357141	40	-4.05	
P 天文学、地球科学	64767	34628	29898	241	4.89	
Q 生物科学	125324	49250	76074		-5.31	
R 医药、卫生	1263491	610400	652491	600	-1.08	3429.41
S 农业科学	237701	84225	153476		5.94	
T 工业技术	2765552	1289921	1473680	1951	-24.14	455.84
U 交通运输	269233	101711	167522		5.46	
V 航空、航天	14951	8640	6311		28.88	
X 环境科学	74435	48144	26123	168	5.27	
Z 综合性图书	131634	75091	56543		40.69	
(二)不使用《中国标准书号》部分合计	90969	71444	19525		-4.36	
1. 图片	7695	5162	2533		6.09	
2. 国标(GB)、部标(BB)等标准类文件印品	67927	50962	16965		-6.45	
3. 活页文选、活页歌篇、小件印品等	15347	15320	27		0.60	

中央出版单位各类图书出版数量及与上年相比增减百分比(续表3)

(四)图书总定价

	图书总定价(万元)				
	合计	增减%	新出	重印	租型
图书总计	**4412703**	**7.93**	**2278775**	**2125479**	**8449**
(一)使用《中国标准书号》部分合计	4370368	8.03	2244373	2117546	8449
A 马克思主义、列宁主义、毛泽东思想	31591	-5.82	6716	24875	
B 哲学	124286	14.56	93699	30587	
C 社会科学总论	66670	-20.10	41522	25062	86
D 政治、法律	310580	11.15	240018	70511	51
E 军事	18121	23.61	13808	4313	
F 经济	426434	9.24	278167	147761	506
G 文化、科学、教育、体育	1195056	7.04	354582	833222	7252
H 语言、文字	414289	6.66	129104	285168	17
I 文学	255086	10.37	169860	85226	
J 艺术	160230	42.29	124302	35928	
K 历史、地理	200645	4.09	157612	42915	118
N 自然科学总论	7137	33.50	4822	2315	
O 数理科学、化学	85837	4.06	29427	56404	6
P 天文学、地球科学	17350	5.19	11152	6171	27
Q 生物科学	26313	5.15	13871	12442	
R 医药、卫生	265234	-4.06	152188	112920	126
S 农业科学	49966	9.93	23445	26521	
T 工业技术	580344	8.61	323686	256424	234
U 交通运输	66934	8.45	29236	37698	
V 航空、航天	4644	33.64	3388	1256	
X 环境科学	19493	15.84	13903	5564	26
Z 综合性图书	44128	66.41	29865	14263	
(二)不使用《中国标准书号》部分合计	42335	-1.38	34402	7933	
1. 图片	3539	-9.00	2727	812	
2. 国标(GB)、部标(BB)等标准类文件印品	36818	3.02	29703	7115	
3. 活页文选、活页歌篇、小件印品等	1978	-40.02	1972	6	

地方出版单位各类图书出版数量及与上年相比增减百分比

(一)种　数

	本版图书种数(种)			与上年相比增减%			租型图书种数(种)	与上年相比增减%
	合计	新出	重印	合计	新出	重印		
图　书　总　计	**208280**	**114237**	**94043**	**16.46**	**12.48**	**21.68**	**10371**	**4.80**
(一)使用《中国标准书号》部分合计	207512	113648	93864	16.36	12.30	21.67	10371	4.80
A 马克思主义、列宁主义、毛泽东思想	300	199	101	28.21	25.16	34.67	7	
B 哲学	3319	2380	939	6.69		28.45	13	225.00
C 社会科学总论	2070	1382	688	2.22	-1.07	9.55	2	-50.00
D 政治、法律	4813	3728	1085	20.26	22.15	14.21	42	61.54
E 军事	493	357	136	33.60	56.58	-3.55		
F 经济	9991	6491	3500	8.28	8.58	7.73	7	-56.25
G 文化、科学、教育、体育	104941	46413	58528	22.42	20.65	23.87	10008	6.70
H 语言、文字	8739	4978	3761	14.25	12.29	16.95	10	900.00
I 文学	23166	16157	7009	13.92	6.61	35.31	67	21.82
J 艺术	14073	9269	4804	14.75	6.49	34.94	38	-73.97
K 历史、地理	8049	6122	1927	17.83	16.79	21.27	25	-85.55
N 自然科学总论	533	308	225	-42.69	-28.54	-54.91		-100.00
O 数理科学、化学	2317	1032	1285	12.31	-1.05	25.98		-100.00
P 天文学、地球科学	690	444	246	16.16	12.69	23.00	12	
Q 生物科学	825	597	228	15.06	11.38	25.97	1	
R 医药、卫生	6140	4132	2008	0.24	-2.96	7.55	94	623.08
S 农业科学	3065	1329	1736	-14.43	-18.86	-10.70	20	-65.52
T 工业技术	10400	5995	4405	8.19	6.48	10.60	13	333.33
U 交通运输	927	482	445	14.16	10.05	18.98	4	
V 航空、航天	97	71	26	15.48	44.90	-25.71		
X 环境科学	465	348	117	-15.45	-12.34	-23.53	2	
Z 综合性图书	2099	1434	665	39.65	21.11	108.46	6	-14.29
(二)不使用《中国标准书号》部分合计	768	589	179	51.18	60.49	26.95		
1. 图片	768	589	179	51.18	60.49	26.95		
2. 国标(GB)、部标(BB)等标准类文件印品								
3. 活页文选、活页歌篇、小件印品等								

地方出版单位各类图书出版数量及与上年相比增减百分比(续表1)

(二)总 印 数

	本年图书总印数(万册、张)				与上年相比增减%	
	合计	新出	重印	租型	合计	租型
图 书 总 计	**555125**	**129186**	**276284**	**149655**	**8.19**	**-3.08**
(一)使用《中国标准书号》部分合计	552584	127337	275592	149655	8.56	-3.08
A 马克思主义、列宁主义、毛泽东思想	175	87	76	12	12.18	
B 哲学	2456	1652	781	23	17.51	1050.00
C 社会科学总论	2464	1968	494	2	92.65	-98.11
D 政治、法律	3995	2764	1171	60	52.19	445.45
E 军事	426	244	182		27.93	
F 经济	4680	2794	1884	2	-1.43	-71.43
G 文化、科学、教育、体育	460906	77031	234602	149273	8.19	-0.43
H 语言、文字	8812	3922	4885	5	11.36	
I 文学	29614	17656	11911	47	18.17	-92.47
J 艺术	13281	6454	6770	57	18.04	-94.06
K 历史、地理	5962	3508	2383	71	-17.16	-97.36
N 自然科学总论	601	197	404		-66.18	-100.00
O 数理科学、化学	1347	435	912		-4.20	-100.00
P 天文学、地球科学	454	238	201	15	-43.74	
Q 生物科学	583	349	234		32.50	
R 医药、卫生	4351	2831	1472	48	10.32	585.71
S 农业科学	3769	691	3057	21	23.17	-60.38
T 工业技术	5433	2912	2515	6	4.38	200.00
U 交通运输	519	263	255	1	-9.58	
V 航空、航天	43	29	14		-15.69	
X 环境科学	411	241	164	6	-71.34	200
Z 综合性图书	2302	1071	1225	6	38.93	-33.33
(二)不使用《中国标准书号》部分合计	2541	1849	692		-37.89	
1. 图片	706	618	88		12.24	
2. 国标(GB)、部标(BB)等标准类文件印品	64	21	43		-96.54	
3. 活页文选、活页歌篇、小件印品等	1771	1210	561		9.86	

地方出版单位各类图书出版数量及与上年相比增减百分比(续表2)

(三)总 印 张

	本年图书总印数(千印张)				与上年相比增减%	
	合计	新出	重印	租型	合计	租型
图 书 总 计	**40181744**	**11559838**	**17897262**	**10724644**	**10.44**	**-2.60**
(一)使用《中国标准书号》部分合计	40109291	11517588	17867059	10724644	10.51	-2.60
A 马克思主义、列宁主义、毛泽东思想	26113	13654	11406	1053	30.92	
B 哲学	311642	208000	98804	4838	6.08	3593.13
C 社会科学总论	205975	143131	62686	158	23.60	-96.07
D 政治、法律	465628	325078	125689	14861	42.78	2063.17
E 军事	60614	36697	23917		35.66	
F 经济	746400	452125	294056	219	0.15	-53.00
G 文化、科学、教育、体育	30453353	5915188	13858637	10679528	10.36	-0.16
H 语言、文字	1115947	477757	637408	782	3.59	2692.86
I 文学	3067658	1910532	1151156	5970	21.59	-85.90
J 艺术	883087	478663	400596	3828	24.91	-85.24
K 历史、地理	695040	503034	188088	3918	-5.68	-98.34
N 自然科学总论	47942	16189	31753		-58.69	-100.00
O 数理科学、化学	167556	59861	107695		0.84	-100.00
P 天文学、地球科学	45598	24035	20426	1137	2.24	
Q 生物科学	57567	33125	24431	11	61.53	
R 医药、卫生	487687	309845	172143	5699	2.49	770.08
S 农业科学	230199	60096	169068	1035	18.04	-56.82
T 工业技术	708319	365820	342070	429	2.21	217.78
U 交通运输	65079	33582	31381	116	19.76	
V 航空、航天	4732	3348	1384		3.07	
X 环境科学	30045	18198	11406	441	-57.35	354.64
Z 综合性图书	233110	129630	102859	621	13.24	52.96
(二)不使用《中国标准书号》部分合计	72453	42250	30203		-17.62	-100.00
1. 图片	18557	14611	3946		14.03	
2. 国标(GB)、部标(BB)等标准类文件印品	3618	2289	1329		-83.22	-100.00
3. 活页文选、活页歌篇、小件印品等	50278	25350	24928		0.32	

地方出版单位各类图书出版数量及与上年相比增减百分比(续表3)

(四)图书总定价

	图书总定价(万元)				
	合计	增减%	新出	重印	租型
图书总计	**6217934**	**17.95**	**2540743**	**2651710**	**1025481**
(一)使用《中国标准书号》部分合计	6195462	17.99	2524642	2645339	1025481
A 马克思主义、列宁主义、毛泽东思想	4781	34.15	2779	1832	170
B 哲学	68350	12.38	48904	18245	1201
C 社会科学总论	31869	-31.59	21067	10775	27
D 政治、法律	98790	57.28	74901	20548	3341
E 军事	11570	35.15	7459	4111	
F 经济	155261	3.49	104706	50512	43
G 文化、科学、教育、体育	4024429	19.24	1102893	1905405	1016131
H 语言、文字	203715	9.30	94310	109258	147
I 文学	599671	25.21	398306	200304	1061
J 艺术	320965	22.18	225079	95073	813
K 历史、地理	191201	12.84	151480	38949	772
N 自然科学总论	9625	-44.41	5019	4606	
O 数理科学、化学	28514	0.78	12078	16436	
P 天文学、地球科学	11036	20.10	6850	4030	156
Q 生物科学	14243	48.58	9522	4720	1
R 医药、卫生	108261	3.96	73861	33324	1076
S 农业科学	44878	14.71	15668	29009	201
T 工业技术	176847	11.40	114855	61918	74
U 交通运输	14027	23.29	7799	6208	20
V 航空、航天	1153	4.44	869	284	
X 环境科学	7303	-54.50	5053	2127	123
Z 综合性图书	68973	34.71	41184	27665	124
(二)不使用《中国标准书号》部分合计	22472	8.23	16101	6371	
1. 图片	8324	-1.33	6907	1417	
2. 国标(GB)、部标(BB)等标准类文件印品	951	-77.49	667	284	
3. 活页文选、活页歌篇、小件印品等	13197	62.87	8527	4670	

全国出版图书用纸量与上年相比增减百分比

	图书总计		书籍		课本		图片		附录	
	印张数	吨数	印张数	吨数	印张数	吨数	印张数	吨数	印张数	吨数
全国	4.65	4.62	7.73	7.73	0.95	0.95	11.58	11.58	-14.02	-14.02
中央	-4.04	-4.06	-3.96	-3.96	-4.14	-4.14	6.09	6.09	-5.23	-5.23
地方	10.44	10.41	15.58	15.58	4.29	4.29	14.02	14.02	-24.80	-24.80

全国出版图书用纸量

	图书总计		书籍		课本		图片		附录	
	印张数（千印张）	合吨数（吨）	印张数（千印张）	合吨数（吨）	印张数（千印张）	合吨数（吨）	印张数（千印张）	合吨数（吨）	印张数（千印张）	合吨数（吨）
全国	63451289	1491481	35993563	845849	27294304	641416	26252	992	137170	3223
中央	23269545	546944	12900544	303163	10278032	241534	7695	291	83274	1957
地方	40181744	744536	23093019	542686	17016272	399882	18557	701	53896	1267

注：从1982年开始，书籍、课本、附录按每千印张0.0235吨计算，图片按每千印张0.0378吨计算。

使用《中国标准书号》图书出版数量中各类图书所占百分比

	种数		租型种数	总印数		总印张		定价总金额	
	合计	新出		合计	租型	合计	租型	合计	租型
使用《中国标准书号》部分合计	**100**	**100**	**100**	**100**	**100**	**100**	**100**	**100**	**100**
A 马克思主义、列宁主义、毛泽东思想	0.16	0.19	0.07	0.19	0.01	0.44	0.01	0.34	0.02
B 哲学	2.33	3.14	0.12	0.82	0.02	1.43	0.04	1.82	0.12
C 社会科学总论	1.45	1.68	0.09	0.58		0.85	0.01	0.93	0.01
D 政治、法律	4.25	5.96	0.45	1.83	0.04	3.05	0.14	3.87	0.33
E 军事	0.32	0.43		0.12		0.22		0.28	
F 经济	8.21	9.40	0.51	2.16	0.01	4.37	0.03	5.51	0.05
G 文化、科学、教育、体育	36.10	28.67	95.69	75.53	99.72	61.44	99.50	49.42	98.97
H 语言、文字	5.30	4.99	0.11	2.86		5.13	0.01	5.85	0.02
I 文学	8.77	11.07	0.64	5.19	0.03	6.92	0.06	8.09	0.10
J 艺术	5.38	6.33	0.36	2.28	0.04	1.98	0.04	4.55	0.08
K 历史、地理	3.94	5.39	0.26	1.45	0.05	2.22	0.04	3.71	0.09
N 自然科学总论	0.22	0.24		0.10		0.12		0.16	
O 数理科学、化学	1.90	1.32	0.01	0.56		1.06		1.08	
P 天文学、地球科学	0.55	0.63	0.12	0.13	0.01	0.17	0.01	0.27	0.02
Q 生物科学	0.61	0.66	0.01	0.18		0.29		0.38	
R 医药、卫生	4.26	4.61	0.94	1.49	0.04	2.77	0.06	3.53	0.12
S 农业科学	1.71	1.54	0.19	0.82	0.01	0.74	0.01	0.90	0.02
T 工业技术	12.08	11.12	0.30	2.81	0.01	5.49	0.02	7.17	0.03
U 交通运输	1.14	1.00	0.04	0.32		0.53		0.77	
V 航空、航天	0.09	0.11		0.02		0.03		0.05	
X 环境科学	0.46	0.60	0.03	0.13	0.01	0.17	0.01	0.25	0.01
Z 综合性图书	0.77	0.92	0.06	0.43		0.58	0.01	1.07	0.01

全国各地区图书出版总量

	图书总计											
	种数(种)		租型种数(种)	总印数(万册、张)			总印张(千印张)			定价总金额(万元)		
	合计	新出		合计	新出	租型	合计	新出	租型	合计	新出	租型
全国总计	**369523**	**207506**	**10490**	**770518**	**203972**	**150663**	**63451289**	**21130004**	**10769289**	**10630637**	**4819518**	**1033930**
中　　央	**161243**	**93269**	**119**	**215393**	**74786**	**1008**	**23269545**	**9570166**	**44645**	**4412703**	**2278775**	**8449**
地　　方	**208280**	**114237**	**10371**	**555125**	**129186**	**149655**	**40181744**	**11559838**	**10724644**	**6217934**	**2540743**	**1025481**
北　　京	6699	3420		10576	4265		1035727	452601		198379	110228	
天　　津	4236	2999	225	3942	1416	1087	370954	160019	71655	82965	49533	7829
河　　北	2971	1615	377	16694	2212	6643	1088620	164342	472643	119690	27365	41628
山　　西	3401	1778	295	13887	2530	4345	1235960	341893	327085	183893	63466	32251
内 蒙 古	2881	1317	314	5975	859	3179	442654	71247	231874	51516	15267	21515
辽　　宁	9885	5208	327	15149	3799	3036	1209381	437885	203222	211388	98207	20466
吉　　林	15963	10115	611	21067	8832	5073	1863846	858761	327126	341284	186280	33796
黑 龙 江	4430	3007	439	8284	1597	3551	613492	148751	242254	93905	34419	23948
上　　海	21744	12333	2	28552	9608	1	2712188	1094282	55	562261	280368	5
江　　苏	17951	9733	430	56818	16449	8285	3757934	1357663	569535	599350	277914	55064
浙　　江	9492	4595	296	32608	7129	6633	2106467	513064	507298	323218	123248	44805
安　　徽	7804	4087	563	25185	3375	10182	1863056	322717	757293	273467	77102	79433
福　　建	3570	2403	206	8299	3459	2621	591372	251932	182355	94084	51743	16484
江　　西	4263	2745	292	17201	3829	6067	1084143	271134	465092	159681	63780	42671
山　　东	9638	3708	394	39203	4974	10329	2558202	407763	566808	353351	84552	56537
河　　南	5557	2973	342	21157	2906	9355	1514828	292885	700046	196775	62770	63129
湖　　北	11122	6544	525	26087	6645	7124	1965882	669042	490275	310567	144725	53887
湖　　南	10162	6132	382	34723	8567	8923	2242620	744287	533902	371345	150197	60869
广　　东	7257	4538	150	32637	5495	8498	2354474	525197	730815	303353	121690	60533
广　　西	7695	3640	369	26820	7018	6124	1733915	463062	477095	239665	84195	42274
海　　南	2917	1442	204	7395	2759	1222	446283	173504	74246	81775	35700	8942
重　　庆	5651	2087	361	15597	3430	2934	1008653	265484	201560	166512	51770	22837
四　　川	8081	3951	430	24787	3874	9486	1794896	301413	751030	238996	65789	65396
贵　　州	856	545	315	8492	728	6438	572776	56791	454522	61503	10961	41740
云　　南	6110	3966	291	16958	5724	5817	1177482	439463	439213	175338	87232	40011
西　　藏	701	163	282	1626	131	735	111412	12309	50345	14935	2749	5286
陕　　西	6636	3350	448	16502	3286	3822	1332267	347227	301328	225354	94458	26842
甘　　肃	2248	1376	248	6752	756	3982	516120	93570	319414	61662	23527	28068
青　　海	543	327	211	1015	188	636	91935	26599	50907	11438	5871	4567
宁　　夏	1248	953	189	2387	811	844	193416	93913	60909	27621	17903	6533
新　　疆	6568	3187	853	8750	2535	2683	590789	201038	164742	82663	37734	18135

全国各地区、各类图书出版数量

	(一)使用《中国标准书号》部分合计										
	种数(种)		租型种数(种)	总印数(万册、张)			总印张(千印张)			定价总金额(万元)		
	合计	新出		合计	新出	租型	合计	新出	租型	合计	新出	租型
全国总计	**368640**	**206828**	**10490**	**765939**	**200502**	**150663**	**63287867**	**21016310**	**10769289**	**10565830**	**4769015**	**1033930**
中　央	**161128**	**93180**	**119**	**213355**	**73165**	**1008**	**23178576**	**9498722**	**44645**	**4370368**	**2244373**	**8449**
地　方	**207512**	**113648**	**10371**	**552584**	**127337**	**149655**	**40109291**	**11517588**	**10724644**	**6195462**	**2524642**	**1025481**
北　京	6699	3420		10576	4265		1035727	452601		198379	110228	
天　津	4234	2997	225	3936	1415	1087	370280	160007	71655	82786	49494	7829
河　北	2971	1615	377	16694	2212	6643	1088620	164342	472643	119690	27365	41628
山　西	3401	1778	295	13887	2530	4345	1235960	341893	327085	183893	63466	32251
内蒙古	2881	1317	314	5975	859	3179	442654	71247	231874	51516	15267	21515
辽　宁	9883	5208	327	15148	3799	3036	1209371	437885	203222	211382	98207	20466
吉　林	15963	10115	611	21067	8832	5073	1863846	858761	327126	341284	186280	33796
黑龙江	4380	2958	439	8043	1359	3551	610722	146019	242254	92176	32706	23948
上　海	21643	12254	2	28518	9582	1	2709519	1092321	55	560524	279116	5
江　苏	17763	9681	430	56592	16388	8285	3745421	1355039	569535	596325	277020	55064
浙　江	9320	4435	296	31044	5966	6633	2063749	484396	507298	310953	113682	44805
安　徽	7804	4087	563	25185	3375	10182	1863056	322717	757293	273467	77102	79433
福　建	3568	2401	206	8294	3454	2621	591332	251892	182355	94065	51724	16484
江　西	4263	2745	292	17201	3829	6067	1084143	271134	465092	159681	63780	42671
山　东	9638	3708	394	39167	4974	10329	2555328	407763	566808	352806	84552	56537
河　南	5557	2973	342	21157	2906	9355	1514828	292885	700046	196775	62770	63129
湖　北	11122	6544	525	26087	6645	7124	1965882	669042	490275	310567	144725	53887
湖　南	9949	5919	382	34528	8373	8923	2239983	741712	533902	370114	148966	60869
广　东	7249	4533	150	32631	5490	8498	2354370	525109	730815	303250	121613	60533
广　西	7689	3634	369	26778	6998	6124	1732429	462681	477095	239396	84036	42274
海　南	2917	1442	204	7348	2749	1222	445164	172991	74246	81547	35616	8942
重　庆	5651	2087	361	15597	3430	2934	1008653	265484	201560	166512	51770	22837
四　川	8081	3951	430	24787	3874	9486	1794896	301413	751030	238996	65789	65396
贵　州	856	545	315	8492	728	6438	572776	56791	454522	61503	10961	41740
云　南	6110	3966	291	16952	5722	5817	1177409	439418	439213	175308	87220	40011
西　藏	701	163	282	1622	129	735	111199	12164	50345	14902	2726	5286
陕　西	6630	3347	448	16385	3174	3822	1331027	346073	301328	224641	93786	26842
甘　肃	2237	1365	248	6747	752	3982	516045	93495	319414	61623	23488	28068
青　海	543	327	211	1015	188	636	91935	26599	50907	11438	5871	4567
宁　夏	1248	953	189	2387	811	844	193416	93913	60909	27621	17903	6533
新　疆	6561	3180	853	8744	2529	2683	589551	199801	164742	82342	37413	18135

全国各地区、各类图书出版数量(续表1)

	A马克思主义、列宁主义、毛泽东思想											
	种数(种)		租型种数(种)	总印数(万册、张)			总印张(千印张)			定价总金额(万元)		
	合计	新出		合计	新出	租型	合计	新出	租型	合计	新出	租型
全国总计	**604**	**392**	**7**	**1468**	**275**	**12**	**279634**	**46071**	**1053**	**36372**	**9495**	**170**
中　央	**304**	**193**		**1293**	**188**		**253521**	**32417**		**31591**	**6716**	
地　方	**300**	**199**	**7**	**175**	**87**	**12**	**26113**	**13654**	**1053**	**4781**	**2779**	**170**
北　京	5	3		1			142	50		27	11	
天　津	3	2		3	1		609	90		85	15	
河　北	3	3		1	1		84	84		22	22	
山　西	6	4		4	4		636	543		127	117	
内蒙古	3	1		1			152	17		19	5	
辽　宁	26	14		14	8		2335	1038		509	262	
吉　林	18	12		10	9		1093	992		201	184	
黑龙江	6	6		1	1		93	93		21	21	
上　海	16	11	1	5	3	1	821	591	12	176	140	3
江　苏	28	15	1	22	14	1	4749	3507	353	741	528	74
浙　江	10	8	1	8	1	6	370	211	69	74	44	17
安　徽	3	2		1	1		68	50		11	8	
福　建	2			1			182			37		
江　西	3	2		1			165	47		35	12	
山　东	6	3		4	2		629	356		137	90	
河　南	8	8		3	3		286	286		102	102	
湖　北	85	59	2	37	20	3	5888	2883	566	1066	643	60
湖　南	15	11	1	13	5		1542	769	7	419	212	2
广　东	2	1		1			163	47		29	9	
广　西	4	1		3			442	28		78	4	
海　南												
重　庆	1			1			111			17		
四　川	15	8		12	6		1253	716		215	124	
贵　州			1	1		1	46		46	14		14
云　南	6	5		3	3		506	446		92	82	
西　藏												
陕　西	16	10		22	3		3330	392		452	69	
甘　肃	5	5		1	1		107	107		23	23	
青　海												
宁　夏												
新　疆	5	5		1	1		311	311		52	52	

全国各地区、各类图书出版数量(续表2)

	B 哲学											
	种数(种)		租型种数(种)	总印数(万册、张)			总印张(千印张)			定价总金额(万元)		
	合计	新出		合计	新出	租型	合计	新出	租型	合计	新出	租型
全国总计	**8600**	**6496**	**13**	**6301**	**4260**	**23**	**903294**	**630777**	**4838**	**192636**	**142603**	**1201**
中　央	**5281**	**4116**		**3845**	**2608**		**591652**	**422777**		**124286**	**93699**	
地　方	**3319**	**2380**	**13**	**2456**	**1652**	**23**	**311642**	**208000**	**4838**	**68350**	**48904**	**1201**
北　京	204	135		138	90		21210	14131		4474	3241	
天　津	114	92		64	47		8081	6087		1768	1446	
河　北	16	15		10	10		1145	1114		152	147	
山　西	31	25		15	11		1932	1399		479	377	
内蒙古	22	19		10	8		1406	1225		327	304	
辽　宁	121	72		58	31		9861	4525		2229	905	
吉　林	363	311		401	360		41265	38493		9708	9210	
黑龙江	151	134		89	71		11391	8932		2153	1759	
上　海	650	422		557	362		76614	44904		16103	10538	
江　苏	278	212	3	204	140	18	26605	17641	3951	6265	4430	856
浙　江	108	77		78	38		8907	5020		2004	1420	
安　徽	114	83	2	54	30	2	6340	3351	624	1438	708	295
福　建	29	21		9	5		1282	797		257	181	
江　西	35	27		24	18		3014	2563		651	554	
山　东	75	51		36	15		3799	2111		926	562	
河　南	77	50		44	28		5361	3582		1116	756	
湖　北	152	126	1	87	68		11912	9438	20	2497	2088	3
湖　南	75	66		40	36		4585	3956		1031	913	
广　东	115	78		96	79		11683	8918		2639	2149	
广　西	48	30		43	19		5716	2950		1467	709	
海　南	57	46		48	40		6027	5050		1414	1194	
重　庆	26	21		13	10		1527	1107		363	275	
四　川	107	60		59	20		6664	2969		1446	643	
贵　州	7	5		2	1		166	66		30	14	
云　南	37	32		15	11		1313	1119		381	335	
西　藏	88	26		64	14		7682	2510		1276	462	
陕　西	120	83		152	66		20247	10141		4014	2169	
甘　肃	36	31		15	13		2214	1851		1108	1046	
青　海	18	12		11	5		1467	858		268	204	
宁　夏	10	10		3	3		882	882		77	77	
新　疆	35	8	7	17	3	3	1344	310	243	289	88	47

全国各地区、各类图书出版数量(续表3)

	C 社会科学总论											
	种数(种)		租型种数(种)	总印数(万册、张)			总印张(千印张)			定价总金额(万元)		
	合计	新出		合计	新出	租型	合计	新出	租型	合计	新出	租型
全国总计	**5344**	**3478**	**9**	**4414**	**3056**	**4**	**540512**	**325910**	**656**	**98539**	**62589**	**113**
中　　央	**3274**	**2096**	**7**	**1950**	**1088**	**2**	**334537**	**182779**	**498**	**66670**	**41522**	**86**
地　　方	**2070**	**1382**	**2**	**2464**	**1968**	**2**	**205975**	**143131**	**158**	**31869**	**21067**	**27**
北　　京	102	75		66	45		9614	6438		1947	1453	
天　　津	47	34		16	11		2838	1767		562	392	
河　　北	13	12		11	11		1173	1118		312	303	
山　　西	12	11		7	6		1005	803		203	169	
内 蒙 古	45	38		38	24		5572	3755		1000	795	
辽　　宁	114	83		43	25		8589	5167		1373	758	
吉　　林	91	85		69	66		6249	5913		1368	1312	
黑 龙 江	56	56		25	25		4034	4034		790	790	
上　　海	354	232		174	97		29663	16345		5477	3323	
江　　苏	107	78		57	43		7961	5682		1699	1340	
浙　　江	170	103		52	32		8838	5272		1961	1353	
安　　徽	57	33		21	10		2711	1298		585	300	
福　　建	23	16		12	7		2700	1459		622	452	
江　　西	16	13		9	8		1306	1176		294	271	
山　　东	73	38		62	18		6876	3322		1326	579	
河　　南	35	29		36	34		3535	3183		734	674	
湖　　北	100	64		38	26		5704	3487		1135	801	
湖　　南	32	17		15	4		1871	701		374	153	
广　　东	106	69		52	40		6896	4888		1549	1212	
广　　西	41	28		31	22		3835	2543		935	658	
海　　南	31	28		26	25		3401	3200		778	731	
重　　庆	59	21		19	10		2581	1239		574	319	
四　　川	226	91		212	28		18751	3340		3692	991	
贵　　州	3	1		1			106	16		16	3	
云　　南	39	35		1311	1306		49772	49471		468	387	
西　　藏												
陕　　西	54	35		43	30		7833	5298		1596	1110	
甘　　肃	45	41		9	8		1407	1306		319	300	
青　　海	1	1					25	25		6	6	
宁　　夏	8	8		2	2		328	328		45	45	
新　　疆	10	7	2	7	5	2	801	557	158	129	87	27

全国各地区、各类图书出版数量(续表4)

	D 政治、法律											
	种数(种)		租型种数(种)	总印数(万册、张)			总印张(千印张)			定价总金额(万元)		
	合计	新出		合计	新出	租型	合计	新出	租型	合计	新出	租型
全国总计	**15669**	**12322**	**47**	**14017**	**10289**	**61**	**1930263**	**1400588**	**15158**	**409370**	**314919**	**3392**
中　　央	**10856**	**8594**	**5**	**10022**	**7525**	**1**	**1464635**	**1075510**	**297**	**310580**	**240018**	**51**
地　　方	**4813**	**3728**	**42**	**3995**	**2764**	**60**	**465628**	**325078**	**14861**	**98790**	**74901**	**3341**
北　　京	126	96		139	122		16056	13583		3651	3250	
天　　津	88	71		34	29		4522	3532		1019	849	
河　　北	65	27	4	91	15	14	9250	2997	2755	2217	846	737
山　　西	99	68		144	24		18700	6599		5605	3676	
内 蒙 古	31	20		11	9		1204	920		267	218	
辽　　宁	237	191		138	117		14399	11281		2806	2237	
吉　　林	200	177		114	58		10658	9713		2608	2440	
黑 龙 江	127	113	19	58	45	8	6866	6182	301	1284	1144	55
上　　海	718	554		335	245		59861	43045		12046	9424	
江　　苏	315	230	1	349	236	3	38336	23186	2278	8713	5962	497
浙　　江	204	172		411	373		29529	25615		5391	4755	
安　　徽	136	88		53	34		7401	5203		2054	1685	
福　　建	115	78		32	18		6989	4093		1166	758	
江　　西	70	62		110	105		8003	7530		1372	1278	
山　　东	369	290	1	267	202	15	34933	19923	5225	7816	4693	1140
河　　南	145	120		78	68		11086	9527		3370	3095	
湖　　北	298	227	1	377	97	1	33487	13546	84	5054	2717	10
湖　　南	96	75	1	148	103	4	13483	8016	1375	3080	2084	300
广　　东	253	198		226	187		38147	31989		8236	7122	
广　　西	161	131	1	250	222	1	27127	23572	344	4514	3862	75
海　　南	38	37		26	25		3375	3276		662	641	
重　　庆	42	23		13	7		1383	972		260	196	
四　　川	274	192	1	139	79	2	21131	12678	560	4798	3324	150
贵　　州	22	17	7	12	3	3	1866	379	116	374	67	21
云　　南	201	164	1	91	67	4	12716	9875	1164	3384	2726	300
西　　藏	38	14	5	55	16	5	4686	1568	659	794	351	56
陕　　西	132	104		228	204		23403	19810		4725	4066	
甘　　肃	48	47		10	9		1519	1480		362	354	
青　　海	16	16		3	3		519	519		113	113	
宁　　夏	33	30		9	8		2005	1891		275	271	
新　　疆	116	96		44	34		2988	2578		774	697	

全国各地区、各类图书出版数量(续表5)

	E 军事											
	种数(种)		租型种数(种)	总印数(万册、张)			总印张(千印张)			定价总金额(万元)		
	合计	新出		合计	新出	租型	合计	新出	租型	合计	新出	租型
全国总计	**1178**	**892**		**933**	**583**		**141684**	**94295**		**29691**	**21267**	
中　　央	**685**	**535**		**507**	**339**		**81070**	**57598**		**18121**	**13808**	
地　　方	**493**	**357**		**426**	**244**		**60614**	**36697**		**11570**	**7459**	
北　　京	10	5		11	3		1896	542		569	345	
天　　津	4	2		2	1		329	113		167	20	
河　　北												
山　　西	2	1		1			91	23		15	4	
内 蒙 古	3	3		1	1		52	52		14	14	
辽　　宁	31	20		16	11		2442	1504		579	348	
吉　　林	60	51		42	36		3424	2780		758	645	
黑 龙 江	29	26		46	38		8824	7633		1436	1269	
上　　海	30	22		27	11		3974	1584		719	330	
江　　苏	40	31		61	26		9333	3355		1617	700	
浙　　江	24	17		21	15		3165	2389		547	424	
安　　徽	49	44		43	32		7657	6016		1182	939	
福　　建	7	5		3	2		507	277		86	56	
江　　西	6	4		6	2		929	395		150	78	
山　　东	22	18		11	8		1653	1305		399	329	
河　　南	18	6		14	2		1728	314		381	112	
湖　　北	10	9		4	4		582	554		119	115	
湖　　南	20	13		20	17		3181	2636		541	448	
广　　东	10	10		6	6		877	877		201	201	
广　　西	3	2		1			58	26		13	5	
海　　南												
重　　庆												
四　　川	58	21		58	11		5158	1177		1014	327	
贵　　州												
云　　南	6	6		1	1		209	209		64	64	
西　　藏	4	3		1			93	64		17	12	
陕　　西	27	18		26	13		3434	1854		685	377	
甘　　肃	2	2					82	82		31	31	
青　　海	1	1					15	15		5	5	
宁　　夏	2	2					47	47		12	12	
新　　疆	15	15		4	4		874	874		249	249	

全国各地区、各类图书出版数量(续表6)

	F 经济											
	种数(种)		租型种数(种)	总印数(万册、张)			总印张(千印张)			定价总金额(万元)		
	合计	新出		合计	新出	租型	合计	新出	租型	合计	新出	租型
全国总计	**30253**	**19434**	**53**	**16523**	**9848**	**18**	**2763968**	**1635446**	**3177**	**581695**	**382873**	**549**
中　　央	**20262**	**12943**	**46**	**11843**	**7054**	**16**	**2017568**	**1183321**	**2958**	**426434**	**278167**	**506**
地　　方	**9991**	**6491**	**7**	**4680**	**2794**	**2**	**746400**	**452125**	**219**	**155261**	**104706**	**43**
北　　京	490	267		279	162		45467	25433		8549	5217	
天　　津	307	201		138	73		19272	10475		4376	2911	
河　　北	58	43		38	10		3899	1221		684	238	
山　　西	155	125		100	60		15482	11253		4394	3406	
内 蒙 古	19	16		5	4		748	624		309	289	
辽　　宁	1200	700		660	280		114464	48900		20354	9614	
吉　　林	222	192		112	79		11513	9768		2478	2200	
黑 龙 江	229	202	1	61	53		9562	8099	18	2065	1807	3
上　　海	2085	1295		1022	628		184477	110722		34249	22206	
江　　苏	473	316		202	152		33768	25339		7310	5784	
浙　　江	434	259	1	177	109		26069	15940	7	6685	4697	2
安　　徽	216	133		71	42		10477	6369		2466	1716	
福　　建	137	99		47	30		8900	5129		1745	1214	
江　　西	113	102		43	40		5791	5328		1196	1117	
山　　东	218	149		105	76		16012	12175		4319	3693	
河　　南	147	107		99	44		16001	8094		3497	2393	
湖　　北	732	479		278	180		42332	26869		8926	6342	
湖　　南	236	164		95	57		15228	8954		4060	2996	
广　　东	760	535		336	260		51337	38481		12096	9611	
广　　西	112	98		77	45		9929	6563		3010	2031	
海　　南	70	64		44	39		6240	5674		1333	1203	
重　　庆	164	52		50	14		7619	2387		1379	501	
四　　川	840	419	1	372	145	2	47711	20633	91	9798	4796	19
贵　　州	22	19	1	6	4		738	528	20	176	139	4
云　　南	155	124		62	45		8603	7242		2898	2593	
西　　藏	8	6		5	3		282	226		54	45	
陕　　西	242	193	1	111	85		18701	14773	43	3829	3100	7
甘　　肃	50	45		58	55		12414	12122		2286	2232	
青　　海	19	19		3	3		603	603		141	141	
宁　　夏	33	31		7	6		1080	966		154	135	
新　　疆	45	37	2	17	11		1681	1235	40	445	339	8

全国各地区、各类图书出版数量(续表7)

	G 文化、科学、教育、体育											
	种数(种)		租型种数(种)	总印数(万册、张)			总印张(千印张)			定价总金额(万元)		
	合计	新出		合计	新出	租型	合计	新出	租型	合计	新出	租型
全国总计	**133054**	**59312**	**10039**	**578433**	**101292**	**150236**	**38886613**	**7902288**	**10717030**	**5219485**	**1457475**	**1023383**
中　央	**28113**	**12899**	**31**	**117527**	**24261**	**962**	**8433260**	**1987100**	**37502**	**1195056**	**354582**	**7252**
地　方	**104941**	**46413**	**10008**	**460906**	**77031**	**149273**	**30453353**	**5915188**	**10679528**	**4024429**	**1102893**	**1016131**
北　京	3314	1323		6616	1991		567098	184733		94463	41183	
天　津	889	401	216	2088	259	1082	159466	24619	71373	22561	5451	7629
河　北	2028	1002	336	15549	1842	6576	980202	118584	466172	98329	16091	40152
山　西	2140	877	295	13051	2128	4345	1124658	278911	327085	155221	43655	32251
内蒙古	1869	626	314	5461	528	3179	385499	36295	231874	38741	6384	21515
辽　宁	3486	1362	327	11454	1735	3036	722923	164043	203222	97237	30105	20466
吉　林	9440	5029	611	16335	5306	5073	1369468	458615	327126	234174	97145	33796
黑龙江	1366	658	397	6776	504	3481	456161	33429	240339	60096	8340	23680
上　海	6434	2636	1	16170	3602		1111264	293685	43	214751	72827	2
江　苏	10044	4788	403	49143	11944	8227	2912181	836128	555553	410399	147718	52192
浙　江	4904	1931	286	26394	3544	6626	1644357	272665	507086	208353	48621	44758
安　徽	4441	1996	560	23499	2379	10179	1661574	196418	756509	225722	43020	79118
福　建	1853	1161	206	7383	2827	2621	501285	191982	182355	68191	31035	16484
江　西	2187	1271	292	14003	2067	6067	835949	127717	465092	97124	23461	42671
山　东	5908	1675	392	33932	3106	10314	2112886	227957	561573	246798	36130	55395
河　南	2766	985	336	17245	1506	9325	1190803	144030	698069	126063	21762	62886
湖　北	4825	2398	517	20224	3039	7119	1293545	248232	489523	174380	49994	53802
湖　南	5531	2783	372	29471	5371	8910	1691481	387777	531978	257111	69005	60489
广　东	3283	1680	150	28771	3338	8498	2000361	290955	730815	214626	53821	60533
广　西	5398	2172	367	24195	5521	6120	1503093	323857	476519	174938	44010	42143
海　南	2017	775	204	6640	2194	1222	368761	109089	74246	60780	18259	8942
重　庆	2447	593	352	10639	756	2930	633305	60599	200983	96211	11295	22756
四　川	3522	1480	426	21458	2638	9481	1464021	162013	750276	165863	28639	65202
贵　州	490	309	302	8325	658	6433	557287	50029	454259	58094	9190	41685
云　南	4015	2318	290	14767	3855	5813	1017988	308351	438049	142007	59292	39711
西　藏	236	32	277	1179	58	730	75291	3599	49686	8248	468	5230
陕　西	2962	906	444	13063	1252	3820	904571	102965	300910	129534	32296	26755
甘　肃	1036	461	248	5991	335	3982	426209	30546	319414	42108	7873	28068
青　海	304	118	211	947	133	636	82676	18603	50907	8834	3409	4567
宁　夏	779	568	189	2236	693	844	174427	77404	60909	24776	15389	6533
新　疆	5027	2099	687	7901	1922	2605	524563	151358	157583	68696	27025	16720

全国各地区、各类图书出版数量(续表8)

	H 语言、文字											
	种数(种)		租型种数(种)	总印数(万册、张)			总印张(千印张)			定价总金额(万元)		
	合计	新出		合计	新出	租型	合计	新出	租型	合计	新出	租型
全国总计	**19550**	**10317**	**12**	**21919**	**7660**	**6**	**3244175**	**1076584**	**875**	**618004**	**223414**	**164**
中　央	**10811**	**5339**	**2**	**13107**	**3738**	**1**	**2128228**	**598827**	**93**	**414289**	**129104**	**17**
地　方	**8739**	**4978**	**10**	**8812**	**3922**	**5**	**1115947**	**477757**	**782**	**203715**	**94310**	**147**
北　京	250	106		328	138		47500	22395		8953	4615	
天　津	243	156		105	64		14782	8473		2998	1860	
河　北	124	104		89	49		9670	4927		1569	969	
山　西	47	37		48	38		5399	4006		1042	840	
内蒙古	68	26		53	35		4686	2159		723	394	
辽　宁	847	489		528	304		64362	37176		13985	8036	
吉　林	556	420		343	236		45134	31288		7959	5674	
黑龙江	358	237		145	99		16280	11160		2995	2109	
上　海	2374	1215		3438	1181		492938	169318		85884	32461	
江　苏	549	254		473	233		61786	26961		10754	5350	
浙　江	496	249		998	344		93932	34832		17238	6421	
安　徽	351	276	1	268	227	1	31986	26813	160	4986	4051	20
福　建	69	36		28	13		3362	1352		622	297	
江　西	63	29		35	17		3406	1680		676	363	
山　东	118	60		78	28		11385	3508		1854	720	
河　南	219	152		459	281		29087	14249		6471	3102	
湖　北	391	231		223	156		27291	16444		4963	3204	
湖　南	87	45		40	22		6888	3785		1232	726	
广　东	272	161		222	84		31983	11133		6876	3768	
广　西	75	37		48	18		4581	2442		1137	650	
海　南	9	9		3	3		387	387		79	79	
重　庆	127	51		54	19		6415	2439		1448	550	
四　川	296	180		162	89		25089	12865		4359	2452	
贵　州	11	9		9	8		828	773		147	133	
云　南	82	59		29	19		3688	2368		764	532	
西　藏	29	5		33	2		2519	330		392	61	
陕　西	407	187	1	403	109	1	55630	14168	97	11120	2875	14
甘　肃	108	79		97	47		10261	6855		1515	1255	
青　海	26	8		11	5		1015	515		145	87	
宁　夏	6	6		1	1		369	369		41	41	
新　疆	81	65	8	61	53	3	3308	2587	525	788	635	113

全国各地区、各类图书出版数量(续表9)

	I 文学											
	种数(种)		租型种数(种)	总印数(万册、张)			总印张(千印张)			定价总金额(万元)		
	合计	新出		合计	新出	租型	合计	新出	租型	合计	新出	租型
全国总计	**32317**	**22891**	**67**	**39762**	**24094**	**47**	**4381331**	**2707197**	**5970**	**854757**	**568166**	**1061**
中央	**9151**	**6734**		**10148**	**6438**		**1313673**	**796665**		**255086**	**169860**	
地方	**23166**	**16157**	**67**	**29614**	**17656**	**47**	**3067658**	**1910532**	**5970**	**599671**	**398306**	**1061**
北京	798	452		1457	864		174722	92293		34317	20474	
天津	659	517		730	416		63250	36887		15026	9316	
河北	145	97	1	127	73	1	19117	10809	39	3005	1886	6
山西	238	197		118	82		16982	12329		3420	2496	
内蒙古	318	255		158	110		18167	13296		3887	2856	
辽宁	975	692		946	600		104178	69626		22316	13825	
吉林	1897	1494		1397	1127		169329	140280		32097	26291	
黑龙江	473	365		230	178		24739	18624		4930	3724	
上海	2332	1652		2069	1215		267956	154010		52254	33627	
江苏	1828	1312	12	2384	1635	20	288786	195949	3792	55257	40231	654
浙江	829	344		972	255		97360	30959		19278	8262	
安徽	669	376		319	165		44664	26051		8602	5656	
福建	464	408		274	244		27357	24257		6195	5578	
江西	777	493		1536	822		129516	71965		26838	16010	
山东	730	435		2019	693		127267	53222		26754	12136	
河南	324	240		355	169		46821	20146		8740	4411	
湖北	1162	872		2277	1692		306296	213402		50268	36744	
湖南	1729	1346		2996	1852		346651	236359		61041	45295	
广东	742	659		793	672		65535	53043		13839	11424	
广西	711	439		1002	551		91131	55112		22785	13772	
海南	403	265		442	334		43857	35735		12492	9907	
重庆	1889	1086	9	4469	2514	4	312696	184011	577	57170	35266	81
四川	756	453		776	278		79005	30053		15439	6960	
贵州	35	23		14	4		2658	647		429	157	
云南	487	433		226	197		33161	29148		8669	7836	
西藏	106	20		116	14		9606	1538		1363	279	
陕西	558	419	1	811	508	1	99039	60746	220	21904	15726	56
甘肃	351	264		231	110		25727	14065		5225	3098	
青海	69	63		18	17		2443	2289		588	568	
宁夏	120	108		51	47		4454	4038		752	689	
新疆	592	378	44	301	218	21	25188	19643	1342	4791	3806	264

全国各地区、各类图书出版数量(续表10)

	J 艺术											
	种数(种)		租型种数(种)	总印数(万册、张)			总印张(千印张)			定价总金额(万元)		
	合计	新出		合计	新出	租型	合计	新出	租型	合计	新出	租型
全国总计	**19825**	**13094**	**38**	**17468**	**8908**	**57**	**1254779**	**700312**	**3828**	**481195**	**349381**	**813**
中　　央	**5752**	**3825**		**4187**	**2454**		**371692**	**221649**		**160230**	**124302**	
地　　方	**14073**	**9269**	**38**	**13281**	**6454**	**57**	**883087**	**478663**	**3828**	**320965**	**225079**	**813**
北　　京	362	291		258	202		22418	15991		10538	9171	
天　　津	684	592	9	394	296	5	39704	33420	282	17838	15383	200
河　　北	184	129	19	210	50	29	17358	6032	1972	5631	3660	446
山　　西	115	94		50	31		6769	3175		2810	2303	
内 蒙 古	82	69		71	65		2037	1436		909	796	
辽　　宁	643	366		247	158		28986	20327		12166	7996	
吉　　林	769	520		470	336		36371	27375		14206	11920	
黑 龙 江	255	243		63	51		4689	3652		1686	1495	
上　　海	2785	1569		2509	910		169196	68635		55314	34456	
江　　苏	1057	682		1354	813		77458	45234		25813	17608	
浙　　江	808	503		466	214		35119	18946		20565	16788	
安　　徽	491	339		244	178		19061	14565		8228	7019	
福　　建	184	161		65	51		4369	3669		4736	4476	
江　　西	585	433		1055	566		52320	29600		19808	13181	
山　　东	612	193		747	145		51536	12785		18331	6204	
河　　南	419	308	4	1692	169	17	79461	17705	1453	15072	6808	138
湖　　北	684	553	3	905	756	1	58185	50917	35	17258	15026	6
湖　　南	1184	679		1069	518		66472	32236		21123	12350	
广　　东	446	398		352	331		29676	27901		15033	14526	
广　　西	363	209		282	135		20070	8206		8910	5115	
海　　南	42	42		16	16		1446	1446		732	732	
重　　庆	254	74		117	24		16192	3660		3761	1022	
四　　川	352	266		233	159		11972	9133		5321	4338	
贵　　州	24	20		12	6		1254	501		389	233	
云　　南	113	102		23	20		2614	2385		2253	2180	
西　　藏	33	9		31	4		1603	484		659	317	
陕　　西	240	207		165	111		14171	9427		6731	5629	
甘　　肃	115	90		48	31		5389	3686		3158	2664	
青　　海	18	18		5	5		683	683		264	264	
宁　　夏	16	14		4	3		456	328		332	265	
新　　疆	154	96	3	124	100	5	6052	5123	86	1390	1154	23

全国各地区、各类图书出版数量(续表11)

	K 历 史、 地 理											
	种数(种)		租型种数(种)	总印数(万册、张)			总印张(千印张)			定价总金额(万元)		
	合计	新出		合计	新出	租型	合计	新出	租型	合计	新出	租型
全国总计	**14511**	**11138**	**27**	**11130**	**6309**	**71**	**1405607**	**979425**	**4215**	**391846**	**309092**	**890**
中　　央	**6462**	**5016**	**2**	**5168**	**2801**		**710567**	**476391**	**297**	**200645**	**157612**	**118**
地　　方	**8049**	**6122**	**25**	**5962**	**3508**	**71**	**695040**	**503034**	**3918**	**191201**	**151480**	**772**
北　　京	279	239		273	239		39377	35084		9485	8761	
天　　津	167	126		83	38		10522	5994		2574	1654	
河　　北	73	38	3	173	33	3	14426	3942	276	2486	808	71
山　　西	167	116		102	46		15023	10104		4160	3087	
内 蒙 古	95	79		27	21		4518	3647		1566	1362	
辽　　宁	295	225		167	111		26506	17808		6018	4331	
吉　　林	981	799		713	521		63451	55594		13288	11616	
黑 龙 江	201	132	13	164	50	58	12962	6924	1452	2554	1378	184
上　　海	886	700		566	366		80400	59340		23903	19952	
江　　苏	642	517	5	554	400	7	82563	66880	1982	24066	20340	478
浙　　江	309	239		248	189		35772	30237		10148	9084	
安　　徽	273	234		96	79		16797	14491		6684	6198	
福　　建	162	143		94	84		7637	6026		2666	2419	
江　　西	96	81		62	40		9025	6059		2373	1905	
山　　东	207	159		171	136		19348	15931		5332	4613	
河　　南	207	173		119	94		18499	14922		6167	5310	
湖　　北	387	305	1	473	135		37103	18977	47	9132	5830	6
湖　　南	192	177	1	131	106	2	18628	15243	98	5899	5337	13
广　　东	490	287		404	152		32142	18659		9847	6806	
广　　西	312	221		204	123		29199	18470		8865	6270	
海　　南	54	52		23	21		3834	3524		1027	976	
重　　庆	27	20		21	19		1894	1700		542	493	
四　　川	451	190	1	436	117	1	24555	10518	50	7391	3679	17
贵　　州	84	70		36	22		3322	1849		804	532	
云　　南	289	230		92	70		12857	10140		5194	4595	
西　　藏	58	29		46	9		4287	983		857	319	
陕　　西	347	256		365	179		52897	33466		14602	10436	
甘　　肃	88	84		25	24		5221	5095		1419	1394	
青　　海	28	28		10	10		1425	1425		648	648	
宁　　夏	118	115		33	32		5204	5097		497	486	
新　　疆	84	58	1	51	42		5646	4905	13	1007	861	3

全国各地区、各类图书出版数量(续表12)

	N 自然科学总论											
	种数(种)		租型种数(种)	总印数(万册、张)			总印张(千印张)			定价总金额(万元)		
	合计	新出		合计	新出	租型	合计	新出	租型	合计	新出	租型
全国总计	**827**	**499**		**791**	**294**		**76957**	**32978**		**16762**	**9841**	
中　　央	**294**	**191**		**190**	**97**		**29015**	**16789**		**7137**	**4822**	
地　　方	**533**	**308**		**601**	**197**		**47942**	**16189**		**9625**	**5019**	
北　　京	28	16		21	9		1544	569		442	244	
天　　津	4	2		3	1		344	78		58	18	
河　　北												
山　　西	6	2		5	1		266	52		52	9	
内 蒙 古	4	1		2			241	7		40	2	
辽　　宁	17	10		8	5		821	425		211	143	
吉　　林	52	40		36	31		3363	2723		691	581	
黑 龙 江	5	4		1	1		152	87		51	36	
上　　海	99	68		99	43		7427	3379		1596	848	
江　　苏	26	19		14	12		1069	809		236	189	
浙　　江	11	4		3	1		349	143		118	83	
安　　徽	18	9		9	3		842	289		192	70	
福　　建	3	3		1	1		71	71		18	18	
江　　西	2	2		9	9		317	317		854	854	
山　　东	109	31		262	9		21019	1445		2600	361	
河　　南	7	2		15			1241	50		285	10	
湖　　北	22	8		20	3		1452	301		234	74	
湖　　南	2	1		2	1		160	121		37	30	
广　　东	3	3		2	2		145	145		79	79	
广　　西	33	25		44	37		2687	1926		877	668	
海　　南	5	5		3	3		295	295		75	75	
重　　庆	4	3		1	1		267	253		59	57	
四　　川	28	12		16	3		1101	345		286	118	
贵　　州	2	2					33	33		4	4	
云　　南	3	3		1	1		220	220		44	44	
西　　藏	2			2			125			17		
陕　　西	16	15		13	13		1499	1456		278	270	
甘　　肃	18	14		7	5		522	280		133	76	
青　　海												
宁　　夏												
新　　疆	4	4		2	2		370	370		58	58	

全国各地区、各类图书出版数量(续表13)

	O 数理科学、化学											
	种数(种)		租型种数(种)	总印数(万册、张)			总印张(千印张)			定价总金额(万元)		
	合计	新出		合计	新出	租型	合计	新出	租型	合计	新出	租型
全国总计	**6997**	**2731**	**1**	**4313**	**1330**		**669626**	**204750**	**40**	**114351**	**41505**	**6**
中　　央	**4680**	**1699**	**1**	**2966**	**895**		**502070**	**144889**	**40**	**85837**	**29427**	**6**
地　　方	**2317**	**1032**		**1347**	**435**		**167556**	**59861**		**28514**	**12078**	
北　　京	38	18		42	11		4761	1542		826	282	
天　　津	82	37		29	13		4141	1713		700	314	
河　　北	3	3		1	1		162	162		32	32	
山　　西	8	7		3	3		365	358		83	82	
内 蒙 古	33	9		7	2		1173	313		162	46	
辽　　宁	144	69		50	23		6908	2768		1304	593	
吉　　林	79	68		77	64		9204	7514		1975	1700	
黑 龙 江	185	132		53	39		7964	5765		1618	1251	
上　　海	377	151		198	56		32055	9107		5593	1860	
江　　苏	250	85		153	37		21171	5248		3452	1012	
浙　　江	116	44		39	14		4929	1927		935	402	
安　　徽	123	55		43	16		6208	2244		1174	458	
福　　建	21	9		6	2		1087	419		173	80	
江　　西	12	9		8	5		1117	864		168	129	
山　　东	134	27		146	12		13562	1746		1720	289	
河　　南	31	16		13	8		1749	991		302	188	
湖　　北	237	85		198	31		16752	4604		2753	834	
湖　　南	32	15		14	9		2505	1479		635	460	
广　　东	58	28		18	11		2013	908		388	197	
广　　西	8	4		2			215	78		48	17	
海　　南	4	4		1	1		209	209		33	33	
重　　庆	30	9		11	5		1442	382		263	93	
四　　川	87	32		38	14		5501	1824		932	339	
贵　　州	8	5		6	5		321	202		96	77	
云　　南	27	15		91	1		7745	179		742	41	
西　　藏												
陕　　西	171	77		96	48		13475	6493		2266	1128	
甘　　肃	14	14		3	3		636	636		108	108	
青　　海	2	2					19	19		5	5	
宁　　夏	2	2					7	7				
新　　疆	1	1		1	1		160	160		28	28	

全国各地区、各类图书出版数量(续表14)

	P 天文学、地球科学											
	种数(种)		租型种数(种)	总印数(万册、张)			总印张(千印张)			定价总金额(万元)		
	合计	新出		合计	新出	租型	合计	新出	租型	合计	新出	租型
全国总计	**2014**	**1301**	**13**	**980**	**494**	**17**	**110365**	**58663**	**1378**	**28386**	**18002**	**183**
中　央	**1324**	**857**	**1**	**526**	**256**	**2**	**64767**	**34628**	**241**	**17350**	**11152**	**27**
地　方	**690**	**444**	**12**	**454**	**238**	**15**	**45598**	**24035**	**1137**	**11036**	**6850**	**156**
北　京	41	20		43	16		4420	1788		959	501	
天　津	17	13		5	4		459	349		124	104	
河　北	5		11	18		15	1415		1122	313		152
山　西	8	5		5	3		402	291		75	56	
内蒙古	10	5		21	2		1886	172		393	30	
辽　宁	16	13		5	4		549	470		138	123	
吉　林	54	29		45	29		4278	2825		926	637	
黑龙江	19	14		4	2		509	329		112	71	
上　海	70	62		29	28		3892	3634		831	784	
江　苏	59	32		34	12		3702	1897		703	370	
浙　江	11	4		21	1		1745	65		327	21	
安　徽	57	41		22	13		2156	1435		463	346	
福　建	9	3		6	1		245	60		62	23	
江　西	5	1		17			2149	24		428	5	
山　东	43	27		21	17		2407	1551		686	562	
河　南	50	34		39	35		3560	2405		983	762	
湖　北	79	42		30	14		4525	1935		1082	623	
湖　南	13	12		6	6		761	732		180	174	
广　东	15	14		8	8		491	457		156	150	
广　西	9	7		9	7		728	420		232	100	
海　南	1	1					8	8		4	4	
重　庆	7	3		3	2		233	109		52	32	
四　川	33	13		26	3		2186	670		1111	769	
贵　州												
云　南	21	18		17	16		717	558		185	165	
西　藏	2			2			82			13		
陕　西	22	18		11	9		1288	1101		304	261	
甘　肃	3	3					55	55		13	13	
青　海	3	3		1	1		69	69		59	59	
宁　夏	2	2					45	45		4	4	
新　疆	6	5	1	6	5		636	581	15	118	101	4

全国各地区、各类图书出版数量(续表15)

	Q 生物科学											
	种数(种)		租型种数(种)	总印数(万册、张)			总印张(千印张)			定价总金额(万元)		
	合计	新出		合计	新出	租型	合计	新出	租型	合计	新出	租型
全国总计	**2259**	**1373**	**1**	**1375**	**722**		**182891**	**82375**	**11**	**40556**	**23393**	**1**
中　　央	**1434**	**776**		**792**	**373**		**125324**	**49250**		**26313**	**13871**	
地　　方	**825**	**597**	**1**	**583**	**349**		**57567**	**33125**	**11**	**14243**	**9522**	**1**
北　　京	82	45		127	51		11457	4253		2600	1178	
天　　津	19	19		5	5		533	533		153	153	
河　　北	2	2					319	319		81	81	
山　　西	7	5		5	4		492	362		101	67	
内 蒙 古	12	7		14	1		1313	121		311	59	
辽　　宁	16	15		9	9		571	554		204	198	
吉　　林	113	82		85	65		7165	5144		1492	1110	
黑 龙 江	45	38		16	13		1690	1291		502	412	
上　　海	93	76		58	46		5990	4340		1307	1019	
江　　苏	38	19		39	18		4281	2193		777	417	
浙　　江	48	29		25	11		2783	1328		656	412	
安　　徽	52	39		22	17		1800	1419		411	317	
福　　建	6	6		2	2		284	284		106	106	
江　　西	25	19		39	12		5326	1827		973	296	
山　　东	9	5		3	3		365	293		93	80	
河　　南	17	10		21	8		1759	847		344	135	
湖　　北	42	28		13	9		2002	1301		494	373	
湖　　南	7	3		4	2		567	282		125	69	
广　　东	20	12		5	4		617	391		153	106	
广　　西	3	3		1	1		149	149		56	56	
海　　南	11	9		6	4		534	481		301	251	
重　　庆	18	13		9	8		818	656		385	352	
四　　川	32	19		23	13		1738	574		374	196	
贵　　州	11	10		2	1		407	369		145	139	
云　　南	14	13		3	3		401	361		270	262	
西　　藏	1			1			73			20		
陕　　西	57	49		41	35		3302	2682		1404	1280	
甘　　肃	12	10		2	1		254	233		116	112	
青　　海	6	6		1	1		152	152		133	133	
宁　　夏	4	3		1	1		262	234		121	119	
新　　疆	3	3	1	1	1		163	152	11	35	34	1

全国各地区、各类图书出版数量(续表16)

	R 医药、卫生											
	种数(种)		租型种数(种)	总印数(万册、张)			总印张(千印张)			定价总金额(万元)		
	合计	新出		合计	新出	租型	合计	新出	租型	合计	新出	租型
全国总计	**15711**	**9540**	**99**	**11401**	**6085**	**57**	**1751178**	**920245**	**6299**	**373495**	**226049**	**1202**
中　　央	**9571**	**5408**	**5**	**7050**	**3254**	**9**	**1263491**	**610400**	**600**	**265234**	**152188**	**126**
地　　方	**6140**	**4132**	**94**	**4351**	**2831**	**48**	**487687**	**309845**	**5699**	**108261**	**73861**	**1076**
北　　京	207	141		166	80		21084	13760		4883	3183	
天　　津	476	419		74	58		13916	11914		4284	3620	
河　　北	103	72		82	35		8957	5226		1577	888	
山　　西	179	99		104	38		13041	4590		2320	916	
内 蒙 古	97	47		46	16		7511	2759		1410	578	
辽　　宁	244	141		116	79		12006	8541		3830	2844	
吉　　林	356	323		173	150		26737	23547		5077	4495	
黑 龙 江	158	140		60	51		12004	10619		2489	2250	
上　　海	865	574		477	328		63120	43740		15703	11940	
江　　苏	556	305	4	409	212	9	52629	31980	1497	11376	7212	280
浙　　江	242	128	1	618	562		18661	13127	14	5170	4059	3
安　　徽	166	78		84	38		9272	3971		1927	943	
福　　建	124	60		69	35		5762	3095		1523	887	
江　　西	96	74		51	36		6387	4593		1482	1158	
山　　东	177	111		226	86		30931	11119		5321	2416	
河　　南	241	172		213	142		27244	18683		5317	3563	
湖　　北	312	193		127	74		17166	10805		3563	2370	
湖　　南	255	163	1	199	103	1	32433	16483	46	5686	3043	7
广　　东	212	152		181	143		20542	16131		5442	4337	
广　　西	124	82	1	221	179	3	13277	8355	232	3405	2136	56
海　　南	26	25		13	12		2285	1992		490	460	
重　　庆	38	13		13	6		1518	828		308	193	
四　　川	140	91		129	63		13137	6650		3098	1898	
贵　　州	15	14		6	5		574	515		103	88	
云　　南	171	121		60	37		8679	6926		2682	2195	
西　　藏	27	8		25	4		1912	423		345	74	
陕　　西	336	241		310	217		38045	26101		7512	5216	
甘　　肃	82	53		26	13		2465	1382		577	374	
青　　海	18	18		3	3		486	486		122	122	
宁　　夏	8	3		3	1		216	97		50	21	
新　　疆	89	71	87	67	25	35	5690	1407	3910	1189	382	730

全国各地区、各类图书出版数量(续表17)

	S 农业科学											
	种数(种)		租型种数(种)	总印数(万册、张)			总印张(千印张)			定价总金额(万元)		
	合计	新出		合计	新出	租型	合计	新出	租型	合计	新出	租型
全国总计	**6305**	**3185**	**20**	**6246**	**1448**	**21**	**467900**	**144321**	**1035**	**94844**	**39113**	**201**
中　央	**3240**	**1856**		**2477**	**757**		**237701**	**84225**		**49966**	**23445**	
地　方	**3065**	**1329**	**20**	**3769**	**691**	**21**	**230199**	**60096**	**1035**	**44878**	**15668**	**201**
北　京	21	14		29	13		2638	1435		460	290	
天　津	40	39		13	10		1014	867		259	220	
河　北	51	19		74	16		6204	1861		1249	543	
山　西	74	18		67	8		6177	812		1431	304	
内蒙古	66	36		13	8		1194	1017		311	275	
辽　宁	129	51		93	17		6375	2354		1432	632	
吉　林	127	60		157	13		9002	1532		1387	321	
黑龙江	106	81	9	64	25	4	5401	2561	144	1306	738	26
上　海	59	39		41	13		4318	1920		1058	545	
江　苏	279	80		435	44		18988	2373		3032	517	
浙　江	109	43	1	115	28		7947	2402	15	1688	824	3
安　徽	132	18		107	8		8603	903		1552	245	
福　建	106	44		76	22		4438	1780		886	448	
江　西	17	12		8	4		807	463		427	358	
山　东	135	40	1	101	20		6308	1431	10	1488	364	2
河　南	160	85	2	320	68	13	32641	8239	524	6188	1757	105
湖　北	212	74		233	71		15438	5705		3349	1316	
湖　南	39	28	2	87	28	2	7941	2468	171	1180	472	26
广　东	68	30		939	18		34462	1418		4976	586	
广　西	80	32		100	31		4238	1350		1386	544	
海　南	108	43		37	16		1506	625		334	170	
重　庆	23	6		6	2		965	339		168	62	
四　川	80	42		141	31		11553	2817		2336	626	
贵　州	101	21	2	55	7	1	2735	525	41	565	85	8
云　南	217	96		87	18		4900	1419		1378	587	
西　藏	32	3		30	1		1225	57		259	23	
陕　西	109	65		121	52		9546	4321		2552	1277	
甘　肃	111	34		102	19		5961	1558		725	340	
青　海	5	5		1	1		141	141		34	34	
宁　夏	78	27		29	10		1993	797		313	191	
新　疆	191	144	3	88	69	1	5540	4606	130	1169	974	31

全国各地区、各类图书出版数量(续表18)

	T 工业技术											
	种数(种)		租型种数(种)	总印数(万册、张)			总印张(千印张)			定价总金额(万元)		
	合计	新出		合计	新出	租型	合计	新出	租型	合计	新出	租型
全国总计	**44539**	**22997**	**31**	**21547**	**10449**	**17**	**3473871**	**1655741**	**2380**	**757191**	**438541**	**308**
中　　央	**34139**	**17002**	**18**	**16114**	**7537**	**11**	**2765552**	**1289921**	**1951**	**580344**	**323686**	**234**
地　　方	**10400**	**5995**	**13**	**5433**	**2912**	**6**	**708319**	**365820**	**429**	**176847**	**114855**	**74**
北　　京	134	91		121	59		11500	6185		5173	3789	
天　　津	341	232		138	79		24334	11634		7499	5166	
河　　北	22	8		129	2		8292	395		897	87	
山　　西	60	46		35	23		5399	3352		1552	1157	
内 蒙 古	55	15		13	4		2001	612		341	154	
辽　　宁	1051	548		403	225		55677	31013		18729	12982	
吉　　林	352	290		307	246		27769	22664		6470	5574	
黑 龙 江	444	292		134	90		19368	13278		4319	3235	
上　　海	1021	665		488	285		73292	42256		19266	13149	
江　　苏	1023	585		615	359		80763	44658		18423	12440	
浙　　江	283	138	4	91	42	1	13908	6184	69	3755	2290	15
安　　徽	324	138		116	40		17117	5363		3518	1469	
福　　建	220	123		125	52		13243	5628		4080	2829	
江　　西	98	79		54	32		8219	3770		2226	1260	
山　　东	506	266		642	294		63440	25460		12417	6224	
河　　南	644	443		362	234		40105	23634		10292	6919	
湖　　北	1254	706		454	222		76941	34500		21776	14259	
湖　　南	363	285	4	156	115	4	23002	17432	227	5809	4710	32
广　　东	303	153		168	117		22412	14745		5632	4251	
广　　西	51	28		60	28		8060	3512		2696	1406	
海　　南	21	17		15	11		2200	1201		755	643	
重　　庆	453	90		147	30		18063	4255		3216	918	
四　　川	445	220		245	98		32298	14300		6431	3297	
贵　　州	14	14	1	3	3		257	237	20	62	58	4
云　　南	120	94		35	23		4195	3000		1590	1246	
西　　藏	18	5		16	3		697	112		187	41	
陕　　西	703	365	1	339	182		53422	24736	58	9181	4880	10
甘　　肃	24	21		4	4		750	702		174	167	
青　　海	4	4		1	1		64	64		15	15	
宁　　夏	16	12		2	1		349	182		52	44	
新　　疆	33	22	3	15	8	1	1182	756	55	314	196	13

全国各地区、各类图书出版数量(续表19)

	U 交通运输											
	种数(种)		租型种数(种)	总印数(万册、张)			总印张(千印张)			定价总金额(万元)		
	合计	新出		合计	新出	租型	合计	新出	租型	合计	新出	租型
全国总计	**4189**	**2060**	**4**	**2452**	**982**	**1**	**334312**	**135293**	**116**	**80961**	**37035**	**20**
中　　央	**3262**	**1578**		**1933**	**719**	**1**	**269233**	**101711**		**66934**	**29236**	
地　　方	**927**	**482**	**4**	**519**	**263**	**1**	**65079**	**33582**	**116**	**14027**	**7799**	**20**
北　　京	9	7		6	6		294	203		106	85	
天　　津	13	9		3	2		429	277		136	108	
河　　北	3	3					44	44		10	10	
山　　西	7	5		11	11		1151	1131		274	270	
内 蒙 古	1						2					
辽　　宁	205	87		119	38		18177	7306		4070	1582	
吉　　林	17	11		9	6		657	474		145	106	
黑 龙 江	98	36		24	10		3552	1513		709	340	
上　　海	85	55		28	14		4374	2519		1260	935	
江　　苏	46	16		26	5		3142	947		704	235	
浙　　江	18	6	2	112	61		8725	4624	38	1636	853	7
安　　徽	30	20		12	7		1735	1253		389	308	
福　　建	14	7		3	1		312	214		110	86	
江　　西	7	6		6	6		416	390		117	105	
山　　东	24	14		9	6		1095	665		257	181	
河　　南	14	9		13	3		1534	339		279	93	
湖　　北	51	33		17	13		2279	1746		500	392	
湖　　南	21	18		7	6		1148	990		225	191	
广　　东	30	22		11	9		1562	1271		429	377	
广　　西												
海　　南	3	3					44	44		16	16	
重　　庆	35	5		8	1		1318	324		273	103	
四　　川	157	77	1	72	39		10320	5310	53	1878	1027	8
贵　　州	3	3					27	27		10	10	
云　　南	4	3		3	1		550	124		89	29	
西　　藏												
陕　　西	26	22		18	16		1990	1682		356	316	
甘　　肃	3	2		1	1		116	103		28	25	
青　　海												
宁　　夏												
新　　疆	3	3	1	1	1		86	62	25	21	16	5

全国各地区、各类图书出版数量(续表20)

	V 航空、航天											
	种数(种)		租型种数(种)	总印数(万册、张)			总印张(千印张)			定价总金额(万元)		
	合计	新出		合计	新出	租型	合计	新出	租型	合计	新出	租型
全国总计	**338**	**235**		**148**	**88**		**19683**	**11988**		**5797**	**4257**	
中　央	**241**	**164**		**105**	**59**		**14951**	**8640**		**4644**	**3388**	
地　方	**97**	**71**		**43**	**29**		**4732**	**3348**		**1153**	**869**	
北　京	3	2		5	3		214	79		68	43	
天　津	2	2					46	46		20	20	
河　北	1	1					33	33		6	6	
山　西	2	1					43	32		7	5	
内蒙古												
辽　宁	1						29			7		
吉　林	11	7		13	9		1041	573		228	137	
黑龙江	4	3		1			95	38		27	12	
上　海	20	18		5	5		869	827		268	256	
江　苏	3	3		2	2		258	258		49	49	
浙　江	1						12			3		
安　徽	5	4		2	1		173	126		39	27	
福　建												
江　西												
山　东												
河　南	1	1		1	1		30	30		15	15	
湖　北	2	1		1			67	16		25	5	
湖　南	1	1					9	9		2	2	
广　东												
广　西	9	9		2	2		217	217		69	69	
海　南												
重　庆	1						6			1		
四　川	15	6		4	1		601	255		110	59	
贵　州												
云　南	1	1					37	37		9	9	
西　藏												
陕　西	14	11		7	5		952	772		200	155	
甘　肃												
青　海												
宁　夏												
新　疆												

全国各地区、各类图书出版数量(续表21)

	X 环 境 科 学											
	种数(种)		租型种数(种)	总印数(万册、张)			总印张(千印张)			定价总金额(万元)		
	合计	新出		合计	新出	租型	合计	新出	租型	合计	新出	租型
全国总计	**1706**	**1243**	**3**	**992**	**570**	**9**	**104480**	**66342**	**609**	**26796**	**18956**	**149**
中 央	**1241**	**895**	**1**	**581**	**329**	**3**	**74435**	**48144**	**168**	**19493**	**13903**	**26**
地 方	**465**	**348**	**2**	**411**	**241**	**6**	**30045**	**18198**	**441**	**7303**	**5053**	**123**
北 京	24	16		124	105		6001	4485		1643	1382	
天 津	11	7		2	1		638	88		134	29	
河 北	2	2		2	2		152	152		32	32	
山 西	11	9		2	1		207	139		76	53	
内蒙古	5	4		2	1		136	70		27	16	
辽 宁	24	19		12	6		817	444		217	136	
吉 林	32	22		36	12		2793	1463		467	320	
黑龙江	30	27		9	9		1035	983		269	258	
上 海	41	38		15	10		2224	1619		608	490	
江 苏	54	46		17	13		1782	1439		511	430	
浙 江	28	17		12	8		1046	671		256	179	
安 徽	34	24		60	21		2269	1324		445	301	
福 建	7	5		2	1		359	339		81	78	
江 西	4	3		3	1		348	229		66	52	
山 东	9	7		5	4		700	484		165	112	
河 南	8	6		9	3		706	163		298	65	
湖 北	38	23		36	20		2752	1549		537	322	
湖 南	3	2		1			159	37		31	11	
广 东	19	14		10	8		1044	741		283	227	
广 西	5	3		6			914	64		150	27	
海 南	3	3		2	2		168	168		43	43	
重 庆	3	2		1	1		70	61		16	14	
四 川	26	15		25	4		2092	645		472	186	
贵 州	3	2	1	2	1		96	40	20	22	9	4
云 南	12	10		1	1		167	125		74	66	
西 藏	3	1		2			81	15		14	3	
陕 西	16	12		4	3		536	377		116	90	
甘 肃	6	5		2	2		227	178		95	86	
青 海	2	2					39	39		11	11	
宁 夏												
新 疆	2	2	1	7	1	6	487	67	421	144	25	119

全国各地区、各类图书出版数量(续表22)

	Z 综合性图书											
	种数(种)		租型种数(种)	总印数(万册、张)			总印张(千印张)			定价总金额(万元)		
	合计	新出		合计	新出	租型	合计	新出	租型	合计	新出	租型
全国总计	**2850**	**1898**	**6**	**3326**	**1466**	**6**	**364744**	**204721**	**621**	**113101**	**71049**	**124**
中　　央	**751**	**464**		**1024**	**395**		**131634**	**75091**		**44128**	**29865**	
地　　方	**2099**	**1434**	**6**	**2302**	**1071**	**6**	**233110**	**129630**	**621**	**68973**	**41184**	**124**
北　　京	172	58		326	56		26314	7629		4246	1530	
天　　津	24	24		7	7		1051	1051		445	445	
河　　北	70	35	3	89	62	5	6718	5322	307	1086	716	64
山　　西	27	26		10	8		1740	1629		446	417	
内 蒙 古	43	41		21	20		3156	2750		759	690	
辽　　宁	61	41		62	13		8396	2615		1668	557	
吉　　林	173	93		123	73		13882	9491		3581	2662	
黑 龙 江	35	19		19	4		3351	793		764	267	
上　　海	249	200		208	134		34794	16801		12158	8006	
江　　苏	68	56	1	45	38		14110	13375	129	4428	4158	33
浙　　江	157	120		183	124		20226	11839		4165	2690	
安　　徽	63	57		39	34		4145	3765		1399	1318	
福　　建	13	13		56	56		961	961		703	703	
江　　西	46	23		122	39		9633	4597		2423	1333	
山　　东	154	109		320	94		29177	10974		14067	4214	
河　　南	19	17		7	6		1591	1466		759	738	
湖　　北	47	28		35	15		4183	1831		1456	653	
湖　　南	16	15		14	12		1288	1247		293	285	
广　　东	42	29		30	21		2282	2011		741	654	
广　　西	139	73		197	57		6763	2841		3825	1927	
海　　南	14	14		3	3		587	587		199	199	
重　　庆	3	2		2	1		230	163		46	29	
四　　川	141	64		151	35		9059	1928		2632	1001	
贵　　州	1	1					55	55		23	23	
云　　南	90	84		34	27		6371	5715		2071	1954	
西　　藏	16	2		14	1		955	255		387	271	
陕　　西	55	54		36	34		3716	3312		1280	1060	
甘　　肃	80	60		115	71		14509	11173		2100	1917	
青　　海	3	3					94	94		47	47	
宁　　夏	13	12		6	3		1292	1201		120	114	
新　　疆	65	61	2	28	23	1	2481	2159	185	656	606	27

全国各地区、各类图书出版数量(续表23)

	(二)不使用《中国标准书号》部分——图片合计										
	种数(种)		租型种数(种)	总印数(万册、张)			总印张(千印张)			定价总金额(万元)		
	合计	新出		合计	新出	租型	合计	新出	租型	合计	新出	租型
全国总计	**883**	**678**		**975**	**802**		**26252**	**19773**		**11863**	**9634**	
中　　央	**115**	**89**		**269**	**184**		**7695**	**5162**		**3539**	**2727**	
地　　方	**768**	**589**		**706**	**618**		**18557**	**14611**		**8324**	**6907**	
北　　京												
天　　津	2	2		1	1		12	12		39	39	
河　　北												
山　　西												
内 蒙 古												
辽　　宁	2			1			10			6		
吉　　林												
黑 龙 江	50	49		240	238		2770	2732		1729	1714	
上　　海	101	79		16	11		2511	1826		1246	829	
江　　苏	188	52		127	55		4801	2070		1493	621	
浙　　江	172	160		75	69		5239	4798		2187	2121	
安　　徽												
福　　建	2	2		5	5		40	40		20	20	
江　　西												
山　　东												
河　　南												
湖　　北												
湖　　南	213	213		194	194		2491	2491		1231	1231	
广　　东	8	5		6	5		104	88		102	77	
广　　西	6	6		19	19		336	336		141	141	
海　　南												
重　　庆												
四　　川												
贵　　州												
云　　南												
西　　藏												
陕　　西	6	3		16	15		135	110		81	65	
甘　　肃	11	11		5	5		64	64		36	36	
青　　海												
宁　　夏												
新　　疆	7	7		1	1		44	44		13	13	

全国各地区、各类图书

	不使用《中国标准书号》部分——附录合计									国标(GB)、部标(BB)		
	总印数(万册、张)			总印张(千印张)			定价总金额(万元)			总印数(万册、张)		
	合计	新出	租型	合计	新出	租型	合计	新出	租型	合计	新出	租型
全国总计	**3604**	**2668**		**137170**	**93921**		**52944**	**40869**		**1555**	**1180**	
中　　央	**1769**	**1437**		**83274**	**66282**		**38796**	**31675**		**1491**	**1159**	
地　　方	**1835**	**1231**		**53896**	**27639**		**14148**	**9194**		**64**	**21**	
北　　京												
天　　津	5.5			662.1			140			5.5		
河　　北												
山　　西												
内 蒙 古												
辽　　宁												
吉　　林												
黑 龙 江												
上　　海	17.64	14.77		157.76	135.25		490.48	422.88				
江　　苏	100.76	6.95		7714.5	553.54		1533.21	273.18		6.53	6.53	
浙　　江	1488.89	1093.4		37477.96	23869.16		10078.34	7444.53				
安　　徽												
福　　建												
江　　西												
山　　东	35.23			2873.56			545.54					
河　　南												
湖　　北												
湖　　南	0.71	0.41		145.33	83.83					0.71	0.41	
广　　东												
广　　西	23.2	0.7		1150.62	45.7		128.5	18.5				
海　　南	46.96	9.76		1118.67	513.27		228.02	84.02		46.96	9.76	
重　　庆												
四　　川												
贵　　州												
云　　南	5.28	1.76		72.86	45.18		30.45	11.59				
西　　藏	4.66	2.85		212.45	144.58		32.15	23.1				
陕　　西	101.87	96.1		1105.16	1043.46		631.51	606.4				
甘　　肃	0.2	0.2		11.25	11.25		2	2		0.2	0.2	
青　　海												
宁　　夏												
新　　疆	4.1	4.1		1193.78	1193.78		307.8	307.8		4.1	4.1	

出版数量(续表24)

等标准类文件印品						活页文选、活页歌篇、小件印品等								
总印张(千印张)			定价总金额(万元)			总印数(万册、张)			总印张(千印张)			定价总金额(万元)		
合计	新出	租型	合计	新出	租型	合计	新出	租型	合计	新出	租型	合计	新出	租型
71545	**53251**		**37769**	**30370**		**2049**	**1488**		**65625**	**40670**		**15175**	**10499**	
67927	**50962**		**36818**	**29703**		**278**	**278**		**15347**	**15320**		**1978**	**1972**	
3618	**2289**		**951**	**667**		**1771**	**1210**		**50278**	**25350**		**13197**	**8527**	
662.1			140											
						17.64	14.77		157.76	135.25		490.48	422.88	
486.87	486.87		273.18	273.18		94.23	0.42		7227.63	66.67		1260.03		
						1488.89	1093.4		37477.96	23869.16		10078.34	7444.53	
						35.23			2873.56			545.54		
145.33	83.83													
						23.2	0.7		1150.62	45.7		128.5	18.5	
1118.67	513.27		228.02	84.02										
						5.28	1.76		72.86	45.18		30.45	11.59	
						4.66	2.85		212.45	144.58		32.15	23.1	
						101.87	96.1		1105.16	1043.46		631.51	606.4	
11.25	11.25		2	2										
1193.78	1193.78		307.8	307.8										

全国各出版社图书出版数量

中　央　出　版　社

	图书总计											
	种数（种）		租型种数（种）	总印数（万册、张）			总印张（千印张）			定价总金额（万元）		
	合计	新出		合计	新出	租型	合计	新出	租型	合计	新出	租型
中央出版社合计	**161243**	**93269**	**119**	**215393**	**74786**	**1008**	**23269545**	**9570166**	**44645**	**4412703**	**2278775**	**8449**
人民出版社	1006	912		1200	825		166567	93136		39950	22756	
人民文学出版社	910	392		1665	470		308993	87345		45360	14665	
天天出版社	235	204		230	199		16915	13703		3904	3331	
商务印书馆	1311	1024		2692	493		580654	79030		92453	15832	
东方出版中心	203	158		153	53		17303	9076		5042	3158	
中华书局	1017	429	2	1067	432	3	172279	67125	248	35018	17159	66
人民美术出版社	909	617		2679	814		94842	37613		30469	19526	
人民音乐出版社	781	248		770	209		68173	23274		16525	6033	
中国大百科全书出版社	963	409		1891	726		206446	95151		56322	24798	
中国对外翻译出版公司	195	145		170	123		16245	12700		3405	2581	
印刷工业出版社	406	322		151	129		15417	14196		8795	8315	
现代出版社	370	357		288	272		34023	32106		10106	9587	
中国盲文出版社	572	294		47	26		3007	2099				
生活·读书·新知三联书店	439	239		434	201		62364	30314		15997	8933	
中国书籍出版社	219	202		111	100		18718	16628		5376	4918	
商务印书馆国际有限公司	164	91		211	137		60217	35670		8532	5327	
中国戏剧出版社	172	172		89	89		12950	12950		3348	3348	
中国社会科学出版社	957	916		165	149		27956	24950		7666	7040	
中国财政经济出版社	1060	757		872	623		142712	103374		25579	19460	
企业管理出版社	230	212		97	88		13996	12623		4053	3800	
民族出版社	962	648		338	202		39498	24282		7968	5281	
中国青年出版社	761	563		698	443		92309	55532		25793	17298	
中国少年儿童出版社	1254	452		3496	1227		232687	59191		48784	16859	
中国工人出版社	179	179		126	126		15713	15713		3393	3393	
人民体育出版社	364	192		207	95		28216	10880		5597	2751	
荣宝斋出版社	165	145		40	33		4553	4100		4047	3765	
中国协和医科大学出版社	210	136		172	81		29845	19559		6851	4638	
文物出版社	247	225		68	58		12689	11716		13185	12390	
中国电影出版社	129	112		33	24		4470	3246		1388	1082	
人民日报出版社	582	514		542	386		95654	61204		20010	13685	
新华出版社	383	292		386	317		33597	23287		8630	6432	
世界知识出版社	241	209		200	168		36213	31851		7418	6712	
国家图书馆出版社	222	211		51	47		11252	10375		20255	20006	
群众出版社	157	109		97	57		16766	9129		3377	1895	
北京大学出版社	3476	1818	67	2173	1077	20	340809	164502	3702	71441	37822	650

全国各出版社图书出版数量(续表1)

中 央 出 版 社

	图书总计											
	种数(种)		租型种数(种)	总印数(万册、张)			总印张(千印张)			定价总金额(万元)		
	合计	新出		合计	新出	租型	合计	新出	租型	合计	新出	租型
中国人民大学出版社	2975	1726		2209	1109		469205	221296		82937	45812	
外语教学与研究出版社	3373	977		10771	1121		1069893	119869		198034	31537	
人民教育出版社	3542	708		19719	813		1960984	83842		216849	15269	
中国农业出版社	2099	1236		1492	613		151547	60247		30122	15411	
中国轻工业出版社	1101	552		553	344		75709	43594		18722	11886	
中国纺织出版社	1293	942		935	783		124393	105625		28889	24072	
煤炭工业出版社	396	157		194	82		24771	10850		5817	2956	
石油工业出版社	1103	1103		691	691		106057	106057		28168	28168	
中国水利水电出版社	1030	676		489	335		59536	37142		14444	10126	
原子能出版社	333	313		76	70		11614	10607		3167	2856	
科学出版社	8231	3874		8897	2007		962276	275194		191516	72884	
科学普及出版社	678	364		818	192		58344	19990		13038	5981	
科学技术文献出版社	288	213		174	113		20848	14923		4710	3683	
机械工业出版社	8688	3933		3954	1935		637482	312493		135241	73339	
冶金工业出版社	461	317		111	83		20616	15124		5251	4167	
化学工业出版社	4594	2779		2261	1462		290999	183998		74500	53341	
中国建筑工业出版社	2453	1028		1860	977		304616	146633		74377	43378	
中国铁道出版社	2431	1557		1396	986		183402	127212		40636	30319	
人民交通出版社	1516	635		1148	306		163476	48606		43059	14427	
中国标准出版社	453	359		332	261		37450	31279		15312	13635	
中国质检出版社	145	92		65	35		8086	5358		3107	2541	
人民邮电出版社	4281	2289		2250	1399		326121	170288		79709	47680	
海洋出版社	283	227		73	52		11043	7951		3417	2731	
地质出版社	1196	485	1	5257	688	1	237985	33851	70	35877	9840	11
地震出版社	200	190		164	154		30552	28264		6351	5845	
气象出版社	385	279		251	128		22642	14370		5092	3664	
北京交通大学出版社	1052	439	3	437	170	1	73834	27238	113	13335	5554	20
中国地图出版社	1153	294	1	15767	1869	2	591443	80835	90	82857	12799	9
人民卫生出版社	2877	1516		2980	1131		647689	260337		127698	64515	
国防工业出版社	1052	756		921	538		75279	51786		18913	13524	
中国旅游出版社	308	229		188	138		27547	20919		8601	7236	
中国商务出版社	265	197		54	33		10966	7038		2272	1586	
新世界出版社	1218	861	3	1938	759	43	214972	93537	5637	35730	19009	539
外文出版社	902	554		812	494		110477	66157		26479	17234	
解放军出版社	173	139		193	76		30028	15668		5353	2960	
解放军文艺出版社	126	67		226	52		38505	11816		5936	2114	

全国各出版社图书出版数量(续表2)

中 央 出 版 社

	图书总计											
	种数(种)		租型种数(种)	总印数(万册、张)			总印张(千印张)			定价总金额(万元)		
	合计	新出		合计	新出	租型	合计	新出	租型	合计	新出	租型
语文出版社	420	92		3447	565		265045	34612		26494	4131	
中国文史出版社	240	229		108	103		20974	19874		6631	6419	
中共中央党校出版社	231	165		116	82		21375	16456		5909	4968	
法律出版社	1346	1131		907	749		132748	109915		28753	24288	
中国统计出版社	283	253		73	48		19472	15813		9304	8731	
中国摄影出版社	100	99		31	31		4806	4778		5661	5644	
中国林业出版社	568	422		258	123		31823	18085		10436	8059	
时事出版社	113	113		75	75		16283	16283		3331	3331	
文化艺术出版社	363	338		164	150		28590	26376		14486	14013	
教育科学出版社	1921	837	2	14716	1311	1	904690	118125	67	115810	24195	11
清华大学出版社	6265	3109		3006	1449		568506	284046		106509	60457	
中国广播电视出版社	226	182		89	70		13672	11028		3041	2531	
中国商业出版社	342	305		180	173		29002	28116		6765	6646	
中国劳动社会保障出版社	1932	472		1894	382		198899	41734		32355	7808	
中国环境科学出版社	431	326		205	85		28503	13309		7574	4501	
知识产权出版社	654	640		180	152		28527	24725		7000	6210	
北京师范大学出版社	3200	1658	2	16351	7995	7	1286727	639640	511	135702	69256	30
中国宇航出版社	366	242		217	153		28764	20442		6503	4833	
中国工商出版社	73	56		49	39		8703	6859		1722	1395	
作家出版社	449	449		710	710		121826	121826		22093	22093	
中医古籍出版社	94	76		65	52		11237	9089		2453	1966	
中国物资出版社	414	360		177	159		29255	25593		6044	5428	
光明日报出版社	822	723		576	518		79880	67636		15796	13625	
长征出版社	64	55		106	96		16574	14102		4734	4304	
中国妇女出版社	216	162		845	690		48451	40869		9376	7720	
中国金融出版社	574	414		421	291		71432	50227		16252	12577	
长城出版社	45	45		27	27		5015	5015		2231	2231	
红旗出版社	217	215		210	210		26827	26752		5807	5789	
中国海关出版社	69	67		54	54		18175	18094		5010	4989	
电子工业出版社	4602	2783		3426	1742		434793	264889		99512	66427	
朝华出版社	539	404		468	394		70546	58792		11341	9286	
中央广播电视大学出版社	919	317	10	1861	443	13	258643	46470	2238	42923	8636	254
中国友谊出版公司	87	87		159	159		13426	13426		3985	3985	
人民军医出版社	1251	851		687	368		93122	57587		28031	19937	

全国各出版社图书出版数量(续表3)

中 央 出 版 社

	图书总计											
	种数(种)		租型种数(种)	总印数(万册、张)			总印张(千印张)			定价总金额(万元)		
	合计	新出		合计	新出	租型	合计	新出	租型	合计	新出	租型
军事科学出版社	64	44		59	40		11641	8732		2656	2020	
金盾出版社	1142	534		1235	426		103269	40574		18795	8262	
经济科学出版社	1595	1308		945	696		159159	123900		29487	23386	
中国文联出版社	437	437		44	44		11758	11758		5231	5231	
高等教育出版社	8922	2403		12029	2065		1950776	354121		302840	61388	
紫禁城出版社	164	107		80	58		15283	12108		13555	12027	
中共党史出版社	635	617		760	632		132918	120712		30403	27546	
对外经济贸易大学出版社	496	336		180	124		30549	20470		5977	4288	
经济管理出版社	552	503		197	172		33416	30109		8801	8125	
军事谊文出版社	46	46		85	85		5487	5487		769	769	
国际文化出版公司	139	137		35	34		5535	5471		1126	1117	
中国画报出版社	429	296		283	196		37024	23596		6598	4731	
中国经济出版社	635	548		289	251		48173	41572		11447	10157	
中国石化出版社	815	589		281	231		47215	38829		11730	9797	
中央民族大学出版社	174	159		79	75		17339	16551		2417	2301	
北京语言大学出版社	640	255		258	94		36806	13500		10171	4181	
中国政法大学出版社	398	289		174	123		34058	22995		5646	4086	
中国人民公安大学出版社	635	409		462	377		55756	42739		11731	9100	
社会科学文献出版社	1043	975		410	345		67652	59269		20796	19077	
中国农业科学技术出版社	336	305		137	63		10720	6586		3043	2138	
北京航空航天大学出版社	533	377		437	362		88383	73827		15149	12813	
北京理工大学出版社	2086	1387		1597	921		154664	92494		33948	22555	
中国国际广播出版社	160	126		83	61		10659	7807		2678	2157	
中国农业大学出版社	528	246		261	84		35496	12617		6061	2499	
航空工业出版社	371	223		215	123		30189	19331		7348	5035	
中国传媒大学出版社	393	286	5	252	175	9	27145	16038	576	5578	3315	96
北京体育大学出版社	367	201		121	68		13433	7746		3178	1960	
经济日报出版社	154	133		59	42		7789	6248		2153	1741	
兵器工业出版社	114	100		30	26		5799	5250		1358	1257	
华艺出版社	42	41		15	14		2553	2351		690	652	
中国和平出版社	548	173		1157	190		62666	14910		13316	3655	
华夏出版社	760	451		774	412		95029	46984		20271	10986	
中国医药科技出版社	631	388		359	244		58369	39706		12761	9249	
国防大学出版社	73	73		56	56		6735	6735		884	884	
人民法院出版社	248	223		176	168		44424	41827		9157	8590	

全国各出版社图书出版数量(续表4)

中　央　出　版　社

	图书总计										
	种数(种)		租型种数(种)	总印数(万册、张)			总印张(千印张)			定价总金额(万元)		
	合计	新出		合计	新出	租型	合计	新出	租型	合计	新出	租型
中国藏学出版社	52	52		33	33		6113	6113		1389	1389	
研究出版社	61	58		22	20		3640	3210		848	780	
中国长安出版社	174	174		155	155		23106	23106		4975	4975	
中国计划出版社	163	122		401	290		32683	23337		13054	9634	
中央文献出版社	231	208		158	121		31187	26288		10413	9288	
海潮出版社	173	173		76	76		11565	11565		3966	3966	
学苑出版社	238	149		76	36		16500	11160		5934	5073	
北京邮电大学出版社	727	278		344	108		51634	15282		9396	3135	
人民武警出版社	71	71		58	58		7394	7394		1049	1049	
团结出版社	536	378		453	306		55470	38461		13403	9333	
华文出版社	259	197		356	274		43521	34312		9397	7698	
中央音乐学院出版社	80	50		21	13		3173	1840		740	463	
中国市场出版社	114	114		52	52		9264	9264		2649	2649	
中国民族摄影艺术出版社	66	66		23	23		3381	3381		3491	3491	
中国华侨出版社	949	949		656	656		193647	193647		23323	23323	
中信出版社	732	471		1337	805		186675	103759		51694	30443	
中华地图学社	102	50		196	85		7608	1946		1786	695	
中国人事出版社	199	140		224	174		34444	27383		8074	6631	
开明出版社	328	251		168	128		16778	12540		3136	2352	
中国人口出版社	301	276		301	215		17953	14471		4329	3545	
中国民主法制出版社	198	169		135	121		14570	13393		3563	3306	
中国时代经济出版社	392	324		195	168		25777	21552		5646	5098	
蓝天出版社	274	160		184	83		24931	11087		4927	2402	
世界图书出版公司	1663	839		1001	372		117588	50276		25322	12023	
群言出版社	123	94		171	127		36237	26044		6755	4933	
北京大学医学出版社	504	250		287	121		49700	22532		11414	6566	
华龄出版社	100	87		47	33		7869	6673		2717	2467	
金城出版社	443	419		232	217		37009	33978		7776	6974	
中国法制出版社	981	904		874	779		95101	89472		23523	22272	
新星出版社	323	257		330	274		47631	37253		10275	8332	
中国检察出版社	222	185		147	90		20757	15353		4419	3317	
中国发展出版社	143	118		59	48		8895	7357		2272	1912	

全国各出版社图书出版数量(续表5)

中 央 出 版 社

	图书总计											
	种数(种)		租型种数(种)	总印数(万册、张)			总印张(千印张)			定价总金额(万元)		
	合计	新出		合计	新出	租型	合计	新出	租型	合计	新出	租型
中国中医药出版社	837	454		368	148		69071	22464		11743	5653	
中国社会出版社	739	364		406	193		44413	26080		10050	6751	
中国建材工业出版社	269	175		87	60		15253	10460		3633	2726	
当代中国出版社	140	103		137	61		17019	9306		5208	3042	
大众文艺出版社	93	86		26	22		3496	3025		790	700	
现代教育出版社	258	206		194	141		21454	13344		4388	2837	
中国致公出版社	132	132		154	154		25957	25957		5016	5016	
中国大地出版社	123	109		198	144		7550	6216		1593	1490	
党建读物出版社	123	108		898	770		114474	101168		21335	19648	
中国城市出版社	139	103		128	100		21039	16547		8165	7105	
中华工商联合出版社	186	186		51	51		6602	6602		1625	1625	
中国三峡出版社	91	91		35	35		5467	5467		1067	1067	
线装书局	126	126		202	202		52999	52999		32381	32381	
星球地图出版社	646	119	21	9628	1724	908	351649	56368	31096	62094	9380	6645
中国方正出版社	153	82		315	241		27026	21486		5934	4767	
民主与建设出版社	53	53		25	25		5445	5445		931	931	
五洲传播出版社	297	297		87	87		10508	10508		10010	10010	
中国民航出版社	87	50		42	23		6090	3068		1799	1070	
九州出版社	490	436		160	142		24923	22090		5782	5208	
当代世界出版社	105	105		53	53		9930	9930		2272	2272	
中央编译出版社	561	419		399	248		77678	48400		14134	10467	
西苑出版社	235	235		107	107		16218	16218		4417	4417	
学习出版社	68	68		80	80		8739	8739		2338	2338	
中国税务出版社	138	128		662	658		49862	48988		13244	13094	
方志出版社	218	218	2	44	43		15461	15163	297	9891	9773	118
中国电力出版社	2514	1224		1592	1035		192674	115390		46162	31151	
军事医学科学出版社	240	192		156	89		19709	13376		4500	3073	
中国言实出版社	217	217		129	129		34568	34568		10390	10390	
宗教文化出版社	168	113		60	48		13092	10628		2819	2360	
国家行政学院出版社	137	136		61	61		9573	9555		2311	2291	
台海出版社	128	128		71	71		10529	10529		2273	2273	
海豚出版社	429	251		855	303		40529	18624		11774	6789	
华语教学出版社	335	152		474	254		80134	46872		12103	7027	

全国各出版社图书出版数量(续表6)

地 方 出 版 社

	图书总计											
	种数(种)		租型种数(种)	总印数(万册、张)			总印张(千印张)			定价总金额(万元)		
	合计	新出		合计	新出	租型	合计	新出	租型	合计	新出	租型
地方出版社合计	**208280**	**114237**	**10371**	**555125**	**129186**	**149655**	**40181744**	**11559838**	**10724644**	**6217934**	**2540743**	**1025481**
北京出版社	797	416		1331	594		112177	58164		20568	14116	
北京教育出版社	1885	664		4354	1107		401433	116536		62458	26292	
北京科学技术出版社	646	490		697	427		55358	36356		15196	10071	
北京少年儿童出版社	375	129		540	191		48863	13858		11598	5420	
北京人民出版社	27	24		5	3		578	475		168	135	
北京美术摄影出版社	21	20		8	7		1288	1275		2349	2339	
北京燕山出版社	197	130		168	98		22552	13097		4299	2698	
同心出版社	466	225		1067	512		89318	42318		17677	8280	
北京工艺美术出版社	108	108		86	86		4139	4139		3671	3671	
北京十月文艺出版社	157	91		588	366		79240	42080		15804	9365	
旅游教育出版社	318	184		203	118		27720	15166		5702	3658	
北京联合出版公司	111	111		294	294		40050	40050		8682	8682	
中国书店	244	194		127	76		16071	12254		6361	5359	
文津出版社	3	3					14	14		3	3	
北京工业大学出版社	368	305		196	173		33833	29176		5864	5012	
首都经济贸易大学出版社	280	102		101	29		19792	4633		3198	861	
首都师范大学出版社	696	224		811	186		83298	23010		14784	4265	
天津人民出版社	368	360		288	253		27901	25565		6138	5760	
天津教育出版社	335	46	36	698	19	206	57385	1791	12701	9007	554	1350
天津科学技术出版社	846	694		346	152		40830	22496		7677	5515	
新蕾出版社	481	316		650	322		46079	20236		10235	5204	
百花文艺出版社	253	193		116	78		15615	10991		3267	2470	
天津人民美术出版社	314	274	39	307	176	64	30017	25444	1734	12611	11118	459
天津古籍出版社	132	70		109	20		9312	4157		5109	2655	
天津科技翻译出版公司	194	154		60	38		7569	5284		2217	1648	
天津社会科学院出版社	126	116		81	73		10573	9579		2828	2631	
天津杨柳青画社	206	179		80	70		4435	3916		2699	2445	
南开大学出版社	362	187		177	79		30459	11964		5402	2522	
天津大学出版社	619	410		212	136		33557	18596		9756	7010	
河北人民出版社	469	139	15	2462	285	29	151746	24575	3877	16555	4208	889
河北教育出版社	359	62		2859	30		170876	3063		16930	716	
河北科学技术出版社	784	646	15	1654	1015	452	111864	67803	32645	14197	9776	2292
河北少年儿童出版社	269	68	7	1383	108	268	79519	9446	13054	12600	1263	660
花山文艺出版社	492	372	109	1116	333	562	83858	31500	35749	10033	5052	2747
河北美术出版社	358	175	25	1480	395	38	71338	22019	2650	11212	5171	600

全国各出版社图书出版数量(续表7)

地 方 出 版 社

	图书总计											
	种数(种)		租型种数(种)	总印数(万册、张)			总印张(千印张)			定价总金额(万元)		
	合计	新出		合计	新出	租型	合计	新出	租型	合计	新出	租型
河北大学出版社	240	153		444	47		34753	5937		3723	1178	
山西人民出版社	452	407		285	204		38075	31829		10758	9732	
山西教育出版社	1256	502	5	5034	1680	3	495131	225106	299	69724	32976	34
山西科学技术出版社	359	185		624	62		41392	8154		6353	1887	
希望出版社	847	314		3151	411		286859	49489		52180	10261	
北岳文艺出版社	190	152		108	82		14022	10676		2766	2105	
三晋出版社	115	115		33	33		6227	6227		2726	2726	
山西经济出版社	164	91		293	46		25148	8490		6755	3395	
书海出版社	18	12		16	12		2322	1923		414	384	
内蒙古人民出版社	538	455		269	232		26240	23485		6248	5721	
内蒙古教育出版社	1554	363	314	5114	229	3179	354812	19294	231874	35220	2839	21515
内蒙古科学技术出版社	201	61		68	22		10381	3163		1932	736	
内蒙古少年儿童出版社	182	180		238	236		8560	8341		2024	1999	
内蒙古文化出版社	85	85		36	36		4642	4642		1355	1355	
远方出版社	132	76		183	87		26650	8723		2719	1676	
内蒙古大学出版社	189	97		67	18		11369	3600		2017	942	
辽宁人民出版社	307	270		213	169		34230	29582		7246	6337	
辽宁教育出版社	664	349		698	342		64152	36871		12224	7834	
辽宁科学技术出版社	918	550		469	329		47008	36117		16321	13398	
辽宁少年儿童出版社	306	252		355	236		18981	12002		4472	3254	
春风文艺出版社	275	221		348	255		37086	29358		7109	5621	
辽宁美术出版社	450	185		148	61		12834	5108		5931	2778	
辽宁民族出版社	288	202		279	76		17393	9385		3284	1972	
万卷出版公司	641	272		511	172		71628	26758		16497	5354	
辽海出版社	880	241	320	4835	269	3026	292863	25327	200739	38126	6158	20385
沈阳出版社	549	396	7	375	168	10	84742	37799	2483	6931	4191	81
大连出版社	299	217		240	136		26607	15978		5439	3372	
东北财经大学出版社	712	417		444	204		78929	35316		12890	6268	
东北大学出版社	293	184		321	51		19819	6416		2948	1534	
辽宁大学出版社	416	352		256	104		28605	13611		5692	2932	
辽宁师范大学出版社	794	198		4138	664		204087	47919		28358	8246	
大连海事大学出版社	265	107		94	31		14424	4872		3345	1294	
大连理工大学出版社	1756	731		1289	400		136991	46753		30152	13308	
白山出版社	72	64		135	133		19003	18712		4424	4356	
吉林人民出版社	457	450		302	298		33534	32982		6708	6618	

全国各出版社图书出版数量(续表8)

地 方 出 版 社

	图书总计											
	种数(种)		租型种数(种)	总印数(万册、张)			总印张(千印张)			定价总金额(万元)		
	合计	新出		合计	新出	租型	合计	新出	租型	合计	新出	租型
吉林教育出版社	509	291		528	234		49615	25460		7868	4180	
吉林科学技术出版社	481	437		380	351		47475	43212		9646	8850	
延边教育出版社	2548	589		2463	679		236858	44896		38203	8786	
北方妇女儿童出版社	499	343		536	419		46690	36224		9100	6996	
吉林文史出版社	497	392		297	244		27854	23502		8161	6232	
吉林美术出版社	1521	1232		1271	1012		83439	60359		23013	17789	
吉林摄影出版社	690	647		690	665		53502	51468		12870	12443	
时代文艺出版社	609	449		620	547		73478	66066		15367	14369	
长春出版社	440	416		961	768		56437	54036		11107	10704	
延边人民出版社	1029	560		476	209		43556	18298		9430	3827	
东北师范大学出版社	542	219		1046	197		113354	24321		22480	4590	
吉林大学出版社	1411	1227		662	633		100663	97160		20560	20005	
延边大学出版社	2075	961		3245	1442		385334	168575		78648	36343	
吉林出版集团有限责任公司	2655	1902	611	7590	1136	5073	512058	112202	327126	68124	24546	33796
黑龙江人民出版社	377	338	29	87	58	13	12716	9715	464	2787	2200	84
黑龙江教育出版社	508	172	49	2484	135	278	159110	9519	16233	23731	2854	2000
黑龙江科学技术出版社	255	255		106	106		18611	18611		4433	4433	
黑龙江少年儿童出版社	357	106		684	119		40963	6122		7896	1451	
北方文艺出版社	162	162		59	59		7640	7640		1527	1527	
黑龙江朝鲜民族出版社	141	86		26	15		2538	1475		590	387	
黑龙江美术出版社	295	288		41	40		1253	1197		811	786	
哈尔滨出版社	721	451		806	569		82070	56465		15995	11221	
哈尔滨地图出版社	276	242		320	258		9307	4995		3339	2310	
东北林业大学出版社	221	191		55	31		5829	3565		1367	954	
哈尔滨工程大学出版社	498	321		149	93		17978	12460		3724	2681	
哈尔滨工业大学出版社	492	285		170	90		24451	13332		4746	2799	
黑龙江大学出版社	127	110		35	23		5469	3655		1095	817	
上海人民出版社	917	729	1	722	543	1	96638	71163	12	23935	19171	3
上海教育出版社	1901	647	1	5097	899		274668	71102	43	43900	13951	2
上海科学技术出版社	899	492		1526	259		160881	35076		23866	8972	
上海科技教育出版社	703	200		3585	704		248268	43540		26742	6190	
上海科学普及出版社	418	384		429	361		34551	31247		8117	7444	
少年儿童出版社	697	369		1506	431		80518	25124		17995	6553	
上海文艺出版社	297	249		201	161		29525	22269		6386	5391	
上海辞书出版社	534	340		557	253		84966	36894		21396	13669	
上海人民美术出版社	908	608		1093	362		48916	27188		18256	13369	
上海古籍出版社	682	405		343	181		58153	30457		16229	11510	

全国各出版社图书出版数量(续表9)

地 方 出 版 社

	图 书 总 计											
	种数(种)		租型种数(种)	总印数(万册、张)			总印张(千印张)			定价总金额(万元)		
	合计	新出		合计	新出	租型	合计	新出	租型	合计	新出	租型
上海译文出版社	623	392		714	372		92884	48072		18508	10667	
上海音乐学院出版社	158	88		57	27		7387	3479		1768	972	
中国福利会出版社	128	67		654	272		21050	7375		50233	15592	
上海书画出版社	366	168		826	215		32593	10576		8858	5178	
上海书店	262	213		98	79		12808	10937		4124	3621	
上海科学技术文献出版社	470	410		306	206		44393	34578		7811	6197	
上海锦绣文章出版社	253	208		119	81		9565	7400		4383	4082	
格致出版社	216	170		110	72		24159	15666		4305	2845	
立信会计出版社	727	449		460	326		80626	59036		13398	9870	
上海远东出版社	306	189		321	114		28419	12679		5925	3740	
上海三联书店	253	223		162	115		23579	18254		5534	4388	
文汇出版社	240	240		159	159		24239	24239		6389	6389	
学林出版社	183	146		122	97		11625	7999		3284	2565	
上海社会科学院出版社	220	189		75	57		13471	9967		3568	2885	
复旦大学出版社	1608	826		1518	608		225492	77716		43117	17578	
华东理工大学出版社	439	267		215	145		39049	23941		6574	4523	
华东师范大学出版社	2088	849		2579	745		255972	81723		48002	18468	
上海交通大学出版社	1655	893		1270	424		147550	55513		27811	13762	
上海外语教育出版社	1174	458		2381	653		322215	90386		52050	15947	
第二军医大学出版社	169	169		40	40		7688	7688		2119	2119	
上海浦江教育出版社	11	6		3	1		432	193		151	117	
同济大学出版社	482	272		197	106		31001	15574		6668	4014	
东华大学出版社	220	140		93	62		12712	8130		2900	1957	
上海财经大学出版社	476	318		204	135		37494	23758		6860	4728	
上海大学出版社	258	205		202	180		22165	19965		4284	3903	
上海中西书局	130	106		84	76		14194	13498		4071	3920	
上海音乐出版社	586	173		489	61		48141	8559		11329	2924	
上海文化出版社	87	76		35	27		4202	3323		1411	1196	
江苏人民出版社	1496	958	15	4812	2191	50	345011	192029	11722	61990	36574	2121
江苏教育出版社	3572	1891	65	19402	5043	873	1082849	360871	46894	142868	56323	5631
江苏科学技术出版社	2424	1145		5785	2033		365212	144864		61610	30646	
江苏少年儿童出版社	1375	456		4215	811		192418	46946		36537	11307	
江苏文艺出版社	943	758		1388	1146		147189	117321		30489	25174	
江苏美术出版社	1000	577		2688	1025		211030	73449		41369	18478	
古吴轩出版社	145	137		61	50		6434	5529		2062	1933	
南京出版社	411	168		412	125		39000	19459		8096	5063	
译林出版社	1042	435		3474	878		239748	79096		37052	15260	
东南大学出版社	1139	436		1040	275		113102	30367		20757	7187	

全国各出版社图书出版数量(续表10)

地 方 出 版 社

	图书总计											
	种数(种)		租型种数(种)	总印数(万册、张)			总印张(千印张)			定价总金额(万元)		
	合计	新出		合计	新出	租型	合计	新出	租型	合计	新出	租型
河海大学出版社	303	202		217	166		28009	21737		5383	4308	
南京大学出版社	783	438		855	307		92402	37428		17062	7318	
苏州大学出版社	567	178		611	74		72570	11048		10804	2071	
中国矿业大学出版社	630	399		281	136		41842	22247		9049	5649	
南京师范大学出版社	741	412		2927	1064		82583	35924		22180	10010	
凤凰出版社	1124	933	21	1247	1066	15	181013	150672	2804	39715	35175	832
广陵书社	162	130		35	30		6052	5699		4986	4646	
江苏大学出版社	94	80		21	19		3353	2963		862	795	
浙江人民出版社	464	286	1	951	675	6	82197	60254	69	16017	12231	17
浙江教育出版社	2091	652		14167	1557		752971	119162		99453	18874	
浙江科学技术出版社	877	361	29	2031	1203	5	100580	46071	449	17519	9624	76
浙江少年儿童出版社	1340	497		3839	1679		249880	78087		48841	18495	
浙江文艺出版社	478	205		660	227		60180	22440		9921	4836	
浙江人民美术出版社	477	221		1161	105		41465	8259		10300	3590	
浙江摄影出版社	246	176		688	272		54806	32790		8476	5468	
浙江古籍出版社	297	157		211	95		18793	8692		4430	2844	
杭州出版社	176	131		240	195		14896	11245		4150	3556	
西泠印社出版社	226	226		73	73		6764	6764		6467	6467	
宁波出版社	359	224		399	145		36979	13977		7052	3652	
浙江大学出版社	2059	1135		1437	812		162644	91797		37940	26647	
中国美术学院出版社	198	151		67	46		8908	6468		5924	5297	
浙江工商大学出版社	204	173		61	47		8627	7059		2016	1668	
安徽人民出版社	582	384		314	203		34533	22647		7314	5230	
安徽教育出版社	1219	447	18	4854	520	80	414866	47180	5827	59325	7848	836
安徽科学技术出版社	860	397		900	336		76184	34250		14501	7463	
安徽少年儿童出版社	1124	394		4028	451		170053	26259		34672	10619	
安徽文艺出版社	404	240		303	214		43674	30590		7589	5591	
安徽美术出版社	702	484		1092	309		52350	24108		15879	10497	
安徽师范大学出版社	510	510		229	229		25324	25324		4821	4821	
黄山书社	1348	673	3	2752	926	95	227474	86361	4378	38541	18861	858
中国科学技术大学出版社	303	153		167	56		18496	6985		3419	1507	
安徽大学出版社	334	146		418	60		34453	8287		5215	1661	
合肥工业大学出版社	418	259		123	73		18558	10726		4448	3005	
福建人民出版社	372	140	40	1123	151	245	83476	13629	14848	15996	2938	1540
福建教育出版社	692	452		2187	1472		125994	94944		18380	14684	
福建科学技术出版社	475	219		267	116		18703	9560		5390	3597	
福建少年儿童出版社	687	592		1198	1026		85031	75336		14301	12607	
海峡文艺出版社	182	91		262	41		19359	4345		3437	1186	
福建美术出版社	153	131	23	188	53	117	7072	3234	3143	3410	2650	468

全国各出版社图书出版数量(续表11)

地方出版社

	图书总计											
	种数(种)		租型种数(种)	总印数(万册、张)			总印张(千印张)			定价总金额(万元)		
	合计	新出		合计	新出	租型	合计	新出	租型	合计	新出	租型
海峡书局出版社	37	37		15	15		2423	2423		782	782	
福建省地图出版社	69	66		66	64		1504	1485		946	934	
鹭江出版社	359	299		403	365		28844	26951		7120	6775	
厦门大学出版社	500	332		266	93		52331	17755		8715	4459	
海风出版社	44	44		63	63		2271	2271		1131	1131	
江西人民出版社	433	330		937	522		74467	42585		12574	8295	
江西教育出版社	670	445		4317	754		191701	56737		24705	10351	
江西科学技术出版社	640	460		812	339		53492	22170		9301	5196	
百花洲文艺出版社	196	86	6	204	73	6	29867	11831	245	5277	2167	25
二十一世纪出版社	1330	783		3004	1556		189676	96391		43801	23653	
江西美术出版社	548	342		974	236		36284	14654		11789	7981	
江西高校出版社	446	299	3	895	350	3	43979	26767	169	9620	6137	32
山东人民出版社	823	298	2	2276	194	11	166180	18153	404	22042	4756	57
山东教育出版社	974	255		3444	300		227682	34572		23587	4282	
山东科学技术出版社	598	144	2	2367	56	2	181004	7300	36	28012	1815	7
明天出版社	784	144		4015	647		293881	35437		43554	8159	
山东文艺出版社	404	123		772	53		56764	6664		8046	1375	
山东美术出版社	464	101		701	88		46681	9090		15665	4076	
山东画报出版社	181	130		173	147		17892	14716		5649	4831	
山东省地图出版社	102	102		146	146		19418	19418		4059	4059	
山东友谊出版社	637	143	2	1235	54	16	91072	5528	776	11389	1388	78
齐鲁书社	257	160	1	2020	82	379	122239	9197	20868	14117	1899	2276
济南出版社	295	161		869	229		73396	18360		13144	2958	
泰山出版社	245	93	12	2046	193	179	97390	11370	22592	10324	1400	2758
青岛出版社	2276	739		6484	964		405575	76555		62473	16601	
山东大学出版社	522	287		1234	278		102085	30704		16337	7181	
中国石油大学出版社	573	384		1421	1298		96925	74824		13237	9872	
中国海洋大学出版社	433	376		210	197		30984	29011		8091	7743	
黄河出版社	70	68		51	50		6903	6864		2264	2157	
河南人民出版社	369	286	7	207	176	2	24992	21650	119	6756	6169	12
河南科学技术出版社	760	544	35	2189	522	69	132452	55114	5246	23667	12720	633
海燕出版社	898	257		2903	197		140757	17215		19623	3630	
河南文艺出版社	277	192		1034	234		73139	23036		10487	4363	
河南美术出版社	195	170		174	128		12127	9466		4303	3950	
文心出版社	363	65		408	109		35700	13412		4167	1695	
中州古籍出版社	318	213		268	170		29615	21200		10060	8318	
中原农民出版社	281	116		702	73		51189	5392		8383	1179	

全国各出版社图书出版数量(续表12)

地 方 出 版 社

	图 书 总 计											
	种数(种)		租型种数(种)	总印数(万册、张)			总印张(千印张)			定价总金额(万元)		
	合计	新出		合计	新出	租型	合计	新出	租型	合计	新出	租型
大象出版社	952	369	45	3287	759	257	249274	74311	22286	31935	10867	1706
黄河水利出版社	330	205		114	57		18177	9002		4078	2229	
河南大学出版社	268	223		226	198		23544	19572		4119	3382	
郑州大学出版社	546	333		619	282		51469	23517		8418	4267	
湖北人民出版社	454	352		640	189		57934	26167		10833	6754	
湖北教育出版社	1464	654		4996	746		292620	56884		35590	10335	
湖北科学技术出版社	556	227		1210	111		51281	10352		8393	2649	
湖北少年儿童出版社	1086	454		3917	701		216902	58645		32522	12911	
长江文艺出版社	530	352		1475	1025		225203	149260		35629	24288	
崇文书局	161	137		120	102		16882	14219		2805	2417	
湖北美术出版社	887	720	13	1501	944	19	76374	54626	1113	21200	16500	136
武汉出版社	888	668		1126	538		80081	52177		16326	12972	
华中科技大学出版社	1413	849		619	374		79728	48549		24145	17401	
华中师范大学出版社	722	523	1	843	477	3	107948	59394	455	17854	9958	60
武汉大学出版社	1540	749	5	1284	470	4	141230	48911	717	26263	9742	79
武汉理工大学出版社	656	287		262	90		45672	13357		7598	2690	
中国地质大学出版社	242	173		82	57		11420	8665		3473	2822	
长江出版社	523	399		914	822		74615	67836		14325	13284	
湖南人民出版社	447	384	12	545	413	19	64447	50109	2199	14667	12036	406
湖南教育出版社	3073	1672	6	10205	3400	16	646489	250578	528	108023	41929	67
湖南科学技术出版社	791	332	17	1588	357	19	113662	31020	1606	22079	7614	235
湖南少年儿童出版社	2073	1105		5142	1956		269883	128236		49009	25682	
湖南文艺出版社	773	509		2901	854		238744	137544		41417	23841	
湖南美术出版社	972	741		3220	684		133525	49293		32792	16428	
湖南地图出版社	272	266		236	231		7979	7448		3457	3329	
岳麓书社	324	191		878	129		114731	22075		16610	4807	
湖南师范大学出版社	425	231	1	617	220		48028	20660	7	7583	4008	2
中南大学出版社	460	293		208	121		30147	16956		6078	3699	
湖南大学出版社	297	205		209	117		29812	17807		5895	3752	
国防科技大学出版社	135	114		53	47		8608	7620		1886	1730	
湘潭大学出版社	120	89		50	38		7003	4943		1689	1342	
广东人民出版社	675	402		1103	367		97762	51251		18974	13287	
广东教育出版社	1310	529	4	11234	609	39	754153	60896	3964	77120	11995	374
广东高等教育出版社	331	172	1	936	230		87300	36838	47	11493	5879	3
广东科技出版社	440	216		3357	153		166071	14243		20580	4312	
广东经济出版社	499	433		435	345		44062	35995		11272	9816	
广东省地图出版社	114	42		236	55		8161	1383		2813	1219	

全国各出版社图书出版数量(续表13)

地 方 出 版 社

	图书总计											
	种数(种)		租型种数(种)	总印数(万册、张)			总印张(千印张)			定价总金额(万元)		
	合计	新出		合计	新出	租型	合计	新出	租型	合计	新出	租型
广东旅游出版社	136	52		92	31		10295	3534		2495	1027	
岭南美术出版社	335	314		2271	690		76433	38781		19861	13417	
广东新世纪出版社	699	333		1920	884		83280	47207		17398	10359	
花城出版社	267	237		154	115		24571	18850		4432	3285	
海天出版社	140	130		88	83		13379	12397		2986	2871	
广州出版社	156	156		974	974		95537	95537		17969	17969	
珠海出版社	105	105		78	78		5507	5507		1302	1302	
华南理工大学出版社	468	200		189	118		30779	18865		5365	3337	
汕头大学出版社	401	395		394	386		35644	34994		9905	9808	
中山大学出版社	427	274		337	139		46403	17331		8456	3961	
暨南大学出版社	515	349		156	104		24966	16053		5351	3713	
南方日报出版社	94	94		45	45		6623	6623		1644	1644	
羊城晚报出版社	72	45		80	14		8745	2076		1849	774	
深圳报业集团出版社	73	60		100	74		7999	6839		1930	1714	
广西人民出版社	640	467	8	503	333	36	58307	43730	2488	10683	8405	287
广西教育出版社	1068	690	31	5990	3445	240	318841	194497	14804	32662	20321	1900
广西科学技术出版社	362	157		1266	177		77135	16159		12564	4902	
接力出版社	1591	547	39	3439	1045	170	222294	60649	13818	45242	15649	1770
广西民族出版社	341	235	79	1629	413	873	95141	18146	53915	10008	2363	4790
广西美术出版社	393	182		815	195		34752	7577		11037	5029	
漓江出版社	729	650		643	556		55505	47963		10711	9431	
广西师范大学出版社	2571	712	7	7797	854	67	484649	74341	4778	73724	18096	494
海南出版社	774	443		2999	1781		142630	82099		22364	13532	
南方出版社	1216	514		1866	520		142961	43319		29745	8910	
南海出版公司	663	431		597	433		60929	46316		16712	12787	
三环出版社	264	54	18	939	24	228	32550	1770	7033	4953	471	940
重庆出版社	2868	1200	266	9885	2743	2627	629015	190760	189324	109581	35846	20635
西南师范大学出版社	1253	309	95	4465	260	307	259670	22702	12235	36713	5738	2202
重庆大学出版社	1530	578		1248	427		119968	52022		20218	10186	
四川人民出版社	356	207	2	747	96	3	57639	12480	651	10271	4577	169
四川教育出版社	925	373	129	8594	1451	3242	529958	79120	224890	59543	9827	21923
四川科学技术出版社	321	196		324	67		30815	8923		7322	3467	
四川少年儿童出版社	678	323		3138	459		134558	18747		22229	6234	
四川文艺出版社	317	147		358	73		43374	10344		7743	2466	
四川民族出版社	490	209	123	1191	118	67	90455	8961	4418	10645	1694	370
四川美术出版社	403	214		272	69		13823	4156		5131	2590	
四川辞书出版社	254	70		450	57		45711	8125		6350	1375	

全国各出版社图书出版数量(续表14)

地 方 出 版 社

	图书总计											
	种数(种)		租型种数(种)	总印数(万册、张)			总印张(千印张)			定价总金额(万元)		
	合计	新出		合计	新出	租型	合计	新出	租型	合计	新出	租型
天地出版社	643	178	2	558	81		50438	6977	8	10045	1889	1
巴蜀书社	267	185		210	99		18023	9914		4023	2391	
成都地图出版社	214	45	1	286	49	1	8440	1638	50	2773	778	17
成都时代出版社	324	236		440	327		38233	28191		9702	7669	
电子科技大学出版社	438	308		320	244		43414	31985		7845	5931	
四川大学出版社	917	409		625	167		64658	19334		13577	5065	
西南财经大学出版社	736	416		822	390		66062	34815		11815	6260	
西南交通大学出版社	798	435	1	280	127		38336	17702	54	7073	3576	9
贵州人民出版社	257	182	51	1308	149	647	70399	14064	33174	9864	2936	3516
贵州教育出版社	209	81	5	1016	431	156	59934	30087	9313	9349	5487	1077
贵州科学技术出版社	79	79		24	24		2740	2740		557	557	
贵州民族出版社	187	79	18	664	83	195	27232	4788	4676	4362	968	788
贵州大学出版社	124	124		42	42		5112	5112		1013	1013	
云南人民出版社	1227	1013	1	1304	944	4	169982	134521	1164	35676	30146	300
云南教育出版社	1582	696		3993	1182		206001	67267		37761	16481	
云南科学技术出版社	1688	1126		3629	2675		222572	164528		34612	23814	
晨光出版社	602	226		1466	217		79034	16670		12503	2716	
德宏民族出版社	67	61		30	28		2014	1747		775	701	
云南美术出版社	268	266		473	470		32339	32195		7372	7323	
云南民族出版社	221	221		56	56		6468	6468		2577	2577	
云南大学出版社	455	357		194	150		21023	16068		4352	3474	
西藏人民出版社	684	148	282	1622	129	735	110592	11812	50345	14806	2673	5286
藏文古籍出版社	17	15		5	3		820	497		129	77	
陕西人民出版社	600	434	133	2150	226	1552	223938	31184	134315	30091	7438	10956
陕西人民教育出版社	1221	197	151	4554	540	1091	331226	32377	89416	44050	6091	8114
陕西科学技术出版社	333	124	4	528	74	4	25800	6509	249	5028	1602	27
未来出版社	580	200		2284	435		117906	17236		32541	18314	
太白文艺出版社	226	195		157	88		20666	11388		4383	2589	
陕西人民美术出版社	163	149	37	368	81	249	19698	6712	9203	4584	2714	1047
陕西旅游出版社	103	103		137	137		7643	7643		2557	2557	
三秦出版社	124	124		43	43		9372	9372		3655	3655	
西安出版社	293	139	7	519	141	78	66297	25028	10179	13011	6575	942
西安地图出版社	171	132		220	154		7419	4341		4342	3487	
陕西师范大学出版社	652	381	3	2886	706	68	224009	100634	5178	34560	20787	465
西安电子科技大学出版社	434	190		198	78		35683	12151		5376	2056	

全国各出版社图书出版数量(续表15)

地 方 出 版 社

	图书总计											
	种数(种)		租型种数(种)	总印数(万册、张)			总印张(千印张)			定价总金额(万元)		
	合计	新出		合计	新出	租型	合计	新出	租型	合计	新出	租型
西安交通大学出版社	632	332	34	964	260	162	101001	36832	10687	18863	7336	1298
西北大学出版社	336	128	25	839	42	393	67321	6466	26231	9393	1336	2392
西北工业大学出版社	397	262		190	132		23593	16383		4743	3405	
西北农林科技大学出版社	102	77		63	33		6045	3264		1079	654	
第四军医大学出版社	269	183		176	113		28778	19708		5497	3862	
甘肃人民出版社	194	167	248	4058	52	3982	331532	8760	319414	31076	2380	28068
甘肃教育出版社	463	160		1033	189		80662	25150		7218	3936	
甘肃科学技术出版社	188	98		82	37		5837	3508		1329	912	
甘肃少年儿童出版社	425	215		624	126		29759	8879		4129	2914	
甘肃文化出版社	270	164		603	84		22306	10153		5962	3312	
甘肃民族出版社	318	231		143	94		22332	17169		4630	3640	
甘肃人民美术出版社	139	114		89	69		10301	8292		4122	3551	
敦煌文艺出版社	118	94		61	47		7933	6199		1798	1484	
兰州大学出版社	133	133		59	59		5459	5459		1399	1399	
青海人民出版社	220	220	140	723	141	582	69540	21602	47938	9420	5089	4331
青海民族出版社	323	107	71	292	47	55	22394	4997	2968	2018	782	236
宁夏人民出版社	450	389	189	1106	239	844	82058	19417	60909	9450	2793	6533
宁夏人民教育出版社	512	308		1170	473		93405	57628		13325	10542	
阳光出版社	286	256		111	99		17953	16868		4847	4568	
新疆人民出版社	1196	748		884	567		93278	58169		18021	12691	
新疆教育出版社	2209	302	399	5841	823	2300	350615	44675	143748	35945	4592	14713
新疆科学技术出版社	853	645	53	371	263	23	25046	18353	1834	4669	3616	291
新疆青少年出版社	1089	683		655	461		55848	43876		10795	8730	
新疆美术摄影出版社	590	340	83	534	148	240	27241	12966	8515	4857	2629	1184
喀什维吾尔文出版社	230	148		169	137		9812	8073		1992	1645	
克孜勒苏柯尔克孜文出版社	107	107		44	44		3470	3470		821	821	
伊犁人民出版社	104	29		54	15		5279	2124		1020	458	
新疆大学出版社	47	42		15	13		1686	1462		322	278	
新疆人民卫生出版社	318	137		120	57		10644	6270		1947	1216	
新疆生产建设兵团出版社	143	143		64	64		7870	7870		2274	2274	

全国各类少年儿童读物出版数量

	种数(种)		租型种数(种)	总印数(万册、张)			总印张(千印张)			定价总金额(万元)		
	合计	新出		合计	新出	租型	合计	新出	租型	合计	新出	租型
图 书 总 计	**22059**	**14077**	**29**	**37800**	**20247**	**41**	**2138117**	**1117133**	**3207**	**603373**	**349527**	**522**
(一)使用《中国标准书号》部分合计	22052	14074	29	36992	19491	41	2127363	1108148	3207	598768	345417	522
A 马克思主义、列宁主义、毛泽东思想	3	2		4	1		150	78		79	23	
B 哲学	138	95		115	75		9622	6165		2370	1500	
C 社会科学总论	94	42		64	22		5256	1123		1343	479	
D 政治、法律	41	32		47	25		3619	1886		771	479	
E 军事	77	49		69	38		6487	3443		1293	703	
F 经济	27	19		20	12		1345	699		386	209	
G 文化、科学、教育、体育	8237	5523		14527	7210		653485	355033		242412	139360	
H 语言、文字	1123	616		1761	792		148929	62707		32046	15253	
I 文学	6985	4318	1	11648	6635		845989	429752	34	186124	106764	5
J 艺术	2975	1962	14	5747	3209	22	233488	137435	1790	75600	50256	306
K 历史、地理	379	247	1	356	203	1	34121	19692	50	7332	4625	17
N 自然科学总论	185	111		245	125		16254	7591		4160	2319	
O 数理科学、化学	93	58		122	76		9689	5478		2177	1381	
P 天文学、地球科学	185	89	11	233	70	15	17173	4761	1122	3867	1379	152
Q 生物科学	358	229		440	230		33470	15335		9121	5102	
R 医药、卫生	72	46		99	36		7615	2478		1970	951	
S 农业科学	43	23		32	18		2826	1622		571	324	
T 工业技术	94	75		96	70		5395	3550		1668	1239	
U 交通运输	22	15		23	17		1108	873		340	278	
V 航空、航天	21	12		21	12		1471	722		348	194	
X 环境科学	48	30		53	36		3822	2668		1121	920	
Z 综合性图书	852	481	2	1270	579	3	86049	45057	211	23669	11679	42
(二)不使用《中国标准书号》部分合计	7	3		808	756		10754	8985		4605	4110	
1. 图片	7	3		808	756		10754	8985		4605	4110	
2. 国标(GB)、部标(BB)等标准类文件印品												
3. 活页文选、活页歌篇、小件印品等												

全国各地区少年儿童读物出版数量

	种数(种)		租型种数(种)	总印数(万册、张)			总印张(千印张)			定价总金额(万元)		
	合计	新出		合计	新出	租型	合计	新出	租型	合计	新出	租型
全国总计	**22059**	**14077**	**29**	**37800**	**20247**	**41**	**2138117**	**1117133**	**3207**	**603373**	**349527**	**522**
中　　央	**3921**	**2862**		**6561**	**4293**		**323917**	**206826**		**97982**	**67621**	
地　　方	**18138**	**11215**	**29**	**31239**	**15954**	**41**	**1814200**	**910307**	**3207**	**505391**	**281906**	**522**
北　　京	1067	559		1617	785		133801	54757		33514	18637	
天　　津	385	254		628	301		42285	17749		9762	4723	
河　　北	14	11	27	105	9	40	4421	173	3123	833	53	500
山　　西	207	81		214	65		36618	14913		5888	3258	
内 蒙 古	262	176		372	230		14991	6596		3706	1779	
辽　　宁	833	523		1543	567		76354	36325		17587	9902	
吉　　林	2742	2282		2715	1568		171667	129042		43401	32626	
黑 龙 江	461	269		527	361		29436	15930		7071	4330	
上　　海	1320	771		3174	1065		127980	47260		73679	28761	
江　　苏	1076	675		2068	1416		137797	84917		33107	23087	
浙　　江	1974	835		4533	2320		299511	109016		65238	26085	
安　　徽	1155	653		1452	859		92877	54746		24157	16629	
福　　建	246	219		206	175		15028	12479		3490	2905	
江　　西	1067	633		2590	1304		147669	68136		38111	20606	
山　　东	228	100		629	201		31446	10664		11370	3769	
河　　南	231	159		319	149		25485	13269		6028	3222	
湖　　北	580	333		1176	578		67262	27284		14488	7212	
湖　　南	1271	821		1778	981		118850	71911		26559	16574	
广　　东	630	449		1729	982		57317	39829		18871	14533	
广　　西	623	275		1208	578		64978	33148		20362	9683	
海　　南	40	19		60	18		4737	1316		1231	329	
重　　庆	76	29		176	9		2946	136		776	37	
四　　川	770	465	1	1054	540	1	48941	22260	50	13508	7393	17
贵　　州	17	16		55	55		2600	2581		1062	1055	
云　　南	92	88		118	101		4926	4505		1496	1329	
西　　藏	36	4		36	4		1096	92		272	32	
陕　　西	321	212		770	411		35993	17491		24377	18479	
甘　　肃	83	42		76	51		4034	2420		2181	1894	
青　　海	14	9		5	4		285	243		54	47	
宁　　夏	24	23		52	51		1149	1092		679	661	
新　　疆	293	230	1	254	216		11720	10027	34	2533	2276	5

全国各出版社少年儿童读物出版数量

中央出版社

	种数(种)		租型种数(种)	总印数(万册、张)			总印张(千印张)			定价总金额(万元)		
	合计	新出		合计	新出	租型	合计	新出	租型	合计	新出	租型
中　　央	**3921**	**2862**		**6561**	**4293**		**323917**	**206826**		**97982**	**67621**	
人民出版社	9	8		10	9		477	310		130	109	
人民文学出版社	35	12		53	30		5262	2930		1057	648	
东方出版中心	1	1		1	1		161	161		30	30	
人民美术出版社	148	146		548	545		20390	20288		6744	6724	
人民音乐出版社	6			2			98			80		
中国对外翻译出版公司	25	16		46	27		2667	1887		815	503	
中国盲文出版社	7	3					13	1				
生活·读书·新知三联书店	1			2			154			54		
中国书籍出版社	1	1		3	3		38	38		24	24	
中国戏剧出版社	8	8		21	21		2683	2683		497	497	
民族出版社	60	1		29			1670	11		378	2	
中国青年出版社	16	10		24	13		1181	593		433	254	
中国少年儿童出版社	729	357		1610	1009		89509	41997		23825	13573	
中国电影出版社	12	12		8	8		658	658		130	130	
世界知识出版社	23	10		24	16		1682	1005		416	266	
北京大学出版社	116	59		117	36		8955	2356		2450	862	
外语教学与研究出版社	30	30		23	23		1101	1101		534	534	
人民教育出版社	1			5			187			40		
中国轻工业出版社	74	61		60	56		3851	3497		1159	1067	
中国纺织出版社	2	2		2	2		324	324		69	69	
科学普及出版社	49	35		80	44		3953	2089		1390	781	
化学工业出版社	203	164		210	164		13170	10067		4266	3304	
中国铁道出版社	39	39		29	29		893	893		754	754	
人民邮电出版社	232	232		387	387		10577	10577		4383	4383	
海洋出版社	15	15		7	7		257	257		101	101	
地质出版社	8	7		14	9		208	82		269	194	
地震出版社	2	2		2	2		185	185		68	68	

全国各出版社少年儿童读物出版数量(续表1)

中央出版社

	种数(种)		租型种数(种)	总印数(万册、张)			总印张(千印张)			定价总金额(万元)		
	合计	新出		合计	新出	租型	合计	新出	租型	合计	新出	租型
气象出版社	26	19		14	10		670	520		155	123	
中国地图出版社	31	6		45	6		622	160		359	116	
国防工业出版社	146	105		233	148		10734	6923		3044	2049	
中国商务出版社	1	1					16	16		6	6	
新世界出版社	51	44		105	37		10495	2181		1862	989	
文化艺术出版社	7	7		2	2		347	347		98	98	
教育科学出版社	47	35		67	33		1605	952		920	522	
中国广播电视出版社	6	6		5	5		505	505		126	126	
中国商业出版社	1	1		4	4		330	330		79	79	
北京师范大学出版社	96	59		183	73		9388	2937		2246	981	
中国宇航出版社	9	6		6	4		301	261		76	54	
作家出版社	16	16		86	86		8661	8661		1614	1614	
光明日报出版社	185	185		160	160		15696	15696		3590	3590	
中国妇女出版社	5			11			259			91		
电子工业出版社	74	45		376	61		8367	3508		4598	1183	
朝华出版社	52	52		48	48		4562	4562		902	902	
金盾出版社	4	1		3	2		111	72		30	16	
经济科学出版社	1			2			460			76		
高等教育出版社	30	15		324	93		457	165		2098	692	
国际文化出版公司	10	10		2	2		81	81		143	143	
中国画报出版社	61	59		62	61		1454	1446		665	660	
北京理工大学出版社	259	233		219	200		9705	8104		3818	3375	
中国传媒大学出版社	3	3		2	2		146	146		50	50	
中国和平出版社	16	16		44	44		3741	3741		901	901	
华夏出版社	98	32		114	38		8448	2415		2375	994	

全国各出版社少年儿童读物出版数量(续表2)

中 央 出 版 社

	种数(种)		租型种数(种)	总印数(万册、张)			总印张(千印张)			定价总金额(万元)		
	合计	新出		合计	新出	租型	合计	新出	租型	合计	新出	租型
中国长安出版社	9	9		9	9		780	780		223	223	
海潮出版社	6	6		3	3		360	360		84	84	
学苑出版社	2			1			53			19		
中国民族摄影艺术出版社	1	1		1	1		17	17		20	20	
中信出版社	22	20		32	26		1559	1116		715	544	
中国人口出版社	82	82		101	101		3919	3919		1431	1431	
中国时代经济出版社	38	38		20	20		1141	1141		316	316	
蓝天出版社	49	35		28	23		2481	1866		593	458	
华龄出版社	1	1		2	2		21	21		9	9	
新星出版社	1	1		1	1		20	20		25	25	
中国社会出版社	10	8		4	4		259	202		73	58	
大众文艺出版社	1						64			11		
现代教育出版社	41	38		55	44		1529	1129		827	613	
中国致公出版社	1	1		1	1		70	70		13	13	
中国大地出版社	1	1		1	1		24	24		14	14	
中国城市出版社	8	8		17	17		920	920		361	361	
星球地图出版社	1	1		1	1		35	35		24	24	
中央编译出版社	3			6			450			129		
西苑出版社	1	1					112	112		95	95	
中国电力出版社	36	25		24	20		490	412		335	278	
海豚出版社	285	195		590	260		25233	13260		8743	5584	
天天出版社	235	204		230	199		16915	13703		3904	3331	

全国各出版社少年儿童读物出版数量(续表3)

地方出版社

	种数(种)		租型种数(种)	总印数(万册、张)			总印张(千印张)			定价总金额(万元)		
	合计	新出		合计	新出	租型	合计	新出	租型	合计	新出	租型
地　　方	**18138**	**11215**	**29**	**31239**	**15954**	**41**	**1814200**	**910307**	**3207**	**505391**	**281906**	**522**
北京出版社	65	37		91	52		9794	5789		1831	1148	
北京教育出版社	2	2		1	1		306	306		1300	1300	
北京科学技术出版社	400	309		503	309		33093	20747		9797	6368	
北京少年儿童出版社	375	129		540	191		48863	13858		11598	5420	
北京燕山出版社	8	7		7	6		447	374		111	96	
同心出版社	193	56		408	166		37917	11198		7449	2995	
北京十月文艺出版社	5			7			896			117		
旅游教育出版社	2	2		14	14		440	440		398	398	
北京联合出版公司	6	6		23	23		984	984		383	383	
中国书店	11	11		23	23		1060	1060		530	530	
天津教育出版社	7	3		30	1		2263	59		516	11	
天津科学技术出版社	10	7		6	4		191	128		60	42	
新蕾出版社	365	241		591	295		39699	17430		9158	4641	
天津杨柳青画社	1	1					39	39		14	14	
南开大学出版社	1	1					45	45		6	6	
天津大学出版社	1	1					49	49		8	8	
河北人民出版社	5	2	11	77	5	15	2358	110	1122	459	27	152
河北美术出版社			16	24		25	2001		2001	347		348
河北大学出版社	9	9		4	4		63	63		26	26	
山西人民出版社	2	2		2	2		138	138		53	53	
山西科学技术出版社	3	1		5	2		195	30		52	24	
希望出版社	194	70		200	55		35729	14188		5674	3072	
北岳文艺出版社	8	8		6	6		557	557		109	109	
内蒙古人民出版社	32	32		26	26		1212	1212		375	375	
内蒙古教育出版社	126	42		192	52		10724	2549		2380	479	
内蒙古少年儿童出版社	104	102		154	152		3055	2835		951	925	
辽宁人民出版社	1	1		4	4		69	69		30	30	
辽宁教育出版社	11	11		11	11		220	220		317	317	
辽宁科学技术出版社	15	15		11	11		114	114		89	89	
辽宁少年儿童出版社	304	250		354	235		18897	11918		4449	3231	
春风文艺出版社	92	45		177	88		14253	7041		2909	1525	
辽宁美术出版社	5	5		2	2		15	15		15	15	
辽宁民族出版社	25	24		13	12		138	120		70	66	

全国各出版社少年儿童读物出版数量(续表4)

地方出版社

	种数(种)		租型种数(种)	总印数(万册、张)			总印张(千印张)			定价总金额(万元)		
	合计	新出		合计	新出	租型	合计	新出	租型	合计	新出	租型
辽海出版社	73	18		34	8		725	186		137	38	
沈阳出版社	11	11		4	4		1074	1074		95	95	
大连出版社	61	32		91	35		8623	3111		1834	739	
辽宁大学出版社	3	2		3	3		202	191		86	81	
辽宁师范大学出版社	93	34		715	67		23322	6036		5237	1931	
万卷出版公司	134	70		92	55		7743	5271		1709	1135	
白山出版社	5	5		32	32		958	958		610	610	
延边教育出版社	187	153		322	306		9678	9329		3155	3050	
北方妇女儿童出版社	234	144		213	137		12864	6162		2948	1574	
吉林美术出版社	1188	967		1114	890		70158	49878		16748	12857	
吉林摄影出版社	690	647		690	665		53502	51468		12870	12443	
时代文艺出版社	8	8		16	16		1287	1287		498	498	
长春出版社	35	35		44	44		2756	2756		761	761	
延边人民出版社	29	29		61	61		1820	1820		591	591	
东北师范大学出版社	11	7		25	17		1869	1229		763	487	
吉林大学出版社	11	11		10	10		1755	1755		502	502	
吉林出版集团有限责任公司	349	281		222	181		15980	12347		4566	3973	
黑龙江人民出版社	2	2					38	38		10	10	
黑龙江少年儿童出版社	98	87		119	102		5160	4248		1217	1076	
北方文艺出版社	36	36		11	11		774	774		177	177	
黑龙江朝鲜民族出版社	1						26			8		
黑龙江美术出版社	10	10		4	4		30	30		9	9	
哈尔滨出版社	312	133		392	244		23310	10767		5617	3032	
东北林业大学出版社	1						26			6		
黑龙江大学出版社	1	1					72	72		26	26	
上海人民出版社	34	33		83	82		2765	2739		1265	1255	
上海教育出版社	47	8		143	5		4794	136		2092	57	
上海科技教育出版社	55	4		171	3		2334	104		586	39	
上海科学普及出版社	54	54		58	58		2587	2587		849	849	
少年儿童出版社	556	329		891	413		54406	23707		11864	6029	
上海人民美术出版社	275	193		846	177		22888	7191		5964	3224	
上海译文出版社	18	13		86	8		5606	306		1494	187	
上海音乐学院出版社	1	1					20	20		5	5	
中国福利会出版社	111	50		585	203		20421	6746		44714	14678	

全国各出版社少年儿童读物出版数量(续表5)

地方出版社

	种数(种)		租型种数(种)	总印数(万册、张)			总印张(千印张)			定价总金额(万元)		
	合计	新出		合计	新出	租型	合计	新出	租型	合计	新出	租型
上海科学技术文献出版社	3	3		2	2		108	108		36	36	
上海锦绣文章出版社	4			1			55			11		
上海三联书店	3			12			510			144		
学林出版社	6	6		43	43		882	882		421	421	
复旦大学出版社	1	1					51	51		76	76	
华东师范大学出版社	129	68		231	61		9542	2224		3914	1795	
上海交通大学出版社	1			1			90			10		
上海外语教育出版社	13	8		16	10		801	459		194	109	
上海大学出版社	4			4			93			25		
上海音乐出版社	5			1			28			18		
江苏人民出版社	26	9		19	7		1387	554		311	138	
江苏教育出版社	39	19		37	23		1311	1011		454	309	
江苏少年儿童出版社	467	241		895	517		59733	27289		13657	7858	
江苏文艺出版社	221	213		480	464		26050	24952		7354	7036	
江苏美术出版社	118	86		341	273		17140	13328		5307	4332	
古吴轩出版社	2	2		2	2		98	98		25	25	
南京出版社	21	15		14	8		789	346		191	96	
译林出版社	95	19		145	30		13620	4094		2636	843	
南京大学出版社	9	8		9	8		905	851		181	171	
苏州大学出版社	3	2		25	1		2254	42		368	9	
南京师范大学出版社	9	9		6	6		273	273		96	96	
凤凰出版社	66	52		95	78		14238	12079		2527	2172	
浙江人民出版社	3	3		15	15		736	736		300	300	
浙江教育出版社	463	201		1270	354		54933	18063		13078	4344	
浙江科学技术出版社	35	17		27	15		1187	780		553	329	
浙江少年儿童出版社	1067	462		2575	835		207413	64527		44429	17852	
浙江文艺出版社	167	64		159	66		13625	5094		2425	1048	
浙江人民美术出版社	157	40		216	54		11133	2761		2431	613	
浙江摄影出版社	5			2			136			30		
浙江古籍出版社	30	24		24	16		2009	1362		313	209	
杭州出版社	4	4		146	146		4498	4498		863	863	
西泠印社出版社	1	1					30	30		6	6	
宁波出版社	32	19		82	53		3491	2180		737	520	
浙江大学出版社	10			14			318			72		

全国各出版社少年儿童读物出版数量(续表6)

地方出版社

	种数(种)		租型种数(种)	总印数(万册、张)			总印张(千印张)			定价总金额(万元)		
	合计	新出		合计	新出	租型	合计	新出	租型	合计	新出	租型
安徽人民出版社	47	14		30	16		1641	541		380	203	
安徽教育出版社	8	7		1	1		87	74		17	14	
安徽科学技术出版社	44	13		49	17		3882	1376		973	358	
安徽少年儿童出版社	726	357		941	429		56040	24149		16293	10076	
安徽文艺出版社	26	7		11	5		1047	548		183	111	
安徽美术出版社	27	13		30	19		1468	1222		347	256	
黄山书社	273	239		390	371		28653	26807		5941	5593	
合肥工业大学出版社	1						31			7		
安徽师范大学出版社	3	3		1	1		28	28		17	17	
福建少年儿童出版社	236	214		191	170		14474	12317		3270	2822	
海峡文艺出版社	3	3		2	2		42	42		55	55	
福建美术出版社	6	1		13	3		486	94		157	19	
海风出版社	1	1					26	26		9	9	
江西人民出版社	17	17		21	21		388	388		309	309	
江西科学技术出版社	2	2		5	5		186	186		80	80	
二十一世纪出版社	944	513		2464	1180		142438	63026		35379	13786	
江西美术出版社	61	58		35	34		1737	1615		571	552	
江西高校出版社	43	43		65	65		2919	2919		1772	1772	
明天出版社	165	79		476	155		21971	6562		7729	2297	
山东科学技术出版社	1						73			8		
山东美术出版社	48	7		134	28		8712	3413		3413	1253	
济南出版社	4	4		5	5		120	120		33	33	
泰山出版社	5	5		1	1		47	47		15	15	
中国海洋大学出版社	4	4		7	7		483	483		117	117	
黄河出版社	1	1		5	5		40	40		54	54	
河南人民出版社	23	16		7	5		224	89		46	22	
河南科学技术出版社	4	4		2	2		48	48		36	36	
海燕出版社	186	121		277	109		23237	11156		5289	2507	
文心出版社	4	4		2	2		192	192		50	50	
中州古籍出版社	11	11		30	30		1729	1729		594	594	
中原农民出版社	2	2		1	1		51	51		11	11	
黄河水利出版社	1	1					4	4		3	3	
湖北人民出版社	1			39			104			26		
湖北少年儿童出版社	264	35		601	54		41601	3075		7151	572	
湖北美术出版社	261	247		480	470		22926	21667		6351	5784	

全国各出版社少年儿童读物出版数量(续表7)

地方出版社

	种数(种)		租型种数(种)	总印数(万册、张)			总印张(千印张)			定价总金额(万元)		
	合计	新出		合计	新出	租型	合计	新出	租型	合计	新出	租型
华中科技大学出版社	20	20		25	25		1287	1287		456	456	
华中师范大学出版社	6	3		4	3		151	63		124	20	
中国地质大学出版社	1	1					12	12		8	8	
长江出版社	27	27		28	28		1180	1180		372	372	
湖南人民出版社	4	4		6	6		746	746		151	151	
湖南少年儿童出版社	1182	734		1702	917		112450	66611		25081	15321	
湖南文艺出版社	2	2		2	2		460	460		40	40	
湖南美术出版社	21	20		16	14		346	274		268	212	
湖南师范大学出版社	14	14		30	30		3305	3305		607	607	
中南大学出版社	48	47		24	14		1543	515		411	243	
广东教育出版社	159	142		130	114		5683	4131		2349	2071	
广东科技出版社	12	12		12	12		402	402		182	182	
广东经济出版社	6	6		3	3		143	143		133	133	
广东省地图出版社	10	9		17	16		401	364		217	200	
岭南美术出版社	9	9		43	43		689	689		360	360	
广东新世纪出版社	296	136		1289	563		39058	23456		10426	6442	
花城出版社	3	2		5	1		354	109		60	17	
海天出版社	2	2		1	1		58	58		14	14	
广州出版社	13	13		88	88		3491	3491		1035	1035	
珠海出版社	6	6		6	6		120	120		54	54	
华南理工大学出版社	1	1					20	20		6	6	
汕头大学出版社	87	87		122	122		6036	6036		3750	3750	
中山大学出版社	7	5		3	3		108	58		54	38	
暨南大学出版社	19	19		11	11		753	753		230	230	
广西教育出版社	24	24		41	41		2562	2562		675	675	
接力出版社	568	231		1142	535		60192	30528		19029	8998	
广西民族出版社	20	20		2	2		58	58		9	9	
广西师范大学出版社	11			23			2166			649		
海南出版社	4	4		3	3		179	179		91	91	
南海出版公司	15	15		15	15		1138	1138		238	238	
三环出版社	21			42			3421			901		
西南师范大学出版社	76	29		176	9		2946	136		776	37	
四川少年儿童出版社	354	255		689	404		25402	14776		7534	5091	
四川文艺出版社	23	8		31	7		2757	911		488	148	
四川民族出版社	104	59		75	35		3609	1487		984	476	

全国各出版社少年儿童读物出版数量(续表8)

地方出版社

	种数(种)		租型种数(种)	总印数(万册、张)			总印张(千印张)			定价总金额(万元)		
	合计	新出		合计	新出	租型	合计	新出	租型	合计	新出	租型
四川美术出版社	85	34		103	32		4395	848		1336	383	
天地出版社	167	79		130	43		11489	3180		2770	969	
成都地图出版社	7	3	1	7	2	1	169	38	50	62	13	17
成都时代出版社	10	10		11	11		470	470		146	146	
电子科技大学出版社	6	6		1	1		72	72		36	36	
四川大学出版社	11	11		5	5		476	476		132	132	
西南财经大学出版社	2			1			57			11		
西南交通大学出版社	1			1			45			9		
贵州人民出版社	8	8		4	4		81	81		44	44	
贵州教育出版社	8	8		51	51		2500	2500		1011	1011	
贵州民族出版社	1						18			7		
云南人民出版社	8	6		15	11		1543	1314		285	211	
云南科学技术出版社	22	22		11	11		734	734		191	191	
晨光出版社	9	8		14	3		143	40		101	33	
德宏民族出版社	4	4		16	16		23	23		143	143	
云南美术出版社	16	15		55	53		1648	1558		563	539	
云南民族出版社	5	5		1	1		20	20		16	16	
云南大学出版社	28	28		7	7		816	816		197	197	
西藏人民出版社	36	4		36	4		1096	92		272	32	
陕西人民出版社	26	26		20	20		1470	1470		377	377	
陕西人民教育出版社	7			34			2354			370		
陕西科学技术出版社	1			6			471			125		
未来出版社	215	161		529	347		20873	12588		20034	17306	
陕西人民美术出版社	3			19			1982			369		
西安出版社	1	1		5	5		550	550		60	60	
西安地图出版社	2			4			11			72		
陕西师范大学出版社	7	7		25	25		2167	2167		502	502	
西安交通大学出版社	51	9		121	8		5800	401		2353	119	
西北工业大学出版社	7	7		5	5		239	239		88	88	
西北农林科技大学出版社	1	1		1	1		75	75		28	28	
甘肃少年儿童出版社	72	34		60	39		3153	1817		1896	1664	
甘肃民族出版社	1			1			69			16		
甘肃人民美术出版社	8	6		11	8		645	437		132	93	
敦煌文艺出版社	1	1		4	4		158	158		134	134	

全国各出版社少年儿童读物出版数量(续表9)

地方出版社

	种数(种)		租型种数(种)	总印数(万册、张)			总印张(千印张)			定价总金额(万元)		
	合计	新出		合计	新出	租型	合计	新出	租型	合计	新出	租型
兰州大学出版社	1	1					9	9		3	3	
青海民族出版社	14	9		5	4		285	243		54	47	
宁夏人民出版社	19	19		46	46		644	644		101	101	
阳光出版社	5	4		6	5		505	448		577	560	
新疆人民出版社	7			15			788			95		
新疆科学技术出版社	17	17	1	7	7		181	147	34	49	44	5
新疆青少年出版社	160	115		123	106		5775	5112		1351	1234	
喀什维吾尔文出版社	97	89		106	101		4760	4588		993	960	
克孜勒苏柯尔克孜文出版社	3	3					8	8		7	7	
新疆大学出版社	9	6		3	2		208	172		38	31	

全 国 课 本 出 版 数 量

	种数（种）		租型种数（种）	总印数（万册）		总印张（千印张）		定价总金额（万元）	
	合计	新出		合计	租型	合计	租型	合计	租型
课 本 合 计	**78281**	**25944**	**9336**	**343991**	**147027**	**27294304**	**10531951**	**3301730**	**1004141**
(1)大专及大专以上课本	48126	17976	86	33207	38	5779979	6870	972202	1015
(2)中专、技校课本	6151	1622	6	7456	28	958302	5969	152064	532
(3)中学课本	6307	954	5321	168160	87492	12843298	7263985	1247800	677387
(4)小学课本	5267	730	3667	121815	59362	6235323	3240425	651738	322840
(5)业余教育课本	6288	3147		4228		685683		144168	
(6)扫盲课本	8	4		6		399		49	
(7)教学用书	6134	1511	256	9119	107	791320	14702	133709	2367

全国课本出版数量与去年相比增减百分比

	种 数		租型种数	总印数		总印张		定价总金额	
	合计	新出		合计	租型	合计	租型	合计	租型
课 本 合 计	**14. 87**	**8. 38**	**3. 57**	**2. 55**	**−0. 59**	**0. 95**	**−1. 18**	**4. 19**	**1. 46**
(1)大专及大专以上课本	11. 85	9. 02	34. 38	−5. 69	−83. 04	−5. 50	−54. 07	0. 16	−43. 86
(2)中专、技校课本	22. 12	0. 62	−68. 42	10. 82	−68. 54	9. 81	−54. 17	15. 77	−62. 03
(3)中学课本	35. 46	63. 08	−7. 11	−3. 35	−14. 12	−2. 99	−10. 84	0. 05	−8. 89
(4)小学课本	30. 21	40. 12	24. 43	16. 97	32. 74	18. 20	32. 47	20. 32	35. 78
(5)业余教育课本	66. 26	44. 76		31. 43		52. 48		64. 52	
(6)扫盲课本	60. 00			−14. 29		−52. 73		−63. 97	
(7)教学用书	−19. 19	−40. 86		−24. 94	−89. 24	−26. 95	−59. 59	−29. 68	−54. 91

课　本　出　版　数　量

中　央　出　版　社

	种数（种）		租型种数（种）	总印数（万册）		总印张（千印张）		定价总金额（万元）	
	合计	新出		合计	租型	合计	租型	合计	租型
课　本　合　计	**47457**	**15702**	**102**	**102348**	**985**	**10274076**	**42742**	**1477324**	**8094**
(1)大专及大专以上课本	32140	10976	78	24147	33	4342653	6009	715907	909
(2)中专、技校课本	5215	1192		6804		872526		138394	
(3)中学课本	1784	229	13	44236	922	2960636	32430	312844	6628
(4)小学课本	976	119		19772		1093841		112164	
(5)业余教育课本	5597	2807		3512		603028		129968	
(6)扫盲课本	1			1		69		10	
(7)教学用书	1744	379	11	3876	30	401323	4303	68037	557

课本出版数量与去年相比增减百分比

中　央　出　版　社

	种　数		租型种数	总印数		总印张		定价总金额	
	合计	新出		合计	租型	合计	租型	合计	租型
课　本　合　计	**10.23**	**6.79**	**82.14**	**-2.80**	**5372.22**	**-4.18**	**1123.65**	**0.25**	**1233.44**
(1)大专及大专以上课本	10.60	5.64	39.29	-5.30	83.33	-4.99	72.03	-0.69	49.75
(2)中专、技校课本	20.75	-5.62		14.55		12.22		17.37	
(3)中学课本	0.79	44.03	1300.00	5.81	92200.00	-3.41	3243000.00	2.34	662800.00
(4)小学课本	-0.41	153.19		-13.14		-9.10		-7.15	
(5)业余教育课本	153.03	150.85		78.91		83.82		91.50	
(6)扫盲课本	-75.00	-100.00		-50.00		-66.50		-78.72	
(7)教学用书	-62.95	-77.99	1100.00	-47.08	3000.00	-48.36	430300.00	-51.56	55700.00

课 本 出 版 数 量

地 方 出 版 社

	种数（种）		租型种数（种）	总印数（万册）		总印张（千印张）		定价总金额（万元）	
	合计	新出		合计	租型	合计	租型	合计	租型
课 本 合 计	**30824**	**10242**	**9234**	**241643**	**146042**	**17020228**	**10489209**	**1824406**	**996047**
(1)大专及大专以上课本	15986	7000	8	9060	5	1437325	861	256296	106
(2)中专、技校课本	936	430	6	652	28	85776	5969	13669	532
(3)中学课本	4523	725	5308	123923	86570	9882663	7231554	934957	670759
(4)小学课本	4291	611	3667	102043	59362	5141482	3240425	539573	322840
(5)业余教育课本	691	340		716		82655		14200	
(6)扫盲课本	7	4		6		330		40	
(7)教学用书	4390	1132	245	5243	77	389997	10400	65671	1810

课本出版数量与去年相比增减百分比

地 方 出 版 社

	种 数		租型种数	总印数		总印张		定价总金额	
	合计	新出		合计	租型	合计	租型	合计	租型
课 本 合 计	**22.84**	**10.89**	**3.08**	**4.99**	**－1.25**	**4.32**	**－1.55**	**7.62**	**0.70**
(1)大专及大专以上课本	14.44	14.79	0.00	－6.70	－97.57	－7.02	－92.49	2.59	－91.17
(2)中专、技校课本	30.36	23.21	－68.42	－17.26	－68.54	－9.94	－54.17	1.62	－62.03
(3)中学课本	56.72	70.19	－7.33	－6.25	－15.02	－2.86	－11.24	－0.69	－9.78
(4)小学课本	40.00	28.90	24.43	25.39	32.74	26.27	32.47	28.20	35.78
(5)业余教育课本	－55.99	－67.77	0.00	－42.90	0.00	－32.25	0.00	－28.13	0.00
(6)扫盲课本	600.00	300.00	0.00	20.00	0.00	－48.28	0.00	－55.06	0.00
(7)教学用书	52.22	35.89	－4.30	8.66	－92.25	27.35	－71.42	32.15	－65.52

全国各地区课本出版总量

	课本合计								
	种数(种)		租型种数(种)	总印数（万册）		总印张（千印张）		定价总金额（万元）	
	合计	新出		合计	租型	合计	租型	合计	租型
全国总计	**78281**	**25944**	**9336**	**343991**	**147027**	**27294304**	**10531951**	**3301730**	**1004141**
中　　央	**47457**	**15702**	**102**	**102348**	**985**	**10274076**	**42742**	**1477324**	**8094**
地　　方	**30824**	**10242**	**9234**	**241643**	**146042**	**17020228**	**10489209**	**1824406**	**996047**
北　　京	808	212		2195		203247		23911	
天　　津	645	281	216	1480	1083	124501	71373	16720	7629
河　　北	194	21	206	8674	5535	589277	408353	54930	36626
山　　西	38	6	290	5101	4342	367369	326785	36889	32216
内 蒙 古	805	143	311	4538	3178	324622	231805	29540	21505
辽　　宁	2795	995	327	7137	3036	508654	203222	70925	20466
吉　　林	899	406	611	6392	5073	421532	327126	49380	33796
黑 龙 江	538	281	401	4175	3523	279136	239765	30557	23583
上　　海	4949	1696	1	13317		1169818	43	167373	2
江　　苏	2498	855	341	19999	8019	1349712	540754	146857	49783
浙　　江	1399	382	266	11876	6622	822065	506779	86946	44712
安　　徽	633	329	542	10536	10011	797456	747090	86109	77740
福　　建	359	134	206	3845	2621	252872	182355	24620	16484
江　　西	180	78	292	6967	6067	501300	465092	47852	42671
山　　东	1070	308	387	16390	9903	986499	539526	98834	52983
河　　南	1326	423	294	13731	9290	919963	696201	90839	62665
湖　　北	1624	751	520	9424	7120	662849	489738	79929	53815
湖　　南	807	312	356	12931	8878	748223	530464	96177	60282
广　　东	1344	380	150	21436	8498	1537562	730815	142726	60533
广　　西	394	34	281	9114	5724	611823	449101	54272	38566
海　　南	28	2	186	1128	993	75088	67213	9461	8002
重　　庆	1488	305	272	6007	2820	423630	194678	51164	21768
四　　川	1158	489	427	12130	9483	966869	750328	91524	65211
贵　　州	96	36	282	6557	6166	459043	435103	44206	40050
云　　南	294	130	290	7509	5813	514320	438050	47164	39711
西　　藏	192	11	274	1102	720	71463	49109	7633	5180
陕　　西	1508	740	403	6024	3617	511977	287827	58549	25328
甘　　肃	50	44	241	3916	3892	319218	317166	28212	27908
青　　海	211	39	211	824	636	64802	50907	5380	4567
宁　　夏			189	844	844	60909	60909	6533	6533
新　　疆	2494	419	461	6344	2535	374429	151532	39194	15732

各地区、各类课本出版数量

	大专及大专以上课本								
	种数(种)		租型种数(种)	总印数(万册)		总印张(千印张)		定价总金额(万元)	
	合计	新出		合计	租型	合计	租型	合计	租型
全国总计	**48126**	**17976**	**86**	**33207**	**38**	**5779979**	**6870**	**972202**	**1015**
中　央	**32140**	**10976**	**78**	**24147**	**33**	**4342653**	**6009**	**715907**	**909**
地　方	**15986**	**7000**	**8**	**9060**	**5**	**1437325**	**861**	**256296**	**106**
北　京	278	80		136		25104		3994	
天　津	603	280		270		45738		8221	
河　北	18	12		7		1143		198	
山　西	6			2		264		35	
内蒙古	109	47		34		5736		808	
辽　宁	1988	798		1015		163337		30358	
吉　林	301	253		86		14444		2839	
黑龙江	374	216		98		14513		2731	
上　海	2979	1227		3486		537691		92444	
江　苏	1393	590		661		101074		19435	
浙　江	683	199		237		38028		7093	
安　徽	592	309		263		35031		6711	
福　建	232	98		155		26824		4005	
江　西	70	51		21		3350		597	
山　东	549	297		251		41623		6943	
河　南	296	163		105		17183		2892	
湖　北	1265	597	4	508	4	84430	670	15831	73
湖　南	413	228		177		29343		6017	
广　东	845	309		298		51225		9214	
广　西	80	13		72		8955		1567	
海　南									
重　庆	1004	254		386		61364		11523	
四　川	662	320	1	255		40737	54	7351	9
贵　州	10	10		8		535		177	
云　南	106	54		27		3802		704	
西　藏									
陕　西	1110	578	2	496		85188	101	14484	17
甘　肃	14	14		2		336		68	
青　海									
宁　夏									
新　疆	6	3	1	3		328	37	57	8

各地区、各类课本出版数量(续表1)

	中专、技校课本								
	种数(种)		租型种数(种)	总印数(万册)		总印张(千印张)		定价总金额(万元)	
	合计	新出		合计	租型	合计	租型	合计	租型
全国总计	**6151**	**1622**	**6**	**7456**	**28**	**958302**	**5969**	**152064**	**532**
中　央	**5215**	**1192**		**6804**		**872526**		**138394**	
地　方	**936**	**430**	**6**	**652**	**28**	**85776**	**5969**	**13669**	**532**
北　京	44	29		22		2863		471	
天　津									
河　北									
山　西	5	2		5		383		19	
内蒙古									
辽　宁	8			3		317		55	
吉　林									
黑龙江	8	8		4		880		209	
上　海	158	48		118		13389		2312	
江　苏	89	17	6	188	28	30008	5969	4189	532
浙　江	166	67		121		13688		2424	
安　徽	2			1		96		14	
福　建									
江　西	4	2		2		152		42	
山　东	14			9		1251		203	
河　南									
湖　北	124	103		25		2980		522	
湖　南	12			16		1847		246	
广　东	30	3		25		4091		550	
广　西									
海　南									
重　庆	108	38		41		5360		946	
四　川	79	58		26		3841		705	
贵　州	4			4		276		36	
云　南	4	2		2		80		20	
西　藏	8			13		656		62	
陕　西	60	44		26		3330		599	
甘　肃	8	8		2		232		38	
青　海									
宁　夏									
新　疆	1	1				58		8	

各地区、各类课本出版数量(续表2)

	中学课本								
	种数(种)		租型种数（种）	总印数（万册）		总印张（千印张）		定价总金额（万元）	
	合计	新出		合计	租型	合计	租型	合计	租型
全国总计	**6307**	**954**	**5321**	**168160**	**87492**	**12843298**	**7263985**	**1247800**	**677387**
中　　央	**1784**	**229**	**13**	**44236**	**922**	**2960636**	**32430**	**312844**	**6628**
地　　方	**4523**	**725**	**5308**	**123923**	**86570**	**9882663**	**7231554**	**934957**	**670759**
北　　京	113	5		1131		115274		10074	
天　　津	13		110	696	637	53251	49365	5449	5075
河　　北	45	1	104	3746	3035	319669	267070	28220	23331
山　　西	8	1	162	2902	2632	249479	231114	25123	23131
内 蒙 古	317	65	209	2501	1871	212688	161357	18216	14299
辽　　宁	83	19	198	2703	2202	199985	166308	20326	16161
吉　　林	250	36	382	3533	3106	267564	237031	27810	24268
黑 龙 江	22		232	2583	2414	193947	185440	18981	17749
上　　海	585	66	1	5627		413938	43	43027	2
江　　苏	452	124	167	10407	4174	741870	301587	68402	26613
浙　　江	163	32	160	5587	3570	468935	331711	43683	28281
安　　徽	18	7	339	6522	6512	560900	559760	56929	56748
福　　建	27	13	107	1621	1414	128260	116315	11470	10412
江　　西	41	13	196	3826	3560	327961	314459	30599	28925
山　　东	247	10	254	10769	6983	699525	405818	64613	37346
河　　南	72	30	188	5879	5486	516079	492791	45862	43100
湖　　北	81	13	244	4973	4404	388791	352254	43265	38360
湖　　南	94	7	208	7237	5208	480122	358568	58050	39815
广　　东	187	31	84	11296	5229	944377	519210	78581	41775
广　　西	141	4	134	4326	3062	364039	296008	30262	24467
海　　南	13	1	111	615	565	48922	45959	5999	5449
重　　庆	84	6	143	2240	1762	169876	142729	18880	15719
四　　川	95	39	209	6765	5246	606799	488227	52143	41079
贵　　州	37	17	172	3254	3038	283224	266613	26627	23478
云　　南	42		151	3447	2933	302220	272842	26025	23836
西　　藏	57	5	161	518	445	40895	34375	4078	3503
陕　　西	62	7	237	2458	2212	225100	210950	19544	17991
甘　　肃	11	11	160	2744	2742	252126	251880	21871	21822
青　　海	64	26	123	413	368	39893	34797	3324	3064
宁　　夏			121	451	451	39696	39696	4380	4380
新　　疆	1099	136	241	3153	1308	227255	97277	23143	10578

各地区、各类课本出版数量(续表3)

	小学课本								
	种数(种)		租型种数(种)	总印数(万册)		总印张(千印张)		定价总金额(万元)	
	合计	新出		合计	租型	合计	租型	合计	租型
全国总计	**5267**	**730**	**3667**	**121815**	**59362**	**6235323**	**3240425**	**651738**	**322840**
中　央	**976**	**119**		**19772**		**1093841**		**112164**	
地　方	**4291**	**611**	**3667**	**102043**	**59362**	**5141482**	**3240425**	**539573**	**322840**
北　京	158	14		409		23247		2303	
天　津	18		104	503	445	25300	21973	2945	2552
河　北	93		102	4904	2499	266191	141283	26199	13295
山　西	14		128	2190	1710	116630	95671	11619	9085
内蒙古	244	14	102	1986	1307	103953	70448	10322	7206
辽　宁	228	22	113	2994	832	112690	36767	15253	4240
吉　林	133	4	229	2606	1967	115603	90096	12044	9528
黑龙江	34		123	1360	1107	62158	53905	7104	5783
上　海	375	39		3714		152166		19824	
江　苏	254	65	109	8380	3778	427590	226955	47263	21286
浙　江	145	4	96	5827	3050	289299	175001	30971	16426
安　徽	9	1	203	3748	3494	200920	187330	22349	20994
福　建	53	10	99	2046	1207	96642	66040	8866	6072
江　西	63	12	96	3118	2507	169819	150632	16607	13746
山　东	151	1	128	5339	2919	241604	133493	26894	15618
河　南	209	100	96	5031	3803	266283	203235	26876	19557
湖　北	108	11	233	3887	2706	184156	136155	19874	15274
湖　南	67	5	138	5390	3669	221848	171743	28709	20453
广　东	130	28	56	9752	3266	530361	211111	52752	18727
广　西	137	17	147	4692	2662	236923	153093	22191	14100
海　南	15	1	75	513	428	26167	21254	3462	2553
重　庆	215	1	124	3313	1055	183233	51613	18525	6028
四　川	93	14	217	4849	4237	294250	262048	27575	24123
贵　州	35	3	109	3223	3128	171324	168470	16971	16568
云　南	110	49	129	3991	2877	203867	164781	19742	15855
西　藏	70	2	98	556	272	28422	14450	3370	1656
陕　西	65		157	2697	1397	143608	76051	14154	7229
甘　肃	6	3	81	1158	1150	65716	65286	6093	6086
青　海	37	4	88	342	268	20066	16110	1756	1503
宁　夏			68	394	394	21213	21213	2153	2153
新　疆	1022	187	219	3131	1228	140234	54219	14806	5146

各地区、各类课本出版数量(续表4)

	业余教育课本								
	种数(种)		租型种数(种)	总印数（万册）		总印张（千印张）		定价总金额（万元）	
	合计	新出		合计	租型	合计	租型	合计	租型
全国总计	**6288**	**3147**		**4228**		**685683**		**144168**	
中　　央	**5597**	**2807**		**3512**		**603028**		**129968**	
地　　方	**691**	**340**		**716**		**82655**		**14200**	
北　　京	66	19		64		7715		1548	
天　　津									
河　　北	8	7		3		1157		182	
山　　西									
内 蒙 古	2	2				57		9	
辽　　宁	3	3		2		73		29	
吉　　林	201	111		158		18898		3141	
黑 龙 江	12	12		6		311		83	
上　　海	197	126		213		33142		5783	
江　　苏	6	2		10		1163		195	
浙　　江									
安　　徽	4	4		1		177		43	
福　　建	2	2		1		41		13	
江　　西									
山　　东									
河　　南	54	15		67		4070		1058	
湖　　北	5	4		3		125		33	
湖　　南	4	3		15		1492		277	
广　　东	1	1				40		8	
广　　西									
海　　南									
重　　庆									
四　　川	27	2		19		2517		560	
贵　　州	4			66		3209		292	
云　　南	18	14		22		3539		560	
西　　藏									
陕　　西	1	1		1		26		9	
甘　　肃	7	5		8		766		133	
青　　海	67	7		58		4116		240	
宁　　夏									
新　　疆	2					21		3	

各地区、各类课本出版数量(续表5)

	扫盲课本								
	种数(种)		租型种数（种）	总印数（万册）		总印张（千印张）		定价总金额（万元）	
	合计	新出		合计	租型	合计	租型	合计	租型
全国总计	**8**	**4**		**6**		**399**		**49**	
中　　央	**1**			**1**		**69**		**10**	
地　　方	**7**	**4**		**6**		**330**		**40**	
北　　京									
天　　津									
河　　北									
山　　西									
内 蒙 古									
辽　　宁									
吉　　林									
黑 龙 江									
上　　海									
江　　苏									
浙　　江									
安　　徽									
福　　建	1			3		219		20	
江　　西									
山　　东									
河　　南									
湖　　北									
湖　　南	1	1				12		6	
广　　东									
广　　西									
海　　南									
重　　庆									
四　　川									
贵　　州									
云　　南	5	3		2		99		14	
西　　藏									
陕　　西									
甘　　肃									
青　　海									
宁　　夏									
新　　疆									

各地区、各类课本出版数量(续表6)

	教学用书								
	种数(种)		租型种数(种)	总印数(万册)		总印张(千印张)		定价总金额(万元)	
	合计	新出		合计	租型	合计	租型	合计	租型
全国总计	**6134**	**1511**	**256**	**9119**	**107**	**791320**	**14702**	**133709**	**2367**
中　　央	**1744**	**379**	**11**	**3876**	**30**	**401323**	**4303**	**68037**	**557**
地　　方	**4390**	**1132**	**245**	**5243**	**77**	**389997**	**10400**	**65671**	**1810**
北　　京	149	65		433		29044		5521	
天　　津	11	1	2	11		212	35	105	3
河　　北	30	1		13		1118		131	
山　　西	5	3		2		614		93	
内 蒙 古	133	15		16		2188		186	
辽　　宁	485	153	16	420	2	32253	148	4904	65
吉　　林	14	2		9		5023		3546	
黑 龙 江	88	45	46	125	3	7329	420	1449	51
上　　海	655	190		158		19491		3984	
江　　苏	304	57	59	353	39	48007	6244	7372	1352
浙　　江	242	80	10	103	2	12115	67	2775	5
安　　徽	8	8		2		331		63	
福　　建	44	11		20		887		245	
江　　西	2			1		18		6	
山　　东	109		5	23	1	2496	214	182	18
河　　南	695	115	10	2649	1	116347	175	14151	8
湖　　北	41	23	39	27	6	2367	659	405	108
湖　　南	216	68	10	95	1	13558	152	2873	14
广　　东	151	8	10	65	3	7467	494	1622	32
广　　西	36			23		1906		252	
海　　南									
重　　庆	77	6	5	28	3	3796	336	1289	20
四　　川	202	56		215		18725		3190	
贵　　州	6	6	1	3		475	20	103	4
云　　南	9	8	10	19	3	713	426	100	19
西　　藏	57	4	15	14	3	1490	285	123	21
陕　　西	210	110	7	346	8	54725	724	9758	91
甘　　肃	4	3		1		42		9	
青　　海	43	2		12		727		59	
宁　　夏									
新　　疆	364	92		57		6534		1176	

全国各出版社课本出版数量

中央出版社

	课本合计								
	种数(种)		租型种数(种)	总印数（万册）		总印张（千印张）		定价总金额（万元）	
	合计	新出		合计	租型	合计	租型	合计	租型
中　央	**47457**	**15702**	**102**	**102348**	**985**	**10274076**	**42742**	**1477324**	**8094**
人民美术出版社	139	17		1653		47229		8262	
人民音乐出版社	159	3		292		20947		4145	
中国盲文出版社	9	1		3		79			
中国社会科学出版社	2	2				16		4	
中国财政经济出版社	331	144		358		64343		9796	
人民体育出版社	113	20		91		16461		2629	
国家图书馆出版社	1					46		6	
群众出版社	6			2		352		68	
北京大学出版社	1937	758	65	1028	19	182072	3658	33915	635
中国人民大学出版社	1599	716		1301		276432		41741	
外语教学与研究出版社	732	157		4559		559967		97199	
人民教育出版社	1823	160		16080		1528263		153604	
中国农业出版社	919	306		515		88557		12851	
中国轻工业出版社	451	162		111		19203		3866	
中国纺织出版社	149	38		52		7902		1907	
煤炭工业出版社	142	44		48		7295		1386	
中国水利水电出版社	33	6		11		1790		318	
科学出版社	1456	424		2786		277931		48194	
科学普及出版社	72	15		280		16050		1895	
机械工业出版社	4082	1161		1603		260776		45799	
冶金工业出版社	204	110		52		9063		1773	
化学工业出版社	1864	723		669		103035		18980	
中国建筑工业出版社	1214	320		989		192781		39815	
中国铁道出版社	1154	525		477		77846		13956	
人民交通出版社	1016	316		838		122924		30026	
中国标准出版社	7	1		2		179		35	

全国各出版社课本出版数量(续表1)

中央出版社

	课本合计								
	种数(种)		租型种数（种）	总印数（万册）		总印张（千印张）		定价总金额（万元）	
	合计	新出		合计	租型	合计	租型	合计	租型
中国质检出版社	13	8		4		679		123	
人民邮电出版社	1488	530		486		78106		13947	
海洋出版社	41	16		13		2506		588	
地质出版社	391	85		4128		181225		21126	
地震出版社	1	1		1		186		37	
气象出版社	55	28		27		3887		693	
北京交通大学出版社	1023	410	3	422	1	73501	113	13187	20
中国地图出版社	110	4		7459		271587		33232	
人民卫生出版社	1217	336		1890		405544		65043	
中国商务出版社	100	36		37		7390		1223	
新世界出版社			3	43	43	5637	5637	539	539
语文出版社	150	8		2488		202118		18932	
中共中央党校出版社	59	34		31		5623		1116	
中国林业出版社	177	65		116		15759		2601	
文化艺术出版社	10	9		9		1691		351	
教育科学出版社	326	12		9844		641761		67919	
清华大学出版社	5847	2774		2827		534129		98583	
中国广播电视出版社	2	2		1		228		88	
中国商业出版社	39	2		8		942		132	
中国劳动社会保障出版社	974	241		1131		125284		18997	
北京师范大学出版社	1305	653		13613		1085959		109368	
中国宇航出版社	1	1		1		173		36	
中国金融出版社	166	69		119		21066		4096	
红旗出版社	2	2		73		4075		445	
电子工业出版社	612	20		564		65313		9535	
中央广播电视大学出版社	919	317	10	1861	13	258643	2238	42923	254
经济科学出版社	193	99		153		27491		4277	

全国各出版社课本出版数量(续表2)

中央出版社

	课本合计								
	种数(种)		租型种数(种)	总印数(万册)		总印张(千印张)		定价总金额(万元)	
	合计	新出		合计	租型	合计	租型	合计	租型
高等教育出版社	7330	1659		9761		1679947		253239	
对外经济贸易大学出版社	355	210		147		25373		4555	
经济管理出版社	6	3		4		826		133	
中国经济出版社	27	15		15		2630		507	
中央民族大学出版社	47	32		59		14088		1375	
中国政法大学出版社	166	70		87		20900		3068	
中国农业科学技术出版社	3	2				93		24	
北京理工大学出版社	1157	615		530		73186		15111	
中国农业大学出版社	430	197		164		26065		4389	
中国传媒大学出版社	67	24		41		7045		1429	
兵器工业出版社	18	12		4		667		117	
华艺出版社	2	2				48		8	
中国医药科技出版社	223	64		97		17945		3194	
研究出版社	2	2		1		86		15	
北京邮电大学出版社	711	269		329		49900		9058	
人民武警出版社	18	18		28		4593		436	
中华地图学社	20	3		87		4783		640	
中国人事出版社	40	36		93		15897		3965	
中国时代经济出版社	2								
北京大学医学出版社	294	118		190		33516		6056	
中国发展出版社	19	18		4		775		157	
中国中医药出版社	270	49		154		40442		4788	
中国致公出版社	1	1		1		210		37	
中国大地出版社	17	9		127		3182		272	
星球地图出版社	397	54	21	8873	909	288780	31096	52782	6646
中国电力出版社	980	311		394		59771		10369	
军事医学科学出版社	20	18		9		1286		293	

全国各出版社课本出版数量(续表3)

地方出版社

	课本合计								
	种数(种)		租型种数(种)	总印数（万册）		总印张（千印张）		定价总金额（万元）	
	合计	新出		合计	租型	合计	租型	合计	租型
地　　方	**30824**	**10242**	**9234**	**241643**	**146042**	**17020228**	**10489209**	**1824406**	**996047**
北京出版社	256	34		554		39743		3566	
北京教育出版社	11			881		92265		8207	
北京科学技术出版社	1					42		9	
同心出版社	132	55		444		29937		5664	
北京工艺美术出版社	4	4		2		303		81	
旅游教育出版社	127	45		82		12978		2083	
北京联合出版公司	2	2		5		662		155	
北京工业大学出版社	49	27		16		2364		409	
首都经济贸易大学出版社	152	31		66		13364		2090	
首都师范大学出版社	74	14		145		11590		1646	
天津教育出版社	25	1	36	304	206	18735	12701	2010	1350
天津科学技术出版社	2			3		186		16	
新蕾出版社	9			23		1108		185	
天津人民美术出版社			30	59	59	1452	1452	259	259
天津古籍出版社	6			3		62		8	
南开大学出版社	284	119		162		28104		4929	
天津大学出版社	319	161		109		17634		3292	
河北人民出版社	73	2		935		58635		5719	
河北教育出版社	56			1512		91585		9151	
河北科学技术出版社	7		5	166	150	16588	16084	1551	1470
河北少年儿童出版社	2			24		719		79	
花山文艺出版社	8	7	7	130	127	10919	9762	1009	827
河北美术出版社	18			421		10780		1795	
河北大学出版社	30	12		228		17543		1298	
山西教育出版社	12			217		14531		1420	
山西科学技术出版社	12			439		18402		1815	
三晋出版社	1	1				9		1	
山西经济出版社	8	3		98		7258		1418	
书海出版社	5	2		5		383		19	
内蒙古教育出版社	690	95	311	4493	3178	317315	231805	28613	21505
内蒙古大学出版社	115	48		45		7306		927	
辽宁美术出版社	80	6		36		3465		1586	
辽宁民族出版社	35	7		170		5243		867	
辽海出版社	100		320	3634	3026	220537	200739	22908	20385

全国各出版社课本出版数量(续表4)

地方出版社

	课本合计								
	种数(种)		租型种数(种)	总印数(万册)		总印张(千印张)		定价总金额(万元)	
	合计	新出		合计	租型	合计	租型	合计	租型
沈阳出版社	4		7	27	10	6454	2483	267	81
东北财经大学出版社	606	320		400		73311		11680	
东北大学出版社	184	93		295		16503		2106	
辽宁大学出版社	70	41		84		5530		901	
辽宁师范大学出版社	171	34		1300		54257		7831	
大连海事大学出版社	147	58		36		5953		1063	
大连理工大学出版社	1398	436		1155		117402		21715	
吉林教育出版社	11	11		1		166		34	
延边教育出版社	231	9		91		7987		709	
东北师范大学出版社	207	112		172		24455		6757	
吉林大学出版社	291	242		85		14307		2809	
吉林出版集团有限责任公司	159	32	611	6043	5073	374616	327126	39071	33796
黑龙江教育出版社	81		47	779	265	35978	14658	5242	1802
黑龙江少年儿童出版社	8			12		609		79	
北方文艺出版社	12	12		6		311		83	
黑龙江朝鲜民族出版社	50	43		18		1583		399	
哈尔滨工程大学出版社	363	214		89		13437		2656	
黑龙江大学出版社	24	12		13		2111		317	
上海人民出版社	7	1		9		1586		233	
上海教育出版社	709	34	1	3639		172627	43	23853	2
上海科学技术出版社	262	77		1067		111249		11390	
上海科技教育出版社	296	59		3251		229313		22635	
少年儿童出版社	29	1		95		5034		857	
上海辞书出版社	5	5		2		361		57	
上海人民美术出版社	200	73		55		5449		2051	
上海古籍出版社	6	1		7		912		152	
上海译文出版社	11	2		11		2235		305	
上海音乐学院出版社	63	22		27		3303		888	
上海书画出版社	69	13		693		22194		3234	
上海锦绣文章出版社	4	2		1		140		59	
格致出版社	61	39		49		9032		1569	
立信会计出版社	518	302		295		48464		8530	
上海远东出版社	32			142		9051		1072	
上海三联书店	2	1		1		194		32	
上海社会科学院出版社	1	1		1		152		25	

全国各出版社课本出版数量(续表5)

地方出版社

	课本合计								
	种数(种)		租型种数（种）	总印数（万册）		总印张（千印张）		定价总金额（万元）	
	合计	新出		合计	租型	合计	租型	合计	租型
复旦大学出版社	497	160		724		116215		20925	
华东理工大学出版社	72	23		28		7260		989	
华东师范大学出版社	481	132		703		73389		10531	
上海交通大学出版社	431	271		217		32695		6577	
上海外语教育出版社	560	212		1918		265143		41883	
同济大学出版社	191	63		89		15644		2736	
东华大学出版社	89	60		35		4992		1237	
上海财经大学出版社	260	123		112		23256		3676	
上海大学出版社	40	18		13		1757		343	
上海音乐出版社	53	1		134		8173		1534	
江苏教育出版社	384	98	12	5305	672	411916	32639	38229	3302
江苏科学技术出版社	143	7		2553		123456		16464	
江苏少年儿童出版社	32			1151		32487		3087	
江苏美术出版社	21			4		378		151	
译林出版社	529	176		2840		156557		21944	
东南大学出版社	468	149		183		27817		5372	
河海大学出版社	74	32		34		5883		1170	
南京大学出版社	1			6		1332		134	
苏州大学出版社	305	73		328		44050		6005	
中国矿业大学出版社	524	313		226		34606		7257	
南京师范大学出版社	17	7		22		3116		563	
浙江人民出版社	48	11		82		7049		1168	
浙江教育出版社	257	30		2788		167123		19667	
浙江科学技术出版社	103	25		631		32837		4028	
浙江文艺出版社	14			238		18239		1893	
浙江人民美术出版社	35			807		20485		3630	
浙江摄影出版社	16			379		19044		2191	
浙江大学出版社	900	309		319		49030		9234	
中国美术学院出版社	26	7		11		1478		423	
黄山书社	13	7		46		3945		630	
中国科学技术大学出版社	287	149		123		16764		3106	
安徽大学出版社	8			254		13573		1352	
合肥工业大学出版社	298	146		91		14030		2956	
安徽师范大学出版社	27	27		16		2055		324	
福建人民出版社	7	2	40	264	245	16796	14848	1824	1540

全国各出版社课本出版数量(续表6)

地方出版社

	课本合计								
	种数(种)		租型种数(种)	总印数(万册)		总印张(千印张)		定价总金额(万元)	
	合计	新出		合计	租型	合计	租型	合计	租型
福建教育出版社	109	22		810		31414		2978	
福建科学技术出版社	1	1		1		21		7	
福建少年儿童出版社	6	6		229		11179		945	
福建美术出版社	6	4	23	131	117	3494	3143	547	468
海峡书局出版社	1	1				20		6	
鹭江出版社	1	1		2		75		20	
厦门大学出版社	228	97		150		25511		3817	
江西教育出版社	6			1		75		6	
江西科学技术出版社	32	6		259		17641		1853	
百花洲文艺出版社			6	6	6	245	245	25	25
江西美术出版社	46	5		592		13899		2513	
江西高校出版社	96	67	3	51	3	4761	169	841	32
山东人民出版社	70	1		1465		88814		8280	
山东教育出版社	137	5		967		72106		6661	
山东美术出版社	17			237		11024		1225	
齐鲁书社	25			295		19815		1829	
泰山出版社	88	3	11	1223	163	70959	17367	6761	1618
山东大学出版社	108	28		565		35518		3753	
中国石油大学出版社	196	71		133		24019		3695	
中国海洋大学出版社	239	193		69		9917		2024	
山东科学技术出版社	186	3	1	1696	1	131879	27	13170	5
黄河出版社	4	4		2		316		76	
河南人民出版社	19	11	7	8	2	456	119	60	12
河南科学技术出版社	9	9	10	33	21	2804	2020	345	249
海燕出版社	695	120		2617		115921		13946	
河南文艺出版社	76	13		740		36182		4170	
中州古籍出版社	88	37		134		7960		1458	
中原农民出版社	5			15		709		45	
大象出版社	10		22	657	240	46860	21668	4442	1627
河南大学出版社	5	2		2		350		55	
郑州大学出版社	419	231		497		36328		5541	
湖北人民出版社	3			215		11582		1004	
湖北教育出版社	60	1		541		38122		4360	
湖北科学技术出版社	54	6		751		21061		2586	
湖北少年儿童出版社	12			5		132		29	

全国各出版社课本出版数量(续表7)

地方出版社

	课本合计								
	种数(种)		租型种数（种）	总印数（万册）		总印张（千印张）		定价总金额（万元）	
	合计	新出		合计	租型	合计	租型	合计	租型
湖北美术出版社			10	18	18	1078	1078	130	130
武汉出版社	43			128		6047		790	
华中科技大学出版社	351	142		111		19176		4158	
华中师范大学出版社	328	223		231		22580		3309	
武汉大学出版社	616	276	4	266	4	46077	670	7267	73
中国地质大学出版社	157	103		60		9003		2684	
湖南教育出版社	47	3	4	24	1	3128	36	722	7
湖南科学技术出版社	59	3	6	602	8	24904	866	3279	116
湖南少年儿童出版社	16	1		130		3250		363	
湖南文艺出版社	26			1288		57366		8993	
湖南美术出版社	62			1056		35117		6725	
岳麓书社	33	4		465		39262		6216	
湖南师范大学出版社	29	17		225		13687		1628	
中南大学出版社	259	126		107		18371		3482	
湖南大学出版社	127	54		101		13023		2575	
国防科技大学出版社	101	81		42		6741		1127	
湘潭大学出版社	48	23		23		3814		906	
广东人民出版社	31	9		575		36280		3612	
广东教育出版社	317	28	4	9124	39	608508	3964	55201	374
广东高等教育出版社	149	31	1	692		48801	47	5332	3
广东科技出版社	58	16		323		23430		2356	
岭南美术出版社	18	3		1905		44018		7496	
广东新世纪出版社	15	10		77		4148		381	
华南理工大学出版社	322	88		88		15201		2606	
中山大学出版社	121	36		82		12602		2035	
暨南大学出版社	310	159		101		17411		3491	
深圳报业集团出版社	3			9		360		60	
广西人民出版社	31	1	7	61	35	3295	2144	301	212
广西教育出版社	57		3	410	27	19092	2054	1992	199
广西科学技术出版社	32			865		45564		3705	
接力出版社	16			147		4919		533	
广西民族出版社	43	16	60	1353	860	76344	53065	6598	4683
广西美术出版社	45			345		10213		1880	
广西师范大学出版社	170	17	6	1195	64	65102	4547	6229	437
南方出版社	28	2		135		7875		1459	

全国各出版社课本出版数量(续表8)

地方出版社

	课本合计								
	种数(种)		租型种数(种)	总印数（万册）		总印张（千印张）		定价总金额（万元）	
	合计	新出		合计	租型	合计	租型	合计	租型
重庆出版社			256	2538	2538	185028	185028	20157	20157
西南师范大学出版社	706	113	16	2951	282	180387	9650	22285	1611
重庆大学出版社	782	192		519		58216		8723	
四川人民出版社	30			533		31834		3096	
四川教育出版社	34	2	129	4241	3242	304637	224890	30142	21923
四川少年儿童出版社	6			204		12019		1026	
四川民族出版社	117	46	123	423	67	30110	4418	2408	370
四川美术出版社	1					22		7	
天地出版社			2			8	8	1	1
成都地图出版社	2	1		43		1741		191	
电子科技大学出版社	201	118		88		14108		2574	
四川大学出版社	192	43		156		16034		2903	
西南财经大学出版社	220	92		150		17654		3102	
西南交通大学出版社	355	187	1	118		17745	54	3166	9
贵州人民出版社	5	4	23	443	378	17106	13882	2155	1857
贵州教育出版社	74	18	4	477	156	29219	9268	4777	1063
贵州民族出版社	6	3	14	197	194	4789	4594	794	772
贵州大学出版社	11	11		3		569		122	
云南人民出版社	16			190		17369		1566	
云南教育出版社	71			1395		48643		4060	
晨光出版社	16			22		628		36	
德宏民族出版社	2	2				16		4	
云南民族出版社	51	51		22		1877		418	
云南大学出版社	138	77		67		7739		1370	
西藏人民出版社	192	11	274	1102	720	71463	49109	7633	5180
陕西人民出版社	31	11	127	1565	1535	135223	132875	11195	10785
陕西人民教育出版社	35	1	150	1218	1083	97077	88393	8893	7985
陕西科学技术出版社			2	3	3	229	229	24	24
未来出版社	25			921		51604		4873	
陕西人民美术出版社			37	249	249	9203	9203	1047	1047
西安出版社			6	75	75	9971	9971	915	915
陕西师范大学出版社	50	23	3	239	68	15802	5178	1817	465
西安电子科技大学出版社	379	147		166		31254		4566	
西安交通大学出版社	460	234	34	753	162	86877	10687	14438	1298
西北大学出版社	12		24	549	391	31762	26012	3234	2336

全国各出版社课本出版数量(续表9)

地方出版社

	课本合计								
	种数(种)		租型种数(种)	总印数（万册）		总印张（千印张）		定价总金额（万元）	
	合计	新出		合计	租型	合计	租型	合计	租型
西北工业大学出版社	307	190		119		17568		3429	
西北农林科技大学出版社	27	22		6		1023		196	
第四军医大学出版社	182	112		109		19103		3451	
甘肃人民出版社	2	2	241	3892	3892	317278	317166	27929	27908
甘肃教育出版社	5	5		2		113		12	
甘肃少年儿童出版社	10	4		16		936		95	
甘肃文化出版社	1	1				23		6	
甘肃民族出版社	13	13		3		435		91	
兰州大学出版社	19	19		3		433		79	
青海人民出版社			140	582	582	47938	47938	4331	4331
青海民族出版社	211	39	71	242	55	16864	2968	1049	236
宁夏人民出版社			189	844	844	60909	60909	6533	6533
新疆人民出版社	40			64		5341		566	
新疆教育出版社	2209	302	399	5841	2300	350615	143748	35945	14713
新疆科学技术出版社	39	30		44		2678		285	
新疆青少年出版社	53	6		20		1151		160	
新疆美术摄影出版社	72		54	322	222	10952	7495	1565	971
克孜勒苏柯尔克孜文出版社	74	74		39		2985		561	
新疆大学出版社	7	7		2		418		64	
新疆人民卫生出版社	8	1		13		289		48	

在地方图书出版数量中
各省(自治区、直辖市)所占百分比

	种数		租型种数	总印数			总印张			定价总金额		
	合计	新出		合计	新出	租型	合计	新出	租型	合计	新出	租型
地方	**100**	**100**	**100**	**100**	**100**	**100**	**100**	**100**	**100**	**100**	**100**	**100**
北京	3.22	2.99		1.91	3.3		2.58	3.92		3.19	4.34	
天津	2.03	2.63	2.17	0.71	1.1	0.73	0.92	1.38	0.67	1.33	1.95	0.76
河北	1.43	1.41	3.64	3.01	1.71	4.44	2.71	1.42	4.41	1.92	1.08	4.06
山西	1.63	1.56	2.84	2.5	1.96	2.9	3.08	2.96	3.05	2.96	2.5	3.14
内蒙古	1.38	1.15	3.03	1.08	0.66	2.12	1.1	0.62	2.16	0.83	0.6	2.1
辽宁	4.75	4.56	3.15	2.73	2.94	2.03	3.01	3.79	1.89	3.4	3.87	2
吉林	7.66	8.85	5.89	3.8	6.84	3.39	4.64	7.43	3.05	5.49	7.33	3.3
黑龙江	2.13	2.63	4.23	1.49	1.24	2.37	1.53	1.29	2.26	1.51	1.35	2.34
上海	10.44	10.81	0.02	5.14	7.44		6.75	9.47		9.04	11.02	
江苏	8.62	8.52	4.15	10.24	12.73	5.54	9.33	11.72	5.31	9.67	10.94	5.37
浙江	4.56	4.02	2.85	5.87	5.52	4.43	5.24	4.44	4.73	5.2	4.85	4.37
安徽	3.75	3.58	5.43	4.54	2.61	6.8	4.64	2.79	7.05	4.4	3.03	7.72
福建	1.71	2.1	1.99	1.49	2.68	1.75	1.47	2.18	1.7	1.51	2.04	1.61
江西	2.05	2.4	2.82	3.1	2.96	4.05	2.7	2.35	4.34	2.57	2.51	4.16
山东	4.63	3.25	3.8	7.06	3.85	6.93	6.37	3.53	5.29	5.68	3.33	5.51
河南	2.67	2.6	3.3	3.81	2.25	6.25	3.77	2.53	6.53	3.16	2.47	6.16
湖北	5.34	5.73	5.06	4.7	5.14	4.76	4.89	5.79	4.57	4.99	5.7	5.25
湖南	4.88	5.37	3.68	6.25	6.63	5.96	5.58	6.44	4.98	5.97	5.91	5.94
广东	3.48	3.97	1.45	5.88	4.25	5.68	5.86	4.54	6.81	4.88	4.79	5.9
广西	3.69	3.19	3.56	4.83	5.43	4.09	4.32	4.01	4.45	3.85	3.31	4.12
海南	1.4	1.26	1.97	1.33	2.14	0.82	1.11	1.5	0.69	1.32	1.41	0.87
重庆	2.71	1.83	3.48	2.81	2.66	1.96	2.51	2.3	1.88	2.68	2.04	2.23
四川	3.88	3.46	4.15	4.47	3	6.34	4.47	2.61	7	3.84	2.59	6.38
贵州	0.41	0.48	3.04	1.53	0.56	4.3	1.43	0.49	4.24	0.99	0.43	4.07
云南	2.93	3.47	2.81	3.05	4.43	3.89	2.93	3.8	4.1	2.82	3.43	3.9
西藏	0.34	0.14	2.72	0.29	0.1	0.49	0.28	0.11	0.47	0.24	0.11	0.52
陕西	3.19	2.93	4.32	2.97	2.54	2.55	3.32	3	2.81	3.62	3.72	2.62
甘肃	1.08	1.2	2.39	1.22	0.59	2.66	1.28	0.81	2.98	0.99	0.93	2.74
青海	0.26	0.29	2.03	0.18	0.15	0.42	0.23	0.23	0.47	0.18	0.23	0.45
宁夏	0.6	0.83	1.82	0.43	0.63	0.56	0.48	0.81	0.57	0.44	0.7	0.64
新疆	3.15	2.79	8.21	1.58	1.96	1.79	1.47	1.74	1.54	1.33	1.49	1.77

全国图书出版

	图书总计					使用《中国标书籍				
	种数(种)		印数	印张	总定价	种数(种)		印数	印张	总定价
	合计	新出	(万册、张)	(千印张)	(万元)	合计	新出	(万册、张)	(千印张)	(万元)
全国总计	**369523**	**207506**	**770518**	**63451289**	**10630637**	**290359**	**180884**	**421948**	**35993563**	**7264100**
中　　央	**161243**	**93269**	**215393**	**23269545**	**4412703**	**113671**	**77478**	**111007**	**12904500**	**2893044**
地　　方	**208280**	**114237**	**555125**	**40181744**	**6217934**	**176688**	**103406**	**310941**	**23089063**	**4371056**
北　　京	6699	3420	10576	1035727	198379	5891	3208	8381	832480	174468
天　　津	4236	2999	3942	370954	82965	3589	2716	2455	245779	66066
河　　北	2971	1615	16694	1088620	119690	2777	1594	8020	499343	64760
山　　西	3401	1778	13887	1235960	183893	3363	1772	8786	868591	147004
内 蒙 古	2881	1317	5975	442654	51516	2076	1174	1437	118032	21976
辽　　宁	9885	5208	15149	1209381	211388	7088	4213	8011	700717	140457
吉　　林	15963	10115	21067	1863846	341284	15064	9709	14675	1442314	291904
黑 龙 江	4430	3007	8284	613492	93905	3842	2677	3869	331586	61619
上　　海	21744	12333	28552	2712188	562261	16694	10558	15201	1539701	393152
江　　苏	17951	9733	56818	3757934	599350	15265	8826	36591	2395706	449467
浙　　江	9492	4595	32608	2106467	323218	7921	4053	19169	1241686	224007
安　　徽	7804	4087	25185	1863056	273467	7171	3758	14649	1065600	187358
福　　建	3570	2403	8299	591372	94084	3209	2267	4449	338460	69444
江　　西	4263	2745	17201	1084143	159681	4083	2667	10234	582843	111829
山　　东	9638	3708	39203	2558202	353351	8568	3400	22778	1568829	253971
河　　南	5557	2973	21157	1514828	196775	4231	2550	7426	594865	105936
湖　　北	11122	6544	26087	1965882	310567	9498	5793	16663	1303033	230638
湖　　南	10162	6132	34723	2242620	371345	9142	5607	21597	1491761	273937
广　　东	7257	4538	32637	2354474	303353	5905	4153	11195	816808	160525
广　　西	7695	3640	26820	1733915	239665	7295	3600	17664	1120605	185123
海　　南	2917	1442	7395	446283	81775	2889	1440	6220	370076	72086
重　　庆	5651	2087	15597	1008653	166512	4163	1782	9590	585023	115348
四　　川	8081	3951	24787	1794896	238996	6923	3462	12657	828027	147472
贵　　州	856	545	8492	572776	61503	760	509	1935	113733	17297
云　　南	6110	3966	16958	1177482	175338	5816	3836	9444	663089	128144
西　　藏	701	163	1626	111412	14935	509	152	519	39737	7270
陕　　西	6636	3350	16502	1332267	225354	5122	2607	10360	819050	166092
甘　　肃	2248	1376	6752	516120	61662	2187	1321	2831	196827	33412
青　　海	543	327	1015	91935	11438	332	288	191	27133	6058
宁　　夏	1248	953	2387	193416	27621	1248	953	1543	132507	21088
新　　疆	6568	3187	8750	590789	82663	4067	2761	2401	215122	43148

数量(书籍、课本、图片)

准书号》部分					不使用《中国标准书号》部分—图片合计					附:活页文选影印书等用纸		
课本												
种数(种)		印数	印张	总定价	种数(种)		印数	印张	总定价	印数	印张	总定价
合计	新出	(万册、张)	(千印张)	(万元)	合计	新出	(万册、张)	(千印张)	(万元)	(万册、张)	(千印张)	(万元)
78281	**25944**	**343991**	**27294304**	**3301730**	**883**	**678**	**975**	**26252**	**11863**	**3604**	**137170**	**52944**
47457	**15702**	**102348**	**10274076**	**1477324**	**115**	**89**	**269**	**7695**	**3539**	**1769**	**83274**	**38796**
30824	**10242**	**241643**	**17020228**	**1824406**	**768**	**589**	**706**	**18557**	**8324**	**1835**	**53896**	**14148**
808	212	2195	203247	23911								
645	281	1480	124501	16720	2	2	1	12	39	6	662	140
194	21	8674	589277	54930								
38	6	5101	367369	36889								
805	143	4538	324622	29540								
2795	995	7137	508654	70925	2		1	10	6			
899	406	6392	421532	49380								
538	281	4175	279136	30557	50	49	240	2770	1729			
4949	1696	13317	1169818	167373	101	79	16	2511	1246	18	158	490
2498	855	19999	1349712	146857	188	52	127	4801	1493	101	7715	1533
1399	382	11876	822065	86946	172	160	75	5239	2187	1488	37477	10078
633	329	10536	797456	86109								
359	134	3845	252872	24620	2	2	5	40	20			
180	78	6967	501300	47852								
1070	308	16390	986499	98834						35	2874	546
1326	423	13731	919963	90839								
1624	751	9424	662849	79929								
807	312	12931	748223	96177	213	213	194	2491	1231	1	145	
1344	380	21436	1537562	142726	8	5	6	104	102			
394	34	9114	611823	54272	6	6	19	336	141	23	1151	129
28	2	1128	75088	9461						47	1119	228
1488	305	6007	423630	51164								
1158	489	12130	966869	91524								
96	36	6557	459043	44206								
294	130	7509	514320	47164						5	73	30
192	11	1102	71463	7633						5	212	32
1508	740	6024	511977	58549	6	3	16	135	81	102	1105	632
50	44	3916	319218	28212	11	11	5	64	36		11	2
211	39	824	64802	5380								
		844	60909	6533								
2494	419	6344	374429	39194	7	7	1	44	13	4	1194	308

全国各出版社图书出版

中　央

	图书总计					使用《中国标 书籍				
	种数(种)		印数(万册、张)	印张(千印张)	总定价(万元)	种数(种)		印数(万册、张)	印张(千印张)	总定价(万元)
	合计	新出				合计	新出			
中　央	**161243**	**93269**	**215393**	**23269545**	**4412703**	**113671**	**77478**	**111007**	**12904500**	**2893044**
人民出版社	1006	912	1200	166567	39950	1006	912	1200	166567	39950
人民文学出版社	910	392	1665	308993	45360	910	392	1665	308993	45360
天天出版社	235	204	230	16915	3904	235	204	230	16915	3904
商务印书馆	1311	1024	2692	580654	92453	1311	1024	2692	580654	92453
东方出版中心	203	158	153	17303	5042	203	158	153	17303	5042
中华书局	1017	429	1067	172279	35018	1017	429	1067	172279	35018
人民美术出版社	909	617	2668	94842	30469	761	600	929	45278	21675
人民音乐出版社	781	248	770	68173	16525	622	245	478	47226	12380
中国大百科全书出版社	963	409	1891	206446	56322	963	409	1891	206446	56322
中国对外翻译出版公司	195	145	170	16245	3405	195	145	170	16245	3405
印刷工业出版社	406	322	151	15417	8795	406	322	151	15417	8795
现代出版社	370	357	288	34023	10106	370	357	288	34023	10106
荣宝斋出版社	165	145	40	4553	4047	165	145	40	4553	4047
中国盲文出版社	572	294	47	3007		563	293	44	2928	
生活·读书·新知三联书店	439	239	434	62364	15997	439	239	434	62364	15997
中国书籍出版社	219	202	111	18718	5376	219	202	110	18712	5368
商务印书馆国际有限公司	164	91	211	60217	8532	164	91	211	60217	8532
中国戏剧出版社	172	172	89	12950	3348	172	172	89	12950	3348
中国社会科学出版社	957	916	165	27956	7666	955	914	165	27940	7662
中国财政经济出版社	1060	757	872	142712	25579	729	613	514	78369	15783
企业管理出版社	230	212	97	13996	4053	230	212	97	13996	4053
民族出版社	962	648	338	39498	7968	960	646	284	38960	7862
中国青年出版社	761	563	698	92309	25793	761	563	698	92309	25793
中国少年儿童出版社	1254	452	3488	232687	48784	1254	452	3480	232626	48558
中国工人出版社	179	179	126	15713	3393	179	179	126	15713	3393
人民体育出版社	364	192	207	28216	5597	251	172	116	11755	2968
中国协和医科大学出版社	210	136	172	29845	6851	210	136	172	29845	6851
文物出版社	247	225	68	12689	13185	247	225	68	12689	13185
中国电影出版社	129	112	33	4470	1388	129	112	33	4470	1388
人民日报出版社	582	514	542	95654	20010	582	514	542	95654	20010
新华出版社	383	292	385	33597	8630	383	292	384	33578	8609
世界知识出版社	241	209	200	36213	7418	241	209	200	36213	7418
国家图书馆出版社	222	211	51	11252	20255	221	211	51	11206	20249
群众出版社	157	109	97	16766	3377	151	109	95	16414	3309

数量（书籍、课本、图片）

出　版　社

准　书　号》　部　分					不使用《中国标准书号》部分—图片合计					附：活页文选影印书等用纸		
课　本												
种　数(种)		印　数（万册、张）	印　张（千印张）	总定价（万元）	种　数(种)		印　数（万册、张）	印　张（千印张）	总定价（万元）	印　数（万册、张）	印　张（千印张）	总定价（万元）
合计	新出				合计	新出						
47457	**15702**	**102348**	**10274076**	**1477324**	**115**	**89**	**269**	**7695**	**3539**	**1769**	**83274**	**38796**
139	17	1652	47229	8262	9		77	1922	402	10	413	130
159	3	292	20947	4145								
9	1	3	79									
										1	6	8
2	2		16	4								
331	144	358	64343	9796								
					2	2	53	532	105	1	6	1
										8	61	226
113	20	91	16461	2629								
										1	19	21
1			46	6								
6		2	352	68								

全国各出版社图书出版

中 央

	图书总计					使用《中国标				
						书籍				
	种数(种)		印数	印张	总定价	种数(种)		印数	印张	总定价
	合计	新出	(万册、张)	(千印张)	(万元)	合计	新出	(万册、张)	(千印张)	(万元)
北京大学出版社	3476	1818	2173	340809	71441	1539	1060	1145	158737	37526
中国人民大学出版社	2975	1726	2209	469205	82937	1376	1010	908	192773	41196
外语教学与研究出版社	3373	977	10771	1069893	198034	2641	820	6212	509926	100835
人民教育出版社	3542	708	21491	1960990	216849	1719	548	5407	432727	63245
中国农业出版社	2099	1236	1479	151547	30122	1155	905	875	62100	17064
中国轻工业出版社	1101	552	549	75709	18722	650	390	434	56467	14796
中国纺织出版社	1293	942	935	124393	28889	1144	904	883	116491	26982
煤炭工业出版社	396	157	194	24771	5817	254	113	146	17476	4431
石油工业出版社	1103	1103	623	106057	28168	1103	1103	554	104850	26944
中国水利水电出版社	1030	676	466	59536	14444	997	670	432	56846	13471
原子能出版社	333	313	76	11614	3167	333	313	76	11614	3167
科学出版社	8231	3874	8897	962276	191516	6775	3450	6111	684345	143322
科学普及出版社	678	364	815	58344	13038	606	349	532	41785	11054
科学技术文献出版社	288	213	174	20848	4710	288	213	174	20848	4710
机械工业出版社	8688	3933	3954	637482	135241	4606	2772	2351	376706	89442
冶金工业出版社	461	317	109	20616	5251	257	207	55	11490	3437
化学工业出版社	4594	2779	2256	290999	74500	2730	2056	1583	187924	55471
中国建筑工业出版社	2453	1028	1420	304616	74375	1239	708	-4	87069	23936
中国铁道出版社	2431	1557	1190	183402	40636	1277	1032	506	97500	22708
人民交通出版社	1516	635	1114	163476	43059	500	319	242	37989	11880
中国标准出版社	453	359	154	37450	15312	446	358	-25	32327	10041
中国质检出版社	145	92	60	8086	3107	132	84	52	7326	2861
人民邮电出版社	4281	2289	2250	326121	79709	2793	1759	1764	248015	65762
海洋出版社	283	227	73	11043	3417	242	211	60	8537	2829
地质出版社	1196	485	5257	237985	35877	805	400	1130	56760	14751
地震出版社	200	190	164	30552	6351	199	189	163	30366	6314
气象出版社	385	279	240	22642	5092	330	251	202	18598	4287
北京交通大学出版社	1052	439	437	73834	13335	29	29	15	333	148
中国地图出版社	1153	294	15767	591443	82857	1041	290	8304	319829	49615
人民卫生出版社	2877	1516	2979	647689	127698	1659	1180	1087	242041	62598
国防工业出版社	1052	756	909	75279	18913	1052	756	897	72044	18216
中国旅游出版社	308	229	182	27547	8601	308	229	177	27429	8428
中国商务出版社	265	197	54	10966	2272	165	161	17	3576	1048
新世界出版社	1218	861	1938	214972	35730	1218	861	1895	209335	35191
外文出版社	902	554	803	110477	26479	902	554	794	110443	26479

数量(书籍、课本、图片)(续表1)

出　版　社

准书号》部分 课本 种数(种) 合计	种数(种) 新出	印数(万册、张)	印张(千印张)	总定价(万元)	不使用《中国标准书号》部分—图片合计 种数(种) 合计	种数(种) 新出	印数(万册、张)	印张(千印张)	总定价(万元)	附:活页文选影印书等用纸 印数(万册、张)	印张(千印张)	总定价(万元)
1937	758	1028	182072	33915								
1599	716	1301	276432	41741								
732	157	4559	559967	97199								
1823	160	16084	1528263	153604								
919	306	515	88557	12851	25	25	76	781	43	13	109	164
451	162	111	19203	3866						4	39	60
149	38	52	7902	1907								
142	44	48	7295	1386								
										69	1207	1224
33	6	11	1790	318						23	900	655
1456	424	2786	277931	48194								
72	15	280	16050	1895						3	509	89
4082	1161	1603	260776	45799								
204	110	52	9063	1773						2	63	41
1864	723	669	103035	18980						4	40	49
1214	320	989	192781	39814						435	24766	10625
1154	525	477	77846	13956						207	8056	3972
1016	316	838	122924	30026						34	2563	1153
7	1	2	179	35						177	4944	5236
13	8	4	679	123						4	81	123
1488	530	486	78106	13947								
41	16	13	2506	588								
391	85	4127	181225	21126								
1	1	1	186	37								
55	28	27	3887	693						11	157	112
1023	410	422	73501	13187								
110	4	7459	271587	33232	2		4	27	10			
1217	336	1890	405544	65043	1		1	92	48	1	12	9
										12	3235	697
										5	118	173
100	36	37	7390	1224								
		43	5637	539								
										9	34	

全国各出版社图书出版

中　央

	图书总计					使用《中国标 书籍				
	种数(种)		印数	印张	总定价	种数(种)		印数	印张	总定价
	合计	新出	(万册、张)	(千印张)	(万元)	合计	新出	(万册、张)	(千印张)	(万元)
解放军出版社	173	139	193	30028	5353	173	139	193	30028	5353
解放军文艺出版社	126	67	226	38505	5936	126	67	226	38505	5936
语文出版社	420	92	3447	265045	26494	270	84	960	62927	7562
中国文史出版社	240	229	108	20974	6631	240	229	108	20974	6631
中共中央党校出版社	231	165	116	21375	5909	172	131	85	15752	4793
法律出版社	1346	1131	907	132748	28753	1346	1131	907	132748	28753
中国统计出版社	283	253	73	19472	9304	283	253	73	19472	9304
中国摄影出版社	100	99	31	4806	5661	100	99	31	4806	5661
中国林业出版社	568	422	258	31823	10436	391	357	142	16064	7835
时事出版社	113	113	75	16283	3331	113	113	75	16283	3331
文化艺术出版社	363	338	164	28590	14486	353	329	155	26899	14135
教育科学出版社	1921	837	14668	904690	115810	1523	767	4761	258894	45230
清华大学出版社	6265	3109	3006	568506	106509	418	335	180	34377	7926
中国广播电视出版社	226	182	89	13672	3041	224	180	88	13444	2953
中国商业出版社	342	305	180	29002	6765	303	303	172	28060	6633
中国劳动社会保障出版社	1932	472	1883	198899	32355	958	231	741	73312	13209
中国环境科学出版社	431	326	198	28503	7574	431	326	191	28351	7436
知识产权出版社	654	640	180	28527	7000	654	640	180	28527	7000
北京师范大学出版社	3200	1658	16351	1286727	135702	1895	1005	2738	200768	26333
中国宇航出版社	366	242	217	28764	6503	365	241	216	28591	6467
中国工商出版社	73	56	44	8703	1722	73	56	39	7733	1717
作家出版社	449	449	710	121826	22093	449	449	710	121826	22093
中医古籍出版社	94	76	65	11237	2453	94	76	65	11237	2453
中国物资出版社	414	360	177	29255	6044	414	360	177	29255	6044
光明日报出版社	822	723	576	79880	15796	822	723	576	79880	15796
长征出版社	64	55	106	16574	4734	64	55	106	16574	4734
中国妇女出版社	216	162	845	48451	9376	216	162	845	48451	9376
中国金融出版社	574	414	421	71432	16252	408	345	302	50366	12156
长城出版社	45	45	27	5015	2231	45	45	27	5015	2231
红旗出版社	217	215	210	26827	5807	215	213	137	22752	5362
中国海关出版社	69	67	54	18175	5010	69	67	54	18175	5010
电子工业出版社	4602	2783	3426	434793	99512	3990	2763	2862	369480	89977
朝华出版社	539	404	468	70546	11341	539	404	468	70546	11341
中央广播电视大学出版社	919	317	1861	258643	42923					

数量(书籍、课本、图片)(续表2)

出　版　社

准书号》部分 课本 种数(种) 合计	新出	印数(万册、张)	印张(千印张)	总定价(万元)	不使用《中国标准书号》部分—图片合计 种数(种) 合计	新出	印数(万册、张)	印张(千印张)	总定价(万元)	附:活页文选影印书等用纸 印数(万册、张)	印张(千印张)	总定价(万元)
150	8	2487	202118	18932								
59	34	31	5623	1116								
177	65	116	15759	2601								
10	9	9	1691	351								
326	12	9844	641761	67919	72	58	15	3332	2466	48	703	195
5847	2774	2826	534129	98583								
2	2	1	228	88								
39	2	8	942	132								
974	241	1131	125284	18997						11	303	149
										7	152	138
1305	653	13613	1085959	109369								
1	1	1	173	36								
										5	970	5
166	69	119	21066	4096								
2	2	73	4075	445								
612	20	564	65313	9535								
919	317	1861	258643	42923								

全国各出版社图书出版

中 央

	图书总计					使用《中国标 书籍				
	种数(种)		印数(万册、张)	印张(千印张)	总定价(万元)	种数(种)		印数(万册、张)	印张(千印张)	总定价(万元)
	合计	新出				合计	新出			
中国友谊出版公司	87	87	159	13426	3985	87	87	159	13426	3985
人民军医出版社	1251	851	685	93122	28031	1251	851	682	92794	27985
军事科学出版社	64	44	59	11641	2656	64	44	59	11641	2656
金盾出版社	1142	534	1235	103269	18795	1142	534	1235	103269	18795
经济科学出版社	1595	1308	945	159159	29487	1402	1209	791	131656	25208
中国文联出版社	437	437	44	11758	5231	437	437	44	11758	5231
高等教育出版社	8922	2403	12029	1950776	302842	1592	744	2268	270828	49604
紫禁城出版社	164	107	79	15283	13555	164	107	78	15160	13489
中共党史出版社	635	617	760	132918	30403	635	617	760	132918	30403
对外经济贸易大学出版社	496	336	180	30549	5977	141	126	33	5176	1422
经济管理出版社	552	503	197	33416	8801	546	500	193	32590	8668
军事谊文出版社	46	46	25	5487	769	46	46	－35	2498	749
国际文化出版公司	139	137	35	5535	1126	139	137	35	5535	1126
中国画报出版社	429	296	283	37024	6598	429	296	283	37024	6598
中国经济出版社	635	548	289	48173	11447	608	533	274	45543	10940
中国石化出版社	815	589	263	47215	11730	815	589	245	46475	11301
中央民族大学出版社	174	159	79	17339	2417	127	127	20	3251	1041
北京语言大学出版社	640	255	258	36806	10171	640	255	258	36806	10171
中国政法大学出版社	398	289	174	34058	5646	232	219	87	13158	2578
中国人民公安大学出版社	635	409	462	55756	11731	635	409	461	55732	11725
社会科学文献出版社	1043	975	410	67652	20796	1043	975	410	67652	20796
中国农业科学技术出版社	336	305	137	10720	3043	333	303	137	10627	3019
北京航空航天大学出版社	533	377	437	88383	15149	533	377	437	88383	15149
北京理工大学出版社	2086	1387	1597	154664	33948	929	772	1067	81478	18837
中国国际广播出版社	160	126	83	10659	2678	160	126	83	10659	2678
中国农业大学出版社	528	246	261	35496	6061	98	49	97	9431	1672
航空工业出版社	371	223	215	30189	7348	371	223	215	30189	7348
中国传媒大学出版社	393	286	252	27145	5578	326	262	211	20100	4149
北京体育大学出版社	367	201	121	13433	3178	367	201	121	13433	3178
经济日报出版社	154	133	59	7789	2153	154	133	59	7789	2153
兵器工业出版社	114	100	30	5799	1358	96	88	26	5132	1241
华艺出版社	42	41	15	2553	690	40	39	15	2505	682
中国和平出版社	548	173	1157	62666	13316	548	173	1157	62666	13316
华夏出版社	760	451	774	95029	20271	760	451	774	95029	20271

数量(书籍、课本、图片)(续表3)

出 版 社

准书号》部分					不使用《中国标准书号》部分—图片合计					附：活页文选影印书等用纸		
课本												
种数(种)		印数	印张	总定价	种数(种)		印数	印张	总定价	印数	印张	总定价
合计	新出	(万册、张)	(千印张)	(万元)	合计	新出	(万册、张)	(千印张)	(万元)	(万册、张)	(千印张)	(万元)
										3	328	46
193	99	153	27491	4277						1	12	2
7330	1659	9761	1679948	253238								
										1	123	66
355	210	147	25373	4555								
6	3	4	826	133								
										60	2989	20
27	15	15	2630	507								
										18	740	429
47	32	59	14088	1376								
166	70	87	20900	3068								
										1	24	6
3	2		93	24								
1157	615	530	73186	15111								
430	197	164	26065	4389								
67	24	41	7045	1429								
18	12	4	667	117								
2	2		48	8								

全国各出版社图书出版

中　央

	图书总计					使用《中国标 书籍				
	种数(种) 合计	种数(种) 新出	印数（万册、张）	印张（千印张）	总定价（万元）	种数(种) 合计	种数(种) 新出	印数（万册、张）	印张（千印张）	总定价（万元）
中国医药科技出版社	631	388	359	58369	12761	408	324	262	40424	9567
国防大学出版社	73	73	20	6735	884	73	73	-16	3771	884
人民法院出版社	248	223	176	44424	9157	248	223	176	44424	9157
中国藏学出版社	52	52	33	6113	1389	52	52	33	6113	1389
研究出版社	61	58	22	3640	848	59	56	21	3554	833
中国长安出版社	174	174	155	23106	4975	174	174	155	23106	4975
中国计划出版社	163	122	110	32683	13054	163	122	-181	18045	5121
中央文献出版社	231	208	158	31187	10413	231	208	158	31187	10413
海潮出版社	173	173	76	11565	3966	173	173	76	11565	3966
学苑出版社	238	149	76	16500	5934	238	149	76	16500	5934
北京邮电大学出版社	727	278	340	51634	9396	16	9	7	1593	287
人民武警出版社	71	71	56	7394	1049	53	53	26	2572	613
团结出版社	536	378	453	55470	13403	536	378	453	55470	13403
华文出版社	259	197	356	43521	9397	259	197	356	43521	9397
中央音乐学院出版社	80	50	21	3173	740	80	50	21	3173	740
中国市场出版社	114	114	52	9264	2649	114	114	52	9264	2649
中国民族摄影艺术出版社	66	66	23	3381	3491	66	66	23	3381	3491
中国华侨出版社	949	949	656	193647	23323	949	949	656	193647	23323
中信出版社	732	471	1337	186675	51694	732	471	1337	186675	51694
中华地图学社	102	50	196	7608	1786	82	47	109	2825	1146
中国人事出版社	199	140	224	34444	8074	159	104	131	18547	4109
开明出版社	328	251	168	16778	3136	328	251	168	16778	3136
中国人口出版社	301	276	301	17953	4329	301	276	301	17953	4329
中国民主法制出版社	198	169	135	14570	3563	198	169	135	14570	3563
中国时代经济出版社	392	324	195	25777	5646	390	324	195	25777	5646
蓝天出版社	274	160	184	24931	4927	274	160	184	24931	4927
世界图书出版公司	1663	839	1001	117588	25322	1663	839	1001	117588	25322
群言出版社	123	94	171	36237	6755	123	94	171	36237	6755
北京大学医学出版社	504	250	287	49700	11414	210	132	97	16184	5358
华龄出版社	100	87	47	7869	2717	100	87	47	7869	2717
金城出版社	443	419	232	37009	7776	443	419	232	37009	7776
中国法制出版社	981	904	874	95101	23523	981	904	874	95101	23523
新星出版社	323	257	330	47631	10275	323	257	330	47631	10275
中国检察出版社	222	185	147	20757	4419	222	185	147	20757	4419
中国发展出版社	143	118	59	8895	2272	124	100	55	8120	2115
中国中医药出版社	837	454	368	69071	11743	567	405	214	28629	6955
中国社会出版社	739	364	406	44413	10050	739	364	406	44413	10050

数量(书籍、课本、图片)(续表4)

出 版 社

准书号》部分					不使用《中国标准书号》部分—图片合计					附：活页文选影印书等用纸		
课本												
种数(种)		印数	印张	总定价	种数(种)		印数	印张	总定价	印数	印张	总定价
合计	新出	(万册、张)	(千印张)	(万元)	合计	新出	(万册、张)	(千印张)	(万元)	(万册、张)	(千印张)	(万元)
223	64	97	17945	3194								
										36	2964	
2	2	1	86	15								
										291	14638	7933
711	269	329	49900	9057						4	141	52
18	18	28	4593	436						2	229	
20	3	87	4783	640								
40	36	93	15897	3965								
2												
294	118	190	33516	6056								
19	18	4	775	157								
270	49	154	40442	4788								

	图书总计					使用《中国标…书籍				
	种数(种)		印数	印张	总定价	种数(种)		印数	印张	总定价
	合计	新出	(万册、张)	(千印张)	(万元)	合计	新出	(万册、张)	(千印张)	(万元)
中国建材工业出版社	269	175	80	15253	3633	269	175	74	15110	3573
当代中国出版社	140	103	137	17019	5208	140	103	137	17019	5208
大众文艺出版社	93	86	26	3496	790	93	86	26	3496	790
现代教育出版社	258	206	194	21454	4388	258	206	194	21454	4388
中国致公出版社	132	132	154	25957	5016	131	131	153	25747	4979
中国大地出版社	123	109	198	7550	1593	106	100	71	4368	1321
党建读物出版社	123	108	898	114474	21335	123	108	898	114474	21335
中国城市出版社	139	103	128	21039	8165	139	103	128	21039	8165
中华工商联合出版社	186	186	51	6602	1625	186	186	51	6602	1625
中国三峡出版社	91	91	35	5467	1067	91	91	35	5467	1067
线装书局	126	126	202	52999	32381	126	126	202	52999	32381
星球地图出版社	646	119	9628	351649	62094	249	65	755	62869	9312
中国方正出版社	153	82	315	27026	5934	153	82	315	27026	5934
民主与建设出版社	53	53	25	5445	931	53	53	25	5445	931
五洲传播出版社	297	297	87	10508	10010	297	297	87	10508	10010
中国民航出版社	87	50	38	6090	1799	85	48	28	5583	1611
九州出版社	490	436	160	24923	5782	490	436	160	24923	5782
当代世界出版社	105	105	53	9930	2272	105	105	53	9930	2272
中央编译出版社	561	419	399	77678	14134	561	419	399	77678	14134
西苑出版社	235	235	107	16218	4417	235	235	107	16218	4417
学习出版社	68	68	80	8739	2338	68	68	80	8739	2338
中国税务出版社	138	128	646	49862	13244	136	126	593	48972	12856
方志出版社	218	218	44	15461	9891	218	218	44	15461	9891
中国电力出版社	2514	1224	1371	192674	46162	1534	913	756	121815	30977
军事医学科学出版社	240	192	156	19709	4500	220	174	147	18423	4207
中国言实出版社	217	217	129	34568	10390	217	217	129	34568	10390
宗教文化出版社	168	113	60	13092	2819	168	113	60	13092	2819
国家行政学院出版社	137	136	61	9573	2311	137	136	61	9573	2311
台海出版社	128	128	71	10529	2273	128	128	71	10529	2273
海豚出版社	429	251	855	40529	11774	429	251	855	40529	11774
华语教学出版社	335	152	474	80134	12103	335	152	474	80134	12103

数量(书籍、课本、图片)(续表5)

出　版　社

准书号》部分					不使用《中国标准书号》部分—图片合计					附：活页文选影印书等用纸		
课本												
种数(种)		印数	印张	总定价	种数(种)		印数	印张	总定价	印数	印张	总定价
合计	新出	(万册、张)	(千印张)	(万元)	合计	新出	(万册、张)	(千印张)	(万元)	(万册、张)	(千印张)	(万元)
										6	143	60
1	1	1	210	37								
17	9	127	3182	272								
397	54	8873	288780	52782								
					2	2	6	278	173	4	229	15
					2	2	37	730	292	16	160	96
980	311	394	59771	10369						221	11088	4816
20	18	9	1286	293								

全国各出版社图书出版

地　方

	图书总计					使用《中国标 书籍				
	种数(种)		印数(万册、张)	印张(千印张)	总定价(万元)	种数(种)		印数(万册、张)	印张(千印张)	总定价(万元)
	合计	新出				合计	新出			
地　方	**208280**	**114237**	**555125**	**40181744**	**6217934**	**176688**	**103406**	**310941**	**23089063**	**4371056**
北京出版社	797	416	1331	112177	20568	541	382	777	72434	17002
北京教育出版社	1885	664	4354	401433	62458	1874	664	3473	309168	54251
北京科学技术出版社	646	490	697	55358	15196	645	490	697	55316	15187
北京少年儿童出版社	375	129	540	48863	11598	375	129	540	48863	11598
北京人民出版社	27	24	5	578	168	27	24	5	578	168
北京美术摄影出版社	21	20	8	1288	2349	21	20	8	1288	2349
北京燕山出版社	197	130	168	22552	4299	197	130	168	22552	4299
同心出版社	466	225	1067	89318	17677	334	170	623	59381	12013
北京工艺美术出版社	108	108	86	4139	3671	104	104	84	3836	3590
北京十月文艺出版社	157	91	588	79240	15804	157	91	588	79240	15804
旅游教育出版社	318	184	203	27720	5702	191	139	121	14742	3619
北京联合出版公司	111	111	294	40050	8682	109	109	289	39388	8527
中国书店	244	194	127	16071	6361	244	194	127	16071	6361
文津出版社	3	3		14	3	3	3		14	3
北京工业大学出版社	368	305	196	33833	5864	319	278	180	31469	5455
首都经济贸易大学出版社	280	102	101	19792	3198	128	71	35	6428	1108
首都师范大学出版社	696	224	811	83298	14784	622	210	666	71708	13138
天津人民出版社	368	360	288	27901	6138	368	360	288	27901	6138
天津教育出版社	335	46	693	57385	9007	310	45	383	37988	6857
天津科学技术出版社	846	694	346	40830	7677	842	692	342	40632	7622
新蕾出版社	481	316	650	46079	10235	472	316	627	44971	10050
百花文艺出版社	253	193	116	15615	3267	253	193	116	15615	3267
天津人民美术出版社	314	274	307	30017	12611	314	274	248	28565	12352
天津古籍出版社	132	70	109	9312	5109	126	70	106	9250	5101
天津科技翻译出版公司	194	154	60	7569	2217	194	154	60	7569	2217
天津社会科学院出版社	126	116	81	10573	2828	126	116	81	10573	2828
天津杨柳青画社	206	179	80	4435	2699	206	179	80	4435	2699
南开大学出版社	362	187	177	30459	5402	78	68	15	2355	473
天津大学出版社	619	410	212	33557	9756	300	249	103	15923	6464
河北人民出版社	469	139	2462	151746	16555	396	137	1527	93111	10836
河北教育出版社	359	62	2859	170876	16930	303	62	1347	79291	7779
河北科学技术出版社	784	646	1654	111864	14197	777	646	1488	95276	12646
河北少年儿童出版社	269	68	1383	79519	12600	267	68	1359	78800	12521

数量(书籍、课本、图片)(续表6)

出 版 社

准书号》部分					不使用《中国标准书号》部分—图片合计					附：活页文选影印书等用纸		
课本												
种数(种)		印数	印张	总定价	种数(种)		印数	印张	总定价	印数	印张	总定价
合计	新出	(万册、张)	(千印张)	(万元)	合计	新出	(万册、张)	(千印张)	(万元)	(万册、张)	(千印张)	(万元)
30824	**10242**	**241643**	**17020228**	**1824406**	**768**	**589**	**706**	**18557**	**8324**	**1835**	**53896**	**14148**
256	34	554	39743	3566								
11		881	92265	8207								
1			42	9								
132	55	444	29937	5664								
4	4	2	303	81								
127	45	82	12978	2083								
2	2	5	662	155								
49	27	16	2364	409								
152	31	66	13364	2090								
74	14	145	11590	1646								
25	1	304	18735	2010						6	662	140
2		3	186	16	2	2	1	12	39			
9		23	1108	185								
		59	1452	259								
6		3	62	8								
284	119	162	28104	4929								
319	161	109	17634	3292								
73	2	935	58635	5719								
56		1512	91585	9151								
7		166	16588	1551								
2		24	719	79								

	图书总计					使用《中国标书籍				
	种数(种)		印数	印张	总定价	种数(种)		印数	印张	总定价
	合计	新出	(万册、张)	(千印张)	(万元)	合计	新出	(万册、张)	(千印张)	(万元)
花山文艺出版社	492	372	1116	83858	10033	484	365	986	72939	9024
河北美术出版社	358	175	1480	71338	11212	340	175	1059	60558	9417
河北大学出版社	240	153	444	34753	3723	210	141	216	17210	2425
山西人民出版社	452	407	285	38075	10758	452	407	285	38075	10758
山西教育出版社	1256	502	5034	495131	69724	1244	502	4817	480600	68304
山西科学技术出版社	359	185	624	41392	6353	347	185	185	22990	4538
希望出版社	847	314	3151	286859	52180	847	314	3151	286859	52180
北岳文艺出版社	190	152	108	14022	2766	190	152	108	14022	2766
三晋出版社	115	115	33	6227	2726	114	114	33	6218	2725
山西经济出版社	164	91	293	25148	6755	156	88	195	17890	5337
书海出版社	18	12	16	2322	414	13	10	11	1939	395
内蒙古人民出版社	538	455	269	26240	6248	538	455	269	26240	6248
内蒙古教育出版社	1554	363	5114	354812	35220	864	268	621	37497	6607
内蒙古科学技术出版社	201	61	68	10381	1932	201	61	68	10381	1932
内蒙古少年儿童出版社	182	180	238	8560	2024	182	180	238	8560	2024
内蒙古文化出版社	85	85	36	4642	1355	85	85	36	4642	1355
远方出版社	132	76	183	26650	2719	132	76	183	26650	2719
内蒙古大学出版社	189	97	67	11369	2017	74	49	22	4063	1090
辽宁人民出版社	307	270	213	34230	7246	307	270	213	34230	7246
辽宁教育出版社	664	349	698	64152	12224	664	349	698	64152	12224
辽宁科学技术出版社	918	550	469	47008	16321	918	550	469	47008	16321
辽宁少年儿童出版社	306	252	355	18981	4472	306	252	355	18981	4472
春风文艺出版社	275	221	348	37086	7109	275	221	348	37086	7109
辽宁美术出版社	450	185	148	12834	5931	370	179	112	9369	4345
辽宁民族出版社	288	202	279	17393	3284	251	195	108	12140	2411
万卷出版公司	641	272	511	71628	16497	641	272	511	71628	16497
辽海出版社	880	241	4835	292863	38126	780	241	1201	72326	15218
沈阳出版社	549	396	375	84742	6931	545	396	348	78288	6664
大连出版社	299	217	240	26607	5439	299	217	240	26607	5439
东北财经大学出版社	712	417	444	78929	12890	106	97	44	5618	1210
东北大学出版社	293	184	321	19819	2948	109	91	26	3316	842
辽宁大学出版社	416	352	256	28605	5692	346	311	172	23075	4791
辽宁师范大学出版社	794	198	4138	204087	28358	623	164	2838	149830	20527
大连海事大学出版社	265	107	94	14424	3345	118	49	58	8471	2282
大连理工大学出版社	1756	731	1289	136991	30152	358	295	134	19589	8437
白山出版社	72	64	135	19003	4424	72	64	135	19003	4424

数量(书籍、课本、图片)(续表7)

出　版　社

准书号》部分					不使用《中国标准书号》部分—图片合计					附：活页文选影印书等用纸		
课本												
种数(种)		印数(万册、张)	印张(千印张)	总定价(万元)	种数(种)		印数(万册、张)	印张(千印张)	总定价(万元)	印数(万册、张)	印张(千印张)	总定价(万元)
合计	新出				合计	新出						
		130	10919	1009								
		421	10780	1795								
		228	17543	1298								
		217	14531	1420								
		439	18402	1815								
			9	1								
		98	7258	1418								
		5	383	19								
		4493	317315	28613								
		45	7306	927								
		36	3465	1586								
		170	5243	867	2		1	10	6			
		3634	220537	22908								
		27	6454	267								
		400	73311	11680								
		295	16503	2106								
		84	5530	901								
		1300	54257	7831								
		36	5953	1063								
		1155	117402	21715								

全国各出版社图书出版

地 方

	图书总计					使用《中国标 书籍				
	种数(种)		印数(万册、张)	印张(千印张)	总定价(万元)	种数(种)		印数(万册、张)	印张(千印张)	总定价(万元)
	合计	新出				合计	新出			
吉林人民出版社	457	450	302	33534	6708	457	450	302	33534	6708
吉林教育出版社	509	291	528	49615	7868	498	280	527	49449	7834
吉林科学技术出版社	481	437	380	47475	9646	481	437	380	47475	9646
延边教育出版社	2548	589	2463	236858	38203	2317	580	2372	228871	37494
北方妇女儿童出版社	499	343	536	46690	9100	499	343	536	46690	9100
吉林文史出版社	497	392	297	27854	8161	497	392	297	27854	8161
吉林美术出版社	1521	1232	1271	83439	23013	1521	1232	1271	83439	23013
吉林摄影出版社	690	647	690	53502	12870	690	647	690	53502	12870
时代文艺出版社	609	449	620	73478	15367	609	449	620	73478	15367
长春出版社	440	416	961	56437	11107	440	416	961	56437	11107
延边人民出版社	1029	560	476	43556	9430	1029	560	476	43556	9430
东北师范大学出版社	542	219	1046	113354	22480	335	107	874	88899	15723
吉林大学出版社	1411	1227	662	100663	20560	1120	985	577	86356	17751
延边大学出版社	2075	961	3245	385334	78648	2075	961	3245	385334	78648
吉林出版集团有限责任公司	2655	1902	7590	512058	68124	2496	1870	1547	137442	29053
黑龙江人民出版社	377	338	87	12716	2787	377	338	87	12716	2787
黑龙江教育出版社	508	172	2484	159110	23731	427	172	1705	123132	18489
黑龙江科学技术出版社	255	255	106	18611	4433	255	255	106	18611	4433
黑龙江少年儿童出版社	357	106	684	40963	7896	349	106	672	40354	7817
北方文艺出版社	162	162	59	7640	1527	150	150	53	7329	1444
黑龙江朝鲜民族出版社	141	86	26	2538	590	91	43	8	955	191
黑龙江美术出版社	295	288	41	1253	811	295	288	41	1253	811
哈尔滨出版社	721	451	806	82070	15995	721	451	806	82070	15995
哈尔滨地图出版社	276	242	320	9307	3339	226	193	79	6537	1610
东北林业大学出版社	221	191	55	5829	1367	221	191	55	5829	1367
哈尔滨工程大学出版社	498	321	149	17978	3724	135	107	60	4541	1068
哈尔滨工业大学出版社	492	285	170	24451	4746	492	285	170	24451	4746
黑龙江大学出版社	127	110	35	5469	1095	103	98	22	3358	778
上海人民出版社	917	729	722	96638	23935	910	728	713	95052	23702
上海教育出版社	1901	647	5097	274668	43900	1192	613	1458	102041	20047
上海科学技术出版社	899	492	1526	160881	23866	637	415	459	49632	12476
上海科技教育出版社	703	200	3585	248268	26742	407	141	334	18955	4107
上海科学普及出版社	418	384	429	34551	8117	418	384	429	34551	8117
少年儿童出版社	697	369	1506	80518	17995	664	368	1409	75004	16898
上海文艺出版社	297	249	201	29525	6386	297	249	201	29525	6386
上海辞书出版社	534	340	557	84966	21396	529	335	555	84605	21339

数量(书籍、课本、图片)(续表8)

出　版　社

准书号》部分					不使用《中国标准书号》部分—图片合计					附：活页文选影印书等用纸		
课本												
种数(种)		印数	印张	总定价	种数(种)		印数	印张	总定价	印数	印张	总定价
合计	新出	(万册、张)	(千印张)	(万元)	合计	新出	(万册、张)	(千印张)	(万元)	(万册、张)	(千印张)	(万元)
		1	166	34								
		91	7987	709								
		172	24455	6757								
		85	14307	2809								
		6043	374616	39071								
		779	35978	5242								
		12	609	79								
		6	311	83								
		18	1583	399								
					50	49	241	2770	1729			
		89	13437	2656								
		13	2111	317								
		9	1586	233								
		3639	172627	23853								
		1067	111249	11390								
		3251	229313	22635								
		95	5034	857	4		2	480	240			
		2	361	57								

全国各出版社图书出版

地　方

	图书总计					使用《中国标 书籍				
	种数(种)		印数	印张	总定价	种数(种)		印数	印张	总定价
	合计	新出	(万册、张)	(千印张)	(万元)	合计	新出	(万册、张)	(千印张)	(万元)
上海人民美术出版社	908	608	1077	48916	18256	687	514	1000	42989	15493
上海古籍出版社	682	405	343	58153	16229	676	404	336	57241	16077
上海译文出版社	623	392	714	92884	18508	612	390	703	90649	18203
上海音乐学院出版社	158	88	57	7387	1768	95	66	30	4084	880
中国福利会出版社	128	67	654	21050	50233	128	67	654	21050	50233
上海书画出版社	366	168	826	32593	8858	297	155	133	10399	5624
上海书店	262	213	98	12808	4124	262	213	98	12808	4124
上海科学技术文献出版社	470	410	306	44393	7811	470	410	306	44393	7811
上海锦绣文章出版社	253	208	119	9565	4383	249	206	118	9425	4324
格致出版社	216	170	110	24159	4305	155	131	61	15127	2736
立信会计出版社	727	449	460	80626	13398	209	147	165	32162	4868
上海远东出版社	306	189	321	28419	5925	274	189	179	19368	4853
上海三联书店	253	223	162	23579	5534	251	222	161	23385	5502
文汇出版社	240	240	159	24239	6389	240	240	159	24239	6389
学林出版社	183	146	122	11625	3284	183	146	122	11625	3284
上海社会科学院出版社	220	189	75	13471	3568	219	188	74	13319	3543
复旦大学出版社	1608	826	1518	225492	43117	1111	666	794	109277	22192
华东理工大学出版社	439	267	215	39049	6574	367	244	187	31789	5585
华东师范大学出版社	2088	849	2578	255972	48002	1531	659	1865	180872	36685
上海交通大学出版社	1655	893	1270	147550	27811	1224	622	1053	114855	21234
上海外语教育出版社	1174	458	2381	322215	52050	614	246	463	57072	10167
第二军医大学出版社	169	169	40	7688	2119	169	169	40	7688	2119
上海浦江教育出版社	11	6	3	432	151	11	6	3	432	151
同济大学出版社	482	272	197	31001	6668	291	209	108	15357	3932
东华大学出版社	220	140	93	12712	2900	131	80	58	7720	1663
上海财经大学出版社	476	318	204	37494	6860	216	195	92	14238	3184
上海大学出版社	258	205	202	22165	4284	218	187	189	20408	3941
上海中西书局	130	106	84	14194	4071	130	106	84	14194	4071
上海音乐出版社	586	173	489	48141	11329	533	172	355	39968	9795
上海文化出版社	87	76	35	4202	1411	87	76	35	4202	1411
江苏人民出版社	1496	958	4811	345011	61990	1496	958	4810	344743	61950
江苏教育出版社	3572	1891	17628	1082852	142869	3079	1760	12281	667544	103587
江苏科学技术出版社	2424	1145	5780	365212	61610	2281	1138	3221	241537	44913
江苏少年儿童出版社	1375	456	4215	192418	36537	1336	456	3059	159808	33403
江苏文艺出版社	943	758	1388	147189	30489	943	758	1388	147189	30489
江苏美术出版社	1000	577	2688	211030	41369	979	577	2684	210652	41218
古吴轩出版社	145	137	61	6434	2062	145	137	61	6434	2062

数量(书籍、课本、图片)(续表9)

出　版　社

准书号》部分					不使用《中国标准书号》部分—图片合计					附：活页文选影印书等用纸		
课本												
种数(种) 合计	种数(种) 新出	印数(万册、张)	印张(千印张)	总定价(万元)	种数(种) 合计	种数(种) 新出	印数(万册、张)	印张(千印张)	总定价(万元)	印数(万册、张)	印张(千印张)	总定价(万元)
200	73	55	5449	2051	21	21	6	365	249	16	113	463
6	1	7	912	152								
11	2	11	2235	305								
63	22	27	3303	888								
69	13	693	22194	3234								
4	2	1	140	59								
61	39	49	9032	1569								
518	302	295	48464	8530								
32		142	9051	1072								
2	1	1	194	32								
1	1	1	152	25								
497	160	724	116215	20925								
72	23	28	7260	989								
481	132	703	73389	10531	76	58	8	1667	758	2	44	28
431	271	217	32695	6577								
560	212	1918	265143	41883								
191	63	89	15644	2736								
89	60	35	4992	1237								
260	123	112	23256	3676								
40	18	13	1757	343								
53	1	134	8173	1534								
										1	268	40
384	98	5305	411916	38229	109	33	41	3325	1053	1	67	
143	7	2553	123456	16464						6	219	233
32		1151	32487	3087	7		5	123	47			
21		4	378	151								

全国各出版社图书出版

地　方

	图书总计					使用《中国标 书籍				
	种数(种)		印数	印张	总定价	种数(种)		印数	印张	总定价
	合计	新出	(万册、张)	(千印张)	(万元)	合计	新出	(万册、张)	(千印张)	(万元)
南京出版社	411	168	412	39000	8096	401	158	409	38970	8032
译林出版社	1042	435	3474	239748	37052	513	259	634	83191	15108
东南大学出版社	1139	436	947	113102	20757	671	287	671	78169	14137
河海大学出版社	303	202	217	28009	5383	229	170	183	22126	4213
南京大学出版社	783	438	855	92402	17062	782	438	849	91070	16928
苏州大学出版社	567	178	610	72570	10804	262	105	281	28475	4787
中国矿业大学出版社	630	399	281	41842	9049	106	86	55	7236	1792
南京师范大学出版社	741	412	2927	82583	22180	662	396	2827	78143	21288
凤凰出版社	1124	933	1247	181013	39715	1124	933	1247	181013	39715
广陵书社	162	130	35	6052	4986	162	130	35	6052	4986
江苏大学出版社	94	80	21	3353	862	94	80	21	3353	862
浙江人民出版社	464	286	929	82197	16017	416	275	825	74053	14681
浙江教育出版社	2091	652	13798	752971	99453	1830	622	10640	574199	77352
浙江科学技术出版社	877	361	2010	100580	17519	774	336	1358	67155	13398
浙江少年儿童出版社	1340	497	3209	249880	48841	1339	497	2580	244337	45320
浙江文艺出版社	478	205	660	60180	9921	464	205	422	41941	8028
浙江人民美术出版社	477	221	1161	41465	10300	393	172	339	19209	6129
浙江摄影出版社	246	176	674	54806	8476	200	146	267	33404	5799
浙江古籍出版社	297	157	176	18793	4430	287	154	139	16139	4070
杭州出版社	176	131	103	14896	4150	176	131	-34	10685	3641
西泠印社出版社	226	226	69	6764	6467	148	148	24	4764	5171
宁波出版社	359	224	399	36979	7052	359	224	399	36979	7052
浙江大学出版社	2059	1135	1181	162644	37940	1159	826	606	102766	25853
中国美术学院出版社	198	151	67	8908	5924	172	144	56	7430	5501
浙江工商大学出版社	204	173	61	8627	2016	204	173	61	8627	2016
安徽人民出版社	582	384	314	34533	7314	582	384	314	34533	7314
安徽教育出版社	1219	447	4854	414866	59325	1219	447	4854	414866	59325
安徽科学技术出版社	860	397	900	76184	14501	860	397	900	76184	14501
安徽少年儿童出版社	1124	394	4028	170053	34672	1124	394	4028	170053	34672
安徽文艺出版社	404	240	303	43674	7589	404	240	303	43674	7589
安徽美术出版社	702	484	1092	52350	15879	702	484	1092	52350	15879
安徽师范大学出版社	510	510	229	25324	4821	483	483	213	23269	4497
黄山书社	1348	673	2752	227474	38541	1335	666	2706	223529	37911
中国科学技术大学出版社	303	153	167	18496	3419	16	4	44	1732	313
安徽大学出版社	334	146	418	34453	5215	326	146	164	20880	3863
合肥工业大学出版社	418	259	123	18558	4448	120	113	32	4528	1492
福建人民出版社	372	140	1123	83476	15996	365	138	859	66680	14172
福建教育出版社	692	452	2187	125994	18380	583	430	1377	94580	15402

数量(书籍、课本、图片)(续表10)

出 版 社

准书号》部分					不使用《中国标准书号》部分—图片合计					附:活页文选影印书等用纸		
课本												
种数(种) 合计	种数(种) 新出	印数(万册、张)	印张(千印张)	总定价(万元)	种数(种) 合计	种数(种) 新出	印数(万册、张)	印张(千印张)	总定价(万元)	印数(万册、张)	印张(千印张)	总定价(万元)
					10	10	3	30	64			
529	176	2840	156557	21944								
468	149	183	27817	5372						93	7116	1248
74	32	34	5883	1170								
1		6	1332	134								
305	73	328	44050	6005						1	45	12
524	313	226	34606	7257								
17	7	22	3116	563	62	9	78	1324	329			
48	11	82	7049	1168						22	1095	168
257	30	2788	167123	19667	4		1	96	24	369	11553	2410
103	25	631	32837	4028						21	588	93
					1		3	30	18	626	5513	3503
14		238	18239	1893								
35		807	20485	3630	49	49	15	1771	541			
16		379	19044	2191	30	30	13	1191	321	15	1167	165
					10	3	2	392	44	35	2262	316
										137	4211	509
					78	78	41	1760	1238	4	240	58
900	309	319	49030	9234						256	10848	2853
26	7	11	1478	423								
27	27	16	2055	324								
13	7	46	3945	630								
287	149	123	16764	3106								
8		254	13573	1352								
298	146	91	14030	2956								
7	2	264	16796	1824								
109	22	810	31414	2978								

地　方

	图书总计					使用《中国标书籍				
	种数(种)		印数(万册、张)	印张(千印张)	总定价(万元)	种数(种)		印数(万册、张)	印张(千印张)	总定价(万元)
	合计	新出				合计	新出			
福建科学技术出版社	475	219	267	18703	5390	474	218	266	18682	5383
福建少年儿童出版社	687	592	1198	85031	14301	681	586	969	73852	13356
海峡文艺出版社	182	91	262	19359	3437	182	91	262	19359	3437
福建美术出版社	153	131	188	7072	3410	146	126	57	3563	2843
海峡书局出版社	37	37	15	2423	782	36	36	15	2403	776
福建省地图出版社	69	66	66	1504	946	68	65	61	1479	946
鹭江出版社	359	299	403	28844	7120	358	298	401	28769	7100
厦门大学出版社	500	332	266	52331	8715	272	235	116	26820	4898
海风出版社	44	44	63	2271	1131	44	44	63	2271	1131
江西人民出版社	433	330	937	74467	12574	433	330	937	74467	12574
江西教育出版社	670	445	4317	191701	24705	664	445	4316	191626	24699
江西科学技术出版社	640	460	812	53492	9301	608	454	553	35851	7448
百花洲文艺出版社	196	86	204	29867	5277	196	86	198	29622	5252
二十一世纪出版社	1330	783	3004	189676	43801	1330	783	3004	189676	43801
江西美术出版社	548	342	974	36284	11789	502	337	382	22385	9276
江西高校出版社	446	299	895	43979	9620	350	232	844	39218	8779
山东人民出版社	823	298	2276	166180	22042	753	297	811	77366	13762
山东教育出版社	974	255	3444	227682	23587	837	250	2477	155576	16926
山东科学技术出版社	598	144	2367	181004	28012	412	141	671	49125	14842
明天出版社	784	144	4015	293881	43554	784	144	4015	293881	43554
山东文艺出版社	404	123	772	56764	8046	404	123	772	56764	8046
山东美术出版社	464	101	665	46681	15665	447	101	393	32783	13894
山东画报出版社	181	130	173	17892	5649	181	130	173	17892	5649
山东省地图出版社	102	102	146	19418	4059	102	102	146	19418	4059
山东友谊出版社	637	143	1235	91072	11389	637	143	1235	91072	11389
齐鲁书社	257	160	2020	122239	14117	232	160	1725	102424	12288
济南出版社	295	161	869	73396	13144	295	161	869	73396	13144
泰山出版社	245	93	2046	97390	10324	157	90	823	26431	3563
青岛出版社	2276	739	6484	405575	62473	2276	739	6484	405575	62473
山东大学出版社	522	287	1234	102085	16337	414	259	669	66567	12584
中国石油大学出版社	573	384	1421	96925	13237	377	313	1288	72906	9542
中国海洋大学出版社	433	376	210	30984	8091	194	183	141	21067	6067
黄河出版社	70	68	51	6903	2264	66	64	49	6587	2188
河南人民出版社	369	286	207	24992	6756	350	275	199	24536	6696
河南科学技术出版社	760	544	2189	132452	23667	751	535	2156	129648	23322
海燕出版社	898	257	2903	140757	19623	203	137	286	24836	5677

数量(书籍、课本、图片)(续表11)

出　版　社

准书号》部分 课本 种数(种) 合计	新出	印数(万册、张)	印张(千印张)	总定价(万元)	不使用《中国标准书号》部分—图片合计 种数(种) 合计	新出	印数(万册、张)	印张(千印张)	总定价(万元)	附:活页文选影印书等用纸 印数(万册、张)	印张(千印张)	总定价(万元)
1	1	1	21	7								
6	6	229	11179	945								
6	4	131	3494	547	1	1		15	20			
1	1		20	6								
					1	1	5	25				
1	1	2	75	20								
228	97	150	25511	3817								
6		1	75	6								
32	6	259	17641	1853								
		6	245	25								
46	5	592	13899	2513								
96	67	51	4761	841								
70	1	1465	88814	8280								
137	5	967	72106	6661								
186	3	1696	131879	13170								
17		237	11024	1225						35	2874	546
25		295	19815	1829								
88	3	1223	70959	6761								
108	28	565	35518	3753								
196	71	133	24019	3695								
239	193	69	9917	2024								
4	4	2	316	76								
19	11	8	456	60								
9	9	33	2804	345								
695	120	2617	115921	13946								

全国各出版社图书出版

地　方

	图书总计					使用《中国标 书　籍				
	种数(种)		印数	印张	总定价	种数(种)		印数	印张	总定价
	合计	新出	(万册、张)	(千印张)	(万元)	合计	新出	(万册、张)	(千印张)	(万元)
河南文艺出版社	277	192	1034	73139	10487	201	179	294	36957	6317
河南美术出版社	195	170	174	12127	4303	195	170	174	12127	4303
文心出版社	363	65	408	35700	4167	363	65	408	35700	4167
中州古籍出版社	318	213	268	29615	10060	230	176	134	21655	8602
中原农民出版社	281	116	702	51189	8383	276	116	687	50480	8338
大象出版社	952	369	3287	249274	31935	942	369	2630	202414	27493
黄河水利出版社	330	205	114	18177	4078	330	205	114	18177	4078
河南大学出版社	268	223	226	23544	4119	263	221	224	23194	4064
郑州大学出版社	546	333	619	51469	8418	127	102	122	15141	2877
湖北人民出版社	454	352	640	57934	10833	451	352	425	46352	9829
湖北教育出版社	1464	654	4996	292620	35590	1404	653	4455	254498	31230
湖北科学技术出版社	556	227	1210	51281	8393	502	221	459	30220	5807
湖北少年儿童出版社	1086	454	3917	216902	32522	1074	454	3912	216770	32493
长江文艺出版社	530	352	1475	225203	35629	530	352	1475	225203	35629
崇文书局	161	137	120	16882	2805	161	137	120	16882	2805
湖北美术出版社	887	720	1501	76374	21200	887	720	1483	75296	21070
武汉出版社	888	668	1126	80081	16326	845	668	998	74034	15536
华中科技大学出版社	1413	849	619	79728	24145	1062	707	508	60552	19987
华中师范大学出版社	722	523	843	107948	17854	394	300	612	85368	14545
武汉大学出版社	1540	749	1284	141230	26263	924	473	1018	95153	18996
武汉理工大学出版社	656	287	262	45672	7598	656	287	262	45672	7598
中国地质大学出版社	242	173	82	11420	3473	85	70	22	2417	789
长江出版社	523	399	914	74615	14325	523	399	914	74615	14325
湖南人民出版社	447	384	545	64447	14667	447	384	545	64447	14667
湖南教育出版社	3073	1672	10205	646489	108023	3026	1669	10181	643361	107301
湖南科学技术出版社	791	332	1588	113662	22079	732	329	986	88758	18800
湖南少年儿童出版社	2073	1105	5142	269883	49009	2057	1104	5012	266633	48646
湖南文艺出版社	773	509	2901	238744	41417	747	509	1613	181378	32424
湖南美术出版社	972	741	3220	133525	32792	910	741	2164	98408	26067
湖南地图出版社	272	266	236	7979	3457	59	53	42	5488	2226
岳麓书社	324	191	878	114731	16610	291	187	413	75469	10394
湖南师范大学出版社	425	231	617	48028	7583	396	214	392	34341	5955
中南大学出版社	460	293	208	30147	6078	201	167	101	11776	2596
湖南大学出版社	297	205	209	29812	5895	170	151	108	16789	3320
国防科技大学出版社	135	114	52	8608	1886	34	33	9	1722	759
湘潭大学出版社	120	89	50	7003	1689	72	66	27	3189	783

数量(书籍、课本、图片)(续表12)

出　版　社

准书号》部分					不使用《中国标准书号》部分—图片合计					附：活页文选影印书等用纸		
课本												
种数(种) 合计	种数(种) 新出	印数(万册、张)	印张(千印张)	总定价(万元)	种数(种) 合计	种数(种) 新出	印数(万册、张)	印张(千印张)	总定价(万元)	印数(万册、张)	印张(千印张)	总定价(万元)
76	13	740	36182	4170								
88	37	134	7960	1458								
5		15	709	45								
10		657	46860	4442								
5	2	2	350	55								
419	231	497	36328	5541								
3		215	11582	1004								
60	1	541	38122	4360								
54	6	751	21061	2586								
12		5	132	29								
		18	1078	130								
43		128	6047	790								
351	142	111	19176	4158								
328	223	231	22580	3309								
616	276	266	46077	7267								
157	103	60	9003	2684								
47	3	24	3128	722								
59	3	602	24904	3279								
16	1	130	3250	363								
26		1288	57366	8993								
62		1056	35117	6725								
					213	213	194	2491	1231			
33	4	465	39262	6216								
29	17	225	13687	1628								
259	126	107	18371	3482								
127	54	101	13023	2575								
101	81	42	6741	1127						1	145	
48	23	23	3814	906								

全国各出版社图书出版

地　方

	图书总计					使用《中国标 书籍				
	种数(种)		印数	印张	总定价	种数(种)		印数	印张	总定价
	合计	新出	(万册、张)	(千印张)	(万元)	合计	新出	(万册、张)	(千印张)	(万元)
广东人民出版社	675	402	1103	97762	18974	644	393	528	61482	15362
广东教育出版社	1310	529	11234	754153	77120	993	501	2110	145645	21919
广东高等教育出版社	331	172	936	87300	11493	182	141	244	38499	6161
广东科技出版社	440	216	3357	166071	20580	374	195	3028	142537	18122
广东经济出版社	499	433	435	44062	11272	499	433	435	44062	11272
广东省地图出版社	114	42	236	8161	2813	114	42	236	8161	2813
广东旅游出版社	136	52	92	10295	2495	136	52	92	10295	2495
岭南美术出版社	335	314	2271	76433	19861	317	311	366	32415	12365
广东新世纪出版社	699	333	1920	83280	17398	684	323	1843	79132	17017
花城出版社	267	237	154	24571	4432	267	237	154	24571	4432
海天出版社	140	130	88	13379	2986	140	130	88	13379	2986
广州出版社	156	156	974	95537	17969	156	156	974	95537	17969
华南理工大学出版社	468	200	189	30779	5365	146	112	101	15578	2759
汕头大学出版社	401	395	394	35644	9905	401	395	394	35644	9905
中山大学出版社	427	274	337	46403	8456	306	238	255	33801	6421
暨南大学出版社	515	349	156	24966	5351	205	190	55	7555	1860
南方日报出版社	94	94	45	6623	1644	94	94	45	6623	1644
羊城晚报出版社	72	45	80	8745	1849	72	45	80	8745	1849
深圳报业集团出版社	73	60	100	7999	1930	70	60	91	7639	1870
广西人民出版社	640	467	503	58307	10683	609	466	442	55012	10382
广西教育出版社	1068	690	5990	318841	32662	1011	690	5580	299749	30670
广西科学技术出版社	362	157	1266	77135	12564	330	157	401	31571	8859
接力出版社	1591	547	3438	222294	45242	1575	547	3290	217365	44706
广西民族出版社	341	235	1629	95141	10008	298	219	276	18797	3410
广西美术出版社	393	182	793	34752	11037	342	176	407	23062	8890
漓江出版社	729	650	643	55505	10711	729	650	643	55505	10711
广西师范大学出版社	2571	712	7797	484649	73724	2401	695	6602	419547	67495
海南出版社	774	443	2958	142630	22364	774	443	2917	141589	22162
南方出版社	1216	514	1866	142961	29745	1188	512	1731	135086	28286
南海出版公司	663	431	597	60929	16712	663	431	597	60929	16712
三环出版社	264	54	933	32550	4953	264	54	927	32471	4926
重庆出版社	2868	1200	9885	629015	109581	2868	1200	7347	443987	89424
西南师范大学出版社	1253	309	4465	259670	36713	547	196	1514	79283	14428
重庆大学出版社	1530	578	1248	119968	20218	748	386	729	61752	11495
四川人民出版社	356	207	747	57639	10271	326	207	214	25805	7175

数量(书籍、课本、图片)(续表13)

出 版 社

准书号》部分 课本 种数(种) 合计	新出	印数(万册、张)	印张(千印张)	总定价(万元)	不使用《中国标准书号》部分—图片合计 种数(种) 合计	新出	印数(万册、张)	印张(千印张)	总定价(万元)	附:活页文选影印书等用纸 印数(万册、张)	印张(千印张)	总定价(万元)
31	9	575	36280	3612								
317	28	9124	608508	55201								
149	31	692	48801	5332								
58	16	323	23430	2356	8	5	6	104	102			
18	3	1905	44018	7496								
15	10	77	4148	381								
322	88	88	15201	2606								
121	36	82	12602	2035								
310	159	101	17411	3491								
3		9	360	60								
31	1	61	3295	301								
57		410	19092	1992								
32		865	45564	3705								
16		147	4919	533						1	10	3
43	16	1353	76344	6598								
45		345	10213	1880	6	6	19	336	141	22	1141	126
170	17	1195	65102	6229								
										41	1041	202
28	2	135	7875	1459								
										6	79	27
		2538	185028	20157								
706	113	2951	180387	22285								
782	192	519	58216	8723								
30		533	31834	3096								

全国各出版社图书出版

地　方

	图书总计					使用《中国标 书籍				
	种数(种)		印数	印张	总定价	种数(种)		印数	印张	总定价
	合计	新出	(万册、张)	(千印张)	(万元)	合计	新出	(万册、张)	(千印张)	(万元)
四川教育出版社	925	373	8594	529958	59543	891	371	4353	225321	29401
四川科学技术出版社	321	196	324	30815	7322	321	196	324	30815	7322
四川少年儿童出版社	678	323	3138	134558	22229	672	323	2934	122539	21203
四川文艺出版社	317	147	358	43374	7743	317	147	358	43374	7743
四川民族出版社	490	209	1191	90455	10645	373	163	768	60345	8237
四川美术出版社	403	214	272	13823	5131	402	214	272	13801	5124
四川辞书出版社	254	70	450	45711	6350	254	70	450	45711	6350
天地出版社	643	178	558	50438	10045	643	178	558	50430	10044
巴蜀书社	267	185	210	18023	4023	267	185	210	18023	4023
成都地图出版社	214	45	286	8440	2773	212	44	243	6699	2582
成都时代出版社	324	236	440	38233	9702	324	236	440	38233	9702
电子科技大学出版社	438	308	320	43414	7845	237	190	232	29306	5271
四川大学出版社	917	409	625	64658	13577	725	366	469	48624	10674
西南财经大学出版社	736	416	822	66062	11815	516	324	672	48408	8713
西南交通大学出版社	798	435	280	38336	7073	443	248	162	20591	3907
贵州人民出版社	257	182	1308	70399	9864	252	178	865	53293	7709
贵州教育出版社	209	81	1016	59934	9349	135	63	539	30715	4572
贵州科学技术出版社	79	79	24	2740	557	79	79	24	2740	557
贵州民族出版社	187	79	664	27232	4362	181	76	467	22443	3568
贵州大学出版社	124	124	42	5112	1013	113	113	39	4543	891
云南人民出版社	1227	1013	1304	169982	35676	1211	1013	1114	152613	34110
云南教育出版社	1582	696	3993	206001	37761	1511	696	2598	157358	33701
云南科学技术出版社	1688	1126	3629	222572	34612	1688	1126	3629	222572	34612
晨光出版社	602	226	1462	79034	12503	586	226	1436	78378	12448
德宏民族出版社	67	61	30	2014	775	65	59	30	1998	771
云南美术出版社	268	266	473	32339	7372	268	266	473	32339	7372
云南民族出版社	221	221	55	6468	2577	170	170	31	4546	2147
云南大学出版社	455	357	194	21023	4352	317	280	127	13284	2982
西藏人民出版社	684	148	1617	110592	14806	492	137	510	38917	7141
藏文古籍出版社	17	15	5	820	129	17	15	5	820	129
陕西人民出版社	600	434	2150	223938	30091	569	423	585	88715	18896
陕西人民教育出版社	1221	197	4554	331226	44050	1186	196	3336	234149	35157
陕西科学技术出版社	333	124	528	25800	5028	333	124	525	25571	5004
未来出版社	580	200	2284	117906	32541	555	200	1363	66302	27668
太白文艺出版社	226	195	157	20666	4383	226	195	157	20666	4383
陕西人民美术出版社	163	149	368	19698	4584	163	149	119	10495	3537

数量(书籍、课本、图片)(续表 14)

出　版　社

准书号》部分					不使用《中国标准书号》部分—图片合计					附：活页文选影印书等用纸		
课本												
种数(种)		印数	印张	总定价	种数(种)		印数	印张	总定价	印数	印张	总定价
合计	新出	(万册、张)	(千印张)	(万元)	合计	新出	(万册、张)	(千印张)	(万元)	(万册、张)	(千印张)	(万元)
34	2	4241	304637	30142								
6		204	12019	1026								
117	46	423	30110	2408								
1			22	7								
			8	1								
2	1	43	1741	191								
201	118	88	14108	2574								
192	43	156	16034	2903								
220	92	150	17654	3102								
355	187	118	17745	3166								
5	4	443	17106	2155								
74	18	477	29219	4777								
6	3	197	4789	794								
11	11	3	569	122								
16		190	17369	1566								
71		1395	48643	4060								
16		22	628	36						4	28	19
2	2		16	4								
51	51	22	1877	418						2	45	12
138	77	67	7739	1370								
192	11	1102	71463	7633						5	212	32
31	11	1565	135223	11195								
35	1	1218	97077	8893								
		3	229	24								
25		921	51604	4873								
		249	9203	1047								

全国各出版社图书出版

地　方

	图书总计					使用《中国标 书籍				
	种数(种) 合计	种数(种) 新出	印数(万册、张)	印张(千印张)	总定价(万元)	种数(种) 合计	种数(种) 新出	印数(万册、张)	印张(千印张)	总定价(万元)
陕西旅游出版社	103	103	137	7643	2557	103	103	137	7643	2557
三秦出版社	124	124	43	9372	3655	124	124	43	9372	3655
西安出版社	293	139	519	66297	13011	293	139	444	56326	12096
西安地图出版社	171	132	118	7419	4342	168	129	1	6204	3645
陕西师范大学出版社	652	381	2886	224009	34560	602	358	2647	208207	32743
西安电子科技大学出版社	434	190	198	35683	5376	55	43	32	4429	810
西安交通大学出版社	632	332	964	101001	18863	169	98	210	14100	4409
西北大学出版社	336	128	839	67321	9393	324	128	290	35559	6159
西北工业大学出版社	397	262	190	23593	4743	90	72	71	6025	1314
西北农林科技大学出版社	102	77	63	6045	1079	75	55	57	5022	883
第四军医大学出版社	269	183	176	28778	5497	87	71	67	9675	2046
甘肃人民出版社	194	167	4058	331532	31076	192	165	166	14254	3147
甘肃教育出版社	463	160	1033	80662	7218	458	155	1031	80549	7206
甘肃科学技术出版社	188	98	82	5837	1329	188	98	82	5837	1329
甘肃少年儿童出版社	425	215	624	29759	4129	412	208	607	28784	4018
甘肃文化出版社	270	164	603	22306	5962	269	163	603	22283	5956
甘肃民族出版社	318	231	143	22332	4630	297	210	135	21861	4517
甘肃人民美术出版社	139	114	89	10301	4122	139	114	89	10301	4122
敦煌文艺出版社	118	94	61	7933	1798	118	94	61	7933	1798
兰州大学出版社	133	133	59	5459	1399	114	114	56	5026	1320
青海人民出版社	220	220	723	69540	9420	220	220	141	21602	5089
青海民族出版社	323	107	292	22394	2018	112	68	50	5530	969
宁夏人民出版社	450	389	1106	82058	9450	450	389	262	21149	2917
宁夏人民教育出版社	512	308	1170	93405	13325	512	308	1170	93405	13325
阳光出版社	286	256	111	17953	4847	286	256	111	17953	4847
新疆人民出版社	1196	748	879	93278	18021	1156	748	811	86743	17147
新疆教育出版社	2209	302	5841	350615	35945					
新疆科学技术出版社	853	645	371	25046	4669	814	615	327	22368	4384
新疆青少年出版社	1089	683	655	55848	10795	1036	677	635	54697	10635
新疆美术摄影出版社	590	340	534	27241	4857	511	333	211	16245	3279
喀什维吾尔文出版社	230	148	169	9812	1992	230	148	169	9812	1992
克孜勒苏柯尔克孜文出版社	107	107	44	3470	821	33	33	5	485	260
伊犁人民出版社	104	29	54	5279	1020	104	29	54	5279	1020
新疆大学出版社	47	42	15	1686	322	40	35	13	1268	258
新疆人民卫生出版社	318	137	120	10644	1947	310	136	107	10355	1899
新疆生产建设兵团出版社	143	143	64	7870	2274	143	143	64	7870	2274

数量(书籍、课本、图片)(续表15)

出 版 社

准书号》部分					不使用《中国标准书号》部分—图片合计					附:活页文选影印书等用纸		
课本												
种数(种)		印数	印张	总定价	种数(种)		印数	印张	总定价	印数	印张	总定价
合计	新出	(万册、张)	(千印张)	(万元)	合计	新出	(万册、张)	(千印张)	(万元)	(万册、张)	(千印张)	(万元)
		75	9971	915								
					3	3	15	110	65	102	1105	632
50	23	239	15802	1817								
379	147	166	31254	4566								
460	234	753	86877	14438	3		1	24	16			
12		549	31762	3234								
307	190	119	17568	3429								
27	22	6	1023	196								
182	112	109	19103	3451								
2	2	3892	317278	27929								
5	5	2	113	12								
10	4	16	936	95	3	3	1	39	16			
1	1		23	6								
13	13	3	435	91	8	8	4	25	20	1	11	2
19	19	3	433	79								
		582	47938	4331								
211	39	242	16864	1049								
		844	60909	6533								
40		64	5341	566						4	1194	308
2209	302	5841	350615	35945								
39	30	44	2678	285								
53	6	20	1151	160								
72		322	10952	1565	7	7	1	44	13			
74	74	39	2985	561								
7	7	2	418	64								
		13	289	48								

使用《中国标准书号》各类图书的
平均印数、平均印张、平均定价和平均印张定价

全　国

	平均印数（万册/种）			平均印张（印张/册）			平均定价（元/册）			平均印张定价（元/印张）		
	新出	重印	租型	新出	重印	租型	新出	重印	租型	新出	重印	租型
使用《标准书号》部分合计	**0.97**	**2.56**	**14.36**	**10.48**	**7.6**	**7.15**	**23.79**	**11.48**	**6.86**	**2.27**	**1.51**	**0.96**
A 马列主义、毛泽东思想	0.7	5.57	1.71	16.75	19.69	8.78	34.53	22.61	14.17	2.06	1.15	1.61
B 哲学	0.66	0.96	1.77	14.81	13.26	21.03	33.47	24.2	52.22	2.26	1.82	2.48
C 社会科学总论	0.88	0.73	0.44	10.66	15.8	16.4	20.48	26.47	28.25	1.92	1.68	1.72
D 政治、法律	0.84	1.1	1.3	13.61	14.03	24.85	30.61	24.83	55.61	2.25	1.77	2.24
E 军事	0.65	1.22		16.17	13.54		36.48	24.07		2.26	1.78	
F 经济	0.51	0.62	0.34	16.61	16.9	17.65	38.88	29.78	30.5	2.34	1.76	1.73
G 文化、科学、教育、体育	1.71	4.43	14.97	7.8	6.2	7.13	14.39	8.38	6.81	1.84	1.35	0.95
H 语言、文字	0.74	1.54	0.5	14.05	15.2	14.58	29.17	27.67	27.33	2.08	1.82	1.87
I 文学	1.05	1.66	0.7	11.24	10.68	12.7	23.58	18.28	22.57	2.1	1.71	1.78
J 艺术	0.68	1.26	1.5	7.86	6.48	6.72	39.22	15.41	14.26	4.99	2.38	2.12
K 历史、地理	0.57	1.41	2.63	15.52	8.88	5.94	48.99	17.23	12.54	3.16	1.94	2.11
N 自然科学总论	0.59	1.52		11.22	8.85		33.47	13.93		2.98	1.57	
O 数理科学、化学	0.49	0.7		15.39	15.58		31.21	24.42		2.03	1.57	1.5
P 天文学、地球科学	0.38	0.66	1.31	11.88	10.73	8.11	36.44	21.75	10.76	3.07	2.03	1.33
Q 生物科学	0.53	0.74		11.41	15.39		32.4	26.28		2.84	1.71	0.91
R 医药、卫生	0.64	0.85	0.58	15.12	15.68	11.05	37.15	27.81	21.09	2.46	1.77	1.91
S 农业科学	0.45	1.53	1.05	9.97	6.75	4.93	27.01	11.62	9.57	2.71	1.72	1.94
T 工业技术	0.45	0.51	0.55	15.85	16.39	14	41.97	28.73	18.12	2.65	1.75	1.29
U 交通运输	0.48	0.69	0.25	13.78	13.54	11.6	37.71	29.89	20	2.74	2.21	1.72
V 航空、航天	0.37	0.58		13.62	12.83		48.38	25.67		3.55	2	
X 环境科学	0.46	0.89	3	11.64	9.09	6.77	33.26	18.62	16.56	2.86	2.05	2.45
Z 综合性图书	0.77	1.95	1	13.96	8.6	10.35	48.46	22.61	20.67	3.47	2.63	2

使用《中国标准书号》各类图书的
平均印数、平均印张、平均定价和平均印张定价(续表1)

中　　央

	平均印数（万册/种）			平均印张（印张/册）			平均定价（元/册）			平均印张定价（元/印张）		
	新出	重印	租型	新出	重印	租型	新出	重印	租型	新出	重印	租型
使用《标准书号》部分合计	**0.79**	**2.05**	**8.47**	**12.98**	**9.8**	**4.43**	**30.68**	**15.21**	**8.38**	**2.36**	**1.55**	**1.89**
A 马列主义、毛泽东思想	0.97	9.95		17.24	20.01		35.72	22.51		2.07	1.13	
B 哲学	0.63	1.06		16.21	13.65		35.93	24.73		2.22	1.81	
C 社会科学总论	0.52	0.73	0.29	16.8	17.59	24.9	38.16	29.14	43	2.27	1.66	1.73
D 政治、法律	0.88	1.1	0.2	14.29	15.58	29.7	31.9	28.25	51	2.23	1.81	1.72
E 军事	0.63	1.12		16.99	13.97		40.73	25.67		2.4	1.84	
F 经济	0.55	0.65	0.35	16.78	17.42	18.49	39.43	30.96	31.63	2.35	1.78	1.71
G 文化、科学、教育、体育	1.88	6.07	31.06	8.19	6.94	3.89	14.62	9.03	7.53	1.78	1.3	1.93
H 语言、文字	0.7	1.71	0.5	16.02	16.32	9.3	34.54	30.44	17	2.16	1.86	1.83
I 文学	0.96	1.53		12.37	13.94		26.38	22.97		2.13	1.65	
J 艺术	0.64	0.9		9.03	8.66		50.65	20.73		5.61	2.39	
K 历史、地理	0.56	1.64		17.01	9.88		56.27	18.13		3.31	1.83	3.97
N 自然科学总论	0.51	0.9		17.31	13.15		49.71	24.89		2.87	1.89	
O 数理科学、化学	0.53	0.69		16.19	17.24		32.88	27.24		2.03	1.58	1.5
P 天文学、地球科学	0.3	0.57	2	13.53	11.16	12.05	43.56	23.03	13.5	3.22	2.06	1.12
Q 生物科学	0.48	0.64		13.2	18.16		37.19	29.69		2.82	1.64	
R 医药、卫生	0.6	0.91	1.8	18.76	17.23	6.67	46.77	29.82	14	2.49	1.73	2.1
S 农业科学	0.41	1.24		11.13	8.92		30.97	15.42		2.78	1.73	
T 工业技术	0.44	0.5	0.61	17.11	17.2	17.74	42.95	29.94	21.27	2.51	1.74	1.2
U 交通运输	0.46	0.72		14.15	13.8		40.66	31.05		2.87	2.25	
V 航空、航天	0.36	0.6		14.64	13.72		57.42	27.3		3.92	1.99	
X 环境科学	0.37	0.72	3	14.63	10.49	5.6	42.26	22.35	8.67	2.89	2.13	1.55
Z 综合性图书	0.85	2.19		19.01	8.99		75.61	22.68		3.98	2.52	

使用《中国标准书号》各类图书的
平均印数、平均印张、平均定价和平均印张定价(续表2)

地　　方

	平均印数（万册/种）			平均印张（印张/册）			平均定价（元/册）			平均印张定价（元/印张）		
	新出	重印	租型	新出	重印	租型	新出	重印	租型	新出	重印	租型
使用《标准书号》部分合计	**1.12**	**2.94**	**14.43**	**9.04**	**6.48**	**7.17**	**19.83**	**9.6**	**6.85**	**2.19**	**1.48**	**0.96**
A 马列主义、毛泽东思想	0.44	0.75	1.71	15.69	15.01	8.78	31.94	24.11	14.17	2.04	1.61	1.61
B 哲学	0.69	0.83	1.77	12.59	12.65	21.03	29.60	23.36	52.22	2.35	1.85	2.48
C 社会科学总论	1.42	0.72	1.00	7.27	12.69	7.90	10.70	21.81	13.50	1.47	1.72	1.71
D 政治、法律	0.74	1.08	1.43	11.76	10.73	24.77	27.10	17.55	55.68	2.30	1.63	2.25
E 军事	0.68	1.34		15.04	13.14		30.57	22.59		2.03	1.72	
F 经济	0.43	0.54	0.29	16.18	15.61	10.95	37.48	26.81	21.50	2.32	1.72	1.96
G 文化、科学、教育、体育	1.66	4.01	14.92	7.68	5.91	7.15	14.32	8.12	6.81	1.86	1.37	0.95
H 语言、文字	0.79	1.30	0.50	12.18	13.05	15.64	24.05	22.37	29.40	1.97	1.71	1.88
I 文学	1.09	1.70	0.70	10.82	9.66	12.70	22.56	16.82	22.57	2.08	1.74	1.78
J 艺术	0.70	1.41	1.50	7.42	5.92	6.72	34.87	14.04	14.26	4.70	2.37	2.12
K 历史、地理	0.57	1.24	2.84	14.34	7.89	5.52	43.18	16.34	10.87	3.01	2.07	1.97
N 自然科学总论	0.64	1.80		8.22	7.86		25.48	11.40		3.10	1.45	
O 数理科学、化学	0.42	0.71		13.76	11.81		27.77	18.02		2.02	1.53	
P 天文学、地球科学	0.54	0.82	1.25	10.10	10.16	7.58	28.78	20.05	10.40	2.85	1.97	1.37
Q 生物科学	0.58	1.03		9.49	10.44		27.28	20.17		2.87	1.93	0.91
R 医药、卫生	0.69	0.73	0.51	10.94	11.69	11.87	26.09	22.64	22.42	2.38	1.94	1.89
S 农业科学	0.52	1.76	1.05	8.70	5.53	4.93	22.67	9.49	9.57	2.61	1.72	1.94
T 工业技术	0.49	0.57	0.46	12.56	13.60	7.15	39.44	24.62	12.33	3.14	1.81	1.72
U 交通运输	0.55	0.57	0.25	12.77	12.31	11.60	29.65	24.35	20.00	2.32	1.98	1.72
V 航空、航天	0.41	0.54		11.54	9.89		29.97	20.29		2.60	2.05	
X 环境科学	0.69	1.40	3.00	7.55	6.95	7.35	20.97	12.97	20.50	2.78	1.86	2.79
Z 综合性图书	0.75	1.84	1.00	12.10	8.40	10.35	38.45	22.58	20.67	3.18	2.69	2.00

各地区使用《中国标准书号》各类图书的平均印数、平均印张、平均定价和平均印张定价

使用《中国标准书号》部分合计

	平均印数(万册/种)			平均印张(印张/册)			平均定价(元/册)			平均印张定价(元/印张)		
	新出	重印	租型	新出	重印	租型	新出	重印	租型	新出	重印	租型
全国总计	**0.97**	**2.56**	**14.36**	**10.48**	**7.6**	**7.15**	**23.79**	**11.48**	**6.86**	**2.27**	**1.51**	**0.96**
中　　央	**0.79**	**2.05**	**8.47**	**12.98**	**9.8**	**4.43**	**30.68**	**15.21**	**8.38**	**2.36**	**1.55**	**1.89**
地　　方	**1.12**	**2.94**	**14.43**	**9.04**	**6.48**	**7.17**	**19.83**	**9.6**	**6.85**	**2.19**	**1.48**	**0.96**
北　　京	1.25	1.92		10.61	9.24		25.84	13.97		2.44	1.51	
天　　津	0.47	1.16	4.83	11.31	9.67	6.59	34.98	17.76	7.2	3.09	1.84	1.09
河　　北	1.37	5.78	17.62	7.43	5.76	7.11	12.37	6.47	6.27	1.67	1.12	0.88
山　　西	1.42	4.32	14.73	13.51	8.09	7.53	25.09	12.58	7.42	1.86	1.56	0.99
内 蒙 古	0.65	1.24	10.12	8.29	7.2	7.29	17.77	7.61	6.77	2.14	1.06	0.93
辽　　宁	0.73	1.78	9.28	11.53	6.84	6.69	25.85	11.15	6.74	2.24	1.63	1.01
吉　　林	0.87	1.22	8.3	9.72	9.47	6.45	21.09	16.92	6.66	2.17	1.79	1.03
黑 龙 江	0.46	2.2	8.09	10.74	7.1	6.82	24.07	11.34	6.74	2.24	1.6	0.99
上　　海	0.78	2.02	0.5	11.4	8.54	5.5	29.13	14.86	5	2.56	1.74	0.91
江　　苏	1.69	3.95	19.27	8.27	5.7	6.87	16.9	8.28	6.65	2.04	1.45	0.97
浙　　江	1.35	3.78	22.41	8.12	5.81	7.65	19.05	8.27	6.75	2.35	1.42	0.88
安　　徽	0.83	3.13	18.09	9.56	6.73	7.44	22.85	10.06	7.8	2.39	1.49	1.05
福　　建	1.44	1.9	12.72	7.29	7.08	6.96	14.98	11.65	6.29	2.05	1.65	0.9
江　　西	1.39	4.81	20.78	7.08	4.76	7.67	16.66	7.29	7.03	2.35	1.53	0.92
山　　东	1.34	4.02	26.22	8.2	6.62	5.49	17	8.87	5.47	2.07	1.34	1
河　　南	0.98	3.44	27.35	10.08	5.87	7.48	21.6	7.97	6.75	2.14	1.36	0.9
湖　　北	1.02	2.69	13.57	10.07	6.55	6.88	21.78	9.09	7.56	2.16	1.39	1.1
湖　　南	1.41	4.28	23.36	8.86	5.6	5.98	17.79	9.3	6.82	2.01	1.66	1.14
广　　东	1.21	6.86	56.65	9.56	5.89	8.6	22.15	6.5	7.12	2.32	1.1	0.83
广　　西	1.93	3.37	16.6	6.61	5.8	7.79	12.01	8.28	6.9	1.82	1.43	0.89
海　　南	1.91	2.29	5.99	6.29	5.86	6.08	12.96	10.95	7.32	2.06	1.87	1.2
重　　庆	1.64	2.59	8.13	7.74	5.87	6.87	15.09	9.95	7.78	1.95	1.7	1.13
四　　川	0.98	2.77	22.06	7.78	6.5	7.92	16.98	9.43	6.89	2.18	1.45	0.87
贵　　州	1.34	4.26	20.44	7.8	4.64	7.06	15.06	6.64	6.48	1.93	1.43	0.92
云　　南	1.44	2.52	19.99	7.68	5.52	7.55	15.24	8.88	6.88	1.98	1.61	0.91
西　　藏	0.79	1.41	2.61	9.43	6.42	6.85	21.13	9.09	7.19	2.24	1.42	1.05
陕　　西	0.95	2.86	8.53	10.9	7.28	7.88	29.55	11.08	7.02	2.71	1.52	0.89
甘　　肃	0.55	2.31	16.06	12.43	5.12	8.02	31.23	5	7.05	2.51	0.98	0.88
青　　海	0.57	0.88	3.01	14.15	7.55	8	31.23	5.24	7.18	2.21	0.69	0.9
宁　　夏	0.85	2.48	4.47	11.58	5.27	7.22	22.08	4.35	7.74	1.91	0.83	1.07
新　　疆	0.8	1.04	3.15	7.9	6.37	6.14	14.79	7.59	6.76	1.87	1.19	1.1

各地区使用《中国标准书号》各类图书的平均印数、平均印张、平均定价和平均印张定价(续表1)

A 马克思主义、列宁主义、毛泽东思想

	平均印数(万册/种)			平均印张(印张/册)			平均定价(元/册)			平均印张定价(元/印张)		
	新出	重印	租型	新出	重印	租型	新出	重印	租型	新出	重印	租型
全国总计	**0.7**	**5.57**	**1.71**	**16.75**	**19.69**	**8.78**	**34.53**	**22.61**	**14.17**	**2.06**	**1.15**	**1.61**
中　　央	**0.97**	**9.95**		**17.24**	**20.01**		**35.72**	**22.51**		**2.07**	**1.13**	
地　　方	**0.44**	**0.75**	**1.71**	**15.69**	**15.01**	**8.78**	**31.94**	**24.11**	**14.17**	**2.04**	**1.61**	**1.61**
北　　京		0.5			9.2			16		2.2	1.74	
天　　津	0.50	2.00		9.00	25.95		15.00	35.00		1.67	1.35	
河　　北	0.33			8.40			22.00			2.62		
山　　西	1.00			13.58			29.25			2.15	1.08	
内 蒙 古		0.50			13.50			14.00		2.94	1.04	
辽　　宁	0.57	0.50		12.98	21.62		32.75	41.17		2.52	1.90	
吉　　林	0.75	0.17		11.02	10.10		20.44	17.00		1.85	1.68	
黑 龙 江	0.17			9.30			21.00			2.26		
上　　海	0.27	0.20	1.00	19.70	21.80	1.20	46.67	33.00	3.00	2.37	1.51	2.50
江　　苏	0.93	0.54	1.00	25.05	12.70	35.30	37.71	19.86	74.00	1.51	1.56	2.10
浙　　江	0.13	0.50	6.00	21.10	9.00	1.15	44.00	13.00	2.83	2.09	1.44	2.46
安　　徽	0.50			5.00			8.00			1.60	1.67	
福　　建		0.50			18.20			37.00			2.03	
江　　西		1.00			11.80			23.00		2.55	1.95	
山　　东	0.67	0.67		17.80	13.65		45.00	23.50		2.53	1.72	
河　　南	0.38			9.53			34.00			3.57		
湖　　北	0.34	0.54	1.50	14.42	17.42	18.87	32.15	25.93	20.00	2.23	1.49	1.06
湖　　南	0.45	2.00		15.38	9.58		42.40	25.63		2.76	2.68	2.86
广　　东		1.00			11.60			20.00		1.91	1.72	
广　　西		1.00			13.80			24.67		1.43	1.79	
海　　南												
重　　庆		1.00			11.10			17.00			1.53	
四　　川	0.75	0.86		11.93	8.95		20.67	15.17		1.73	1.69	
贵　　州			1.00			4.60			14.00			3.04
云　　南	0.60			14.87			27.33			1.84	1.67	
西　　藏												
陕　　西	0.30	3.17		13.07	15.46		23.00	20.16		1.76	1.30	
甘　　肃	0.20			10.70			23.00			2.15		
青　　海												
宁　　夏												
新　　疆	0.20			31.10			52.00			1.67		

各地区使用《中国标准书号》各类图书的平均印数、平均印张、平均定价和平均印张定价（续表2）

B 哲 学

	平均印数（万册/种）			平均印张（印张/册）			平均定价（元/册）			平均印张定价（元/印张）		
	新出	重印	租型	新出	重印	租型	新出	重印	租型	新出	重印	租型
全国总计	**0.66**	**0.96**	**1.77**	**14.81**	**13.26**	**21.03**	**33.47**	**24.20**	**52.22**	**2.26**	**1.82**	**2.48**
中　央	**0.63**	**1.06**		**16.21**	**13.65**		**35.93**	**24.73**		**2.22**	**1.81**	
地　方	**0.69**	**0.83**	**1.77**	**12.59**	**12.65**	**21.03**	**29.60**	**23.36**	**52.22**	**2.35**	**1.85**	**2.48**
北　京	0.67	0.70		15.70	14.75		36.01	25.69		2.29	1.74	
天　津	0.51	0.77		12.95	11.73		30.77	18.94		2.38	1.61	
河　北	0.67			11.14			14.70			1.32	1.61	
山　西	0.44	0.67		12.72	13.33		34.27	25.50		2.69	1.91	
内蒙古	0.42	0.67		15.31	9.05		38.00	11.50		2.48	1.27	
辽　宁	0.43	0.55		14.60	19.76		29.19	49.04		2.00	2.48	
吉　林	1.16	0.79		10.69	6.76		25.58	12.15		2.39	1.80	
黑龙江	0.53	1.06		12.58	13.66		24.77	21.89		1.97	1.60	
上　海	0.86	0.86		12.40	16.26		29.11	28.54		2.35	1.75	
江　苏	0.66	0.70	6.00	12.60	10.90	21.95	31.64	21.28	47.56	2.51	1.95	2.17
浙　江	0.49	1.29		13.21	9.72		37.37	14.60		2.83	1.50	
安　徽	0.36	0.71	1.00	11.17	10.75	31.20	23.60	19.77	147.50	2.11	1.84	4.73
福　建	0.24	0.50		15.94	12.13		36.20	19.00		2.27	1.57	
江　西	0.67	0.75		14.24	7.52		30.78	16.17		2.16	2.15	
山　东	0.29	0.88		14.07	8.04		37.47	17.33		2.66	2.16	
河　南	0.56	0.59		12.79	11.12		27.00	22.50		2.11	2.02	
湖　北	0.54	0.73		13.88	12.92		30.71	21.37		2.21	1.65	1.50
湖　南	0.55	0.44		10.99	15.73		25.36	29.50		2.31	1.88	
广　东	1.01	0.46		11.29	16.26		27.20	28.82		2.41	1.77	
广　西	0.63	1.33		15.53	11.53		37.32	31.58		2.40	2.74	
海　南	0.87	0.73		12.63	12.21		29.85	27.50		2.36	2.25	
重　庆	0.48	0.60		11.07	14.00		27.50	29.33		2.48	2.10	
四　川	0.33	0.83		14.85	9.47		32.15	20.59		2.17	2.17	
贵　州	0.20	0.50		6.60	10.00		14.00	16.00		2.12	1.60	
云　南	0.34	0.80		10.17	4.85		30.45	11.50		2.99	2.37	
西　藏	0.54	0.81		17.93	10.34		33.00	16.28		1.84	1.57	
陕　西	0.80	2.32		15.37	11.75		32.86	21.45		2.14	1.83	
甘　肃	0.42	0.40		14.24	18.15		80.46	31.00		5.65	1.71	
青　海	0.42	1.00		17.16	10.15		40.80	10.67		2.38	1.05	
宁　夏	0.30			29.40			25.67			0.87		
新　疆	0.38	0.41	0.43	10.33	7.19	8.10	29.33	14.00	15.67	2.84	1.95	1.93

各地区使用《中国标准书号》各类图书的平均印数、平均印张、平均定价和平均印张定价(续表3)

C　社会科学总论

	平均印数(万册/种)			平均印张(印张/册)			平均定价(元/册)			平均印张定价(元/印张)		
	新出	重印	租型	新出	重印	租型	新出	重印	租型	新出	重印	租型
全国总计	**0.88**	**0.73**	**0.44**	**10.66**	**15.80**	**16.40**	**20.48**	**26.47**	**28.25**	**1.92**	**1.68**	**1.72**
中　央	**0.52**	**0.73**	**0.29**	**16.80**	**17.59**	**24.90**	**38.16**	**29.14**	**43.00**	**2.27**	**1.66**	**1.73**
地　方	**1.42**	**0.72**	**1.00**	**7.27**	**12.69**	**7.90**	**10.70**	**21.81**	**13.50**	**1.47**	**1.72**	**1.71**
北　京	0.60	0.78		14.31	15.12		32.29	23.52		2.26	1.56	
天　津	0.32	0.38		16.06	21.42		35.64	34.00		2.22	1.59	
河　北	0.92			10.16			27.55			2.71	1.64	
山　西	0.55	1.00		13.38	20.20		28.17	34.00		2.10	1.68	
内蒙古	0.63	2.00		15.65	12.98		33.13	14.64		2.12	1.13	
辽　宁	0.30	0.58		20.67	19.01		30.32	34.17		1.47	1.80	
吉　林	0.78	0.50		8.96	11.20		19.88	18.67		2.22	1.67	
黑龙江	0.45			16.14			31.60			1.96		
上　海	0.42	0.63		16.85	17.30		34.26	27.97		2.03	1.62	
江　苏	0.55	0.48		13.21	16.28		31.16	25.64		2.36	1.58	
浙　江	0.31	0.30		16.48	17.83		42.28	30.40		2.57	1.70	
安　徽	0.30	0.46		12.98	12.85		30.00	25.91		2.31	2.02	
福　建	0.44	0.71		20.84	24.82		64.57	34.00		3.10	1.37	
江　西	0.62	0.33		14.70	13.00		33.88	23.00		2.30	1.77	
山　东	0.47	1.26		18.46	8.08		32.17	16.98		1.74	2.10	
河　南	1.17	0.33		9.36	17.60		19.82	30.00		2.12	1.70	
湖　北	0.41	0.33		13.41	18.48		30.81	27.83		2.30	1.51	
湖　南	0.24	0.73		17.53	10.64		38.25	20.09		2.18	1.89	
广　东	0.58	0.32		12.22	16.73		30.30	28.08		2.48	1.68	
广　西	0.79	0.69		11.56	14.36		29.91	30.78		2.59	2.14	
海　南	0.89	0.33		12.80	20.10		29.24	47.00		2.28	2.34	
重　庆	0.48	0.24		12.39	14.91		31.90	28.33		2.57	1.90	
四　川	0.31	1.36		11.93	8.38		35.39	14.68		2.97	1.75	
贵　州		0.50			9.00			13.00		1.88	1.44	
云　南	37.31	1.25		3.79	6.02		0.30	16.20		0.08	2.69	
西　藏												
陕　西	0.86	0.68		17.66	19.50		37.00	37.38		2.10	1.92	
甘　肃	0.20	0.25		16.33	10.10		37.50	19.00		2.30	1.88	
青　海										2.40		
宁　夏	0.25			16.40			22.50			1.37		
新　疆	0.71		1.00	11.14		7.90	17.40		13.50	1.56	1.74	1.71

各地区使用《中国标准书号》各类图书的平均印数、平均印张、平均定价和平均印张定价(续表4)

D　政治、法律

	平均印数(万册/种)			平均印张(印张/册)			平均定价(元/册)			平均印张定价(元/印张)		
	新出	重印	租型	新出	重印	租型	新出	重印	租型	新出	重印	租型
全国总计	**0.84**	**1.10**	**1.30**	**13.61**	**14.03**	**24.85**	**30.61**	**24.83**	**55.61**	**2.25**	**1.77**	**2.24**
中　央	**0.88**	**1.10**	**0.20**	**14.29**	**15.58**	**29.70**	**31.90**	**28.25**	**51.00**	**2.23**	**1.81**	**1.72**
地　方	**0.74**	**1.08**	**1.43**	**11.76**	**10.73**	**24.77**	**27.10**	**17.55**	**55.68**	**2.30**	**1.63**	**2.25**
北　京	1.27	0.57		11.13	14.55		26.64	23.59		2.39	1.62	
天　津	0.41	0.29		12.18	19.80		29.28	34.00		2.40	1.72	
河　北	0.56	1.63	3.50	19.98	5.64	19.68	56.40	10.23	52.64	2.82	1.81	2.68
山　西	0.35	3.87		27.50	10.08		153.17	16.08		5.57	1.59	
内蒙古	0.45	0.18		10.22	14.20		24.22	24.50		2.37	1.73	
辽　宁	0.61	0.46		9.64	14.85		19.12	27.10		1.98	1.82	
吉　林	0.33	2.43		16.75	1.69		42.07	3.00		2.51	1.78	
黑龙江	0.40	0.36	0.42	13.74	7.66	3.76	25.42	17.00	6.88	1.85	2.22	1.83
上　海	0.44	0.55		17.57	18.68		38.47	29.13		2.19	1.56	
江　苏	1.03	1.29	3.00	9.82	11.70	75.93	25.26	20.49	165.67	2.57	1.75	2.18
浙　江	2.17	1.19		6.87	10.30		12.75	16.74		1.86	1.62	
安　徽	0.39	0.40		15.30	11.57		49.56	19.42		3.24	1.68	
福　建	0.23	0.38		22.74	20.69		42.11	29.14		1.85	1.41	
江　西	1.69	0.63		7.17	9.46		12.17	18.80		1.70	1.99	
山　东	0.70	0.63	15.00	9.86	19.57	34.83	23.23	39.66	76.00	2.36	2.03	2.18
河　南	0.57	0.40		14.01	15.59		45.51	27.50		3.25	1.76	
湖　北	0.43	3.93	1.00	13.96	7.12	8.40	28.01	8.34	10.00	2.01	1.17	1.19
湖　南	1.37	1.95	4.00	7.78	9.98	34.38	20.23	16.98	75.00	2.60	1.70	2.18
广　东	0.94	0.71		17.11	15.79		38.09	28.56		2.23	1.81	
广　西	1.69	0.90	1.00	10.62	11.89	34.40	17.40	21.37	75.00	1.64	1.80	2.18
海　南	0.68	1.00		13.10	9.90		25.64	21.00		1.96	2.12	
重　庆	0.30	0.32		13.89	6.85		28.00	10.67		2.02	1.56	
四　川	0.41	0.71	2.00	16.05	13.61	28.00	42.08	22.83	75.00	2.62	1.68	2.68
贵　州	0.18	1.20	0.43	12.63	22.85	3.87	22.33	47.67	7.00	1.77	2.09	1.81
云　南	0.41	0.54	4.00	14.74	8.39	29.10	40.69	17.90	75.00	2.76	2.13	2.58
西　藏	1.14	1.42	1.00	9.80	7.23	13.18	21.94	11.38	11.20	2.24	1.57	0.85
陕　西	1.96	0.86		9.71	14.97		19.93	27.46		2.05	1.83	
甘　肃	0.19	1.00		16.44	3.90		39.33	8.00		2.39	2.05	
青　海	0.19			17.30			37.67			2.18		
宁　夏	0.27	0.33		23.64	11.40		33.88	4.00		1.43	0.35	
新　疆	0.35	0.50		7.58	4.10		20.50	7.70		2.70	1.88	

各地区使用《中国标准书号》各类图书的平均印数、平均印张、平均定价和平均印张定价(续表5)

E 军 事

	平均印数(万册/种)			平均印张(印张/册)			平均定价(元/册)			平均印张定价(元/印张)		
	新出	重印	租型	新出	重印	租型	新出	重印	租型	新出	重印	租型
全国总计	**0.65**	**1.22**		**16.17**	**13.54**		**36.48**	**24.07**		**2.26**	**1.78**	
中 央	**0.63**	**1.12**		**16.99**	**13.97**		**40.73**	**25.67**		**2.40**	**1.84**	
地 方	**0.68**	**1.34**		**15.04**	**13.14**		**30.57**	**22.59**		**2.03**	**1.72**	
北 京	0.60	1.60		18.07	16.93		115.00	28.00		6.37	1.65	
天 津	0.50	0.50		11.30	21.60		20.00	147.00		1.77	6.81	
河 北												
山 西		1.00			6.80			11.00		1.74	1.62	
内蒙古	0.33			5.20			14.00			2.69		
辽 宁	0.55	0.45		13.67	18.76		31.64	46.20		2.31	2.46	
吉 林	0.71	0.67		7.72	10.73		17.92	18.83		2.32	1.75	
黑龙江	1.46	2.67		20.09	14.89		33.39	20.88		1.66	1.40	
上 海	0.50	2.00		14.40	14.94		30.00	24.31		2.08	1.63	
江 苏	0.84	3.89		12.90	17.08		26.92	26.20		2.09	1.53	
浙 江	0.88	0.86		15.93	12.93		28.27	20.50		1.77	1.59	
安 徽	0.73	2.20		18.80	14.92		29.34	22.09		1.56	1.48	
福 建	0.40	0.50		13.85	23.00		28.00	30.00		2.02	1.30	
江 西	0.50	2.00		19.75	13.35		39.00	18.00		1.97	1.35	
山 东	0.44	0.75		16.31	11.60		41.13	23.33		2.52	2.01	
河 南	0.33	1.00		15.70	11.78		56.00	22.42		3.57	1.90	
湖 北	0.44			13.85			28.75			2.08	1.43	
湖 南	1.31	0.43		15.51	18.17		26.35	31.00		1.70	1.71	
广 东	0.60			14.62			33.50			2.29		
广 西		1.00			3.20			8.00		1.92	2.50	
海 南												
重 庆												
四 川	0.52	1.27		10.70	8.47		29.73	14.62		2.78	1.73	
贵 州												
云 南	0.17			20.90			64.00			3.06		
西 藏		1.00			2.90			5.00		1.88	1.72	
陕 西	0.72	1.44		14.26	12.15		29.00	23.69		2.03	1.95	
甘 肃										3.78		
青 海										3.33		
宁 夏										2.55		
新 疆	0.27			21.85			62.25			2.85		

各地区使用《中国标准书号》各类图书的平均印数、平均印张、平均定价和平均印张定价(续表6)

F 经 济

	平均印数(万册/种)			平均印张(印张/册)			平均定价(元/册)			平均印张定价(元/印张)		
	新出	重印	租型	新出	重印	租型	新出	重印	租型	新出	重印	租型
全国总计	**0.51**	**0.62**	**0.34**	**16.61**	**16.90**	**17.65**	**38.88**	**29.78**	**30.50**	**2.34**	**1.76**	**1.73**
中　　央	**0.55**	**0.65**	**0.35**	**16.78**	**17.42**	**18.49**	**39.43**	**30.96**	**31.63**	**2.35**	**1.78**	**1.71**
地　　方	**0.43**	**0.54**	**0.29**	**16.18**	**15.61**	**10.95**	**37.48**	**26.81**	**21.50**	**2.32**	**1.72**	**1.96**
北　　京	0.61	0.52		15.70	17.12		32.20	28.48		2.05	1.66	
天　　津	0.36	0.61		14.35	13.53		39.88	22.54		2.78	1.67	
河　　北	0.23	1.87		12.21	9.56		23.80	15.93		1.95	1.67	
山　　西	0.48	1.33		18.76	10.57		56.77	24.70		3.03	2.34	
内 蒙 古	0.25	0.33		15.60	12.40		72.25	20.00		4.63	1.61	
辽　　宁	0.40	0.76		17.46	17.25		34.34	28.26		1.97	1.64	
吉　　林	0.41	1.10		12.36	5.29		27.85	8.42		2.25	1.59	
黑 龙 江	0.26	0.30		15.28	18.06		34.09	31.88		2.23	1.76	1.67
上　　海	0.48	0.50		17.63	18.72		35.36	30.57		2.01	1.63	
江　　苏	0.48	0.32		16.67	16.86		38.05	30.52		2.28	1.81	
浙　　江	0.42	0.39		14.62	14.89		43.09	29.21		2.95	1.96	2.86
安　　徽	0.32	0.35		15.16	14.17		40.86	25.86		2.69	1.83	
福　　建	0.30	0.45		17.10	22.18		40.47	31.24		2.37	1.41	
江　　西	0.39	0.27		13.32	15.43		27.93	26.33		2.10	1.71	
山　　东	0.51	0.42		16.02	13.23		48.59	21.59		3.03	1.63	
河　　南	0.41	1.38		18.40	14.38		54.39	20.07		2.96	1.40	
湖　　北	0.38	0.39		14.93	15.78		35.23	26.37		2.36	1.67	
湖　　南	0.35	0.53		15.71	16.51		52.56	28.00		3.35	1.70	
广　　东	0.49	0.34		14.80	16.92		36.97	32.70		2.50	1.93	
广　　西	0.46	2.29		14.58	10.52		45.13	30.59		3.09	2.91	
海　　南	0.61	0.83		14.55	11.32		30.85	26.00		2.12	2.30	
重　　庆	0.27	0.32		17.05	14.53		35.79	24.39		2.10	1.68	
四　　川	0.35	0.53	2.00	14.23	11.99	4.55	33.08	22.15	9.50	2.32	1.85	2.09
贵　　州	0.21	0.67		13.20	9.50		34.75	16.50		2.63	1.74	2.00
云　　南	0.36	0.55		16.09	8.01		57.62	17.94		3.58	2.24	
西　　藏	0.50	1.00		7.53	2.80		15.00	4.50		1.99	1.61	
陕　　西	0.44	0.53		17.38	14.94		36.47	27.77		2.10	1.86	1.63
甘　　肃	1.22	0.60		22.04	9.73		40.58	18.00		1.84	1.85	
青　　海	0.16			20.10			47.00			2.34		
宁　　夏	0.19	0.50		16.10	11.40		22.50	19.00		1.40	1.67	
新　　疆	0.30	0.75		11.23	6.77		30.82	16.33		2.74	2.41	2.00

各地区使用《中国标准书号》各类图书的平均印数、平均印张、平均定价和平均印张定价(续表7)

G 文化、科学、教育、体育

	平均印数(万册/种)			平均印张(印张/册)			平均定价(元/册)			平均印张定价(元/印张)		
	新出	重印	租型	新出	重印	租型	新出	重印	租型	新出	重印	租型
全国总计	**1.71**	**4.43**	**14.97**	**7.80**	**6.20**	**7.13**	**14.39**	**8.38**	**6.81**	**1.84**	**1.35**	**0.95**
中　央	**1.88**	**6.07**	**31.03**	**8.19**	**6.94**	**3.90**	**14.62**	**9.03**	**7.54**	**1.78**	**1.30**	**1.93**
地　方	**1.66**	**4.01**	**14.92**	**7.68**	**5.91**	**7.15**	**14.32**	**8.12**	**6.81**	**1.86**	**1.37**	**0.95**
北　京	1.50	2.32		9.28	8.27		20.68	11.52		2.23	1.39	
天　津	0.65	1.53	5.01	9.51	8.50	6.60	21.05	12.69	7.05	2.21	1.49	1.07
河　北	1.84	6.95	19.57	6.44	5.55	7.09	8.74	5.90	6.11	1.36	1.06	0.86
山　西	2.43	5.21	14.73	13.11	7.88	7.53	20.51	12.06	7.42	1.57	1.53	0.99
内蒙古	0.84	1.41	10.12	6.87	6.69	7.29	12.09	6.18	6.77	1.76	0.92	0.93
辽　宁	1.27	3.15	9.28	9.45	5.32	6.69	17.35	6.98	6.74	1.84	1.31	1.01
吉　林	1.06	1.35	8.30	8.64	9.80	6.45	18.31	17.33	6.66	2.12	1.77	1.03
黑龙江	0.77	3.94	8.77	6.63	6.54	6.90	16.55	10.06	6.80	2.49	1.54	0.99
上　海	1.37	3.31		8.15	6.50		20.22	11.29		2.48	1.74	0.47
江　苏	2.49	5.51	20.41	7.00	5.25	6.75	12.37	7.27	6.34	1.77	1.38	0.94
浙　江	1.84	5.46	23.17	7.69	5.33	7.65	13.72	7.09	6.75	1.78	1.33	0.88
安　徽	1.19	4.47	18.18	8.26	6.48	7.43	18.08	9.47	7.77	2.19	1.46	1.05
福　建	2.43	2.80	12.72	6.79	6.56	6.96	10.98	10.68	6.29	1.62	1.63	0.90
江　西	1.63	6.41	20.78	6.18	4.14	7.67	11.35	5.28	7.03	1.84	1.27	0.92
山　东	1.85	4.85	26.31	7.34	6.45	5.44	11.63	7.57	5.37	1.58	1.17	0.99
河　南	1.53	3.60	27.75	9.56	5.44	7.49	14.45	6.46	6.74	1.51	1.19	0.90
湖　北	1.27	4.15	13.77	8.17	5.52	6.88	16.45	7.01	7.56	2.01	1.27	1.10
湖　南	1.93	5.53	23.95	7.22	5.08	5.97	12.85	8.40	6.79	1.78	1.65	1.14
广　东	1.99	10.56	56.65	8.72	5.78	8.60	16.12	5.92	7.12	1.85	1.02	0.83
广　西	2.54	3.89	16.68	5.87	5.60	7.79	7.97	7.07	6.89	1.36	1.26	0.88
海　南	2.83	2.60	5.99	4.97	5.75	6.08	8.32	10.42	7.32	1.67	1.81	1.20
重　庆	1.27	3.75	8.32	8.02	5.35	6.86	14.94	8.94	7.77	1.86	1.67	1.13
四　川	1.78	4.57	22.26	6.14	5.91	7.91	10.86	7.71	6.88	1.77	1.31	0.87
贵　州	2.13	6.82	21.30	7.60	4.29	7.06	13.97	5.85	6.48	1.84	1.36	0.92
云　南	1.66	3.00	20.04	8.00	5.33	7.54	15.38	8.43	6.83	1.92	1.58	0.91
西　藏	1.81	1.92	2.64	6.21	5.63	6.81	8.07	6.52	7.16	1.30	1.16	1.05
陕　西	1.38	3.89	8.60	8.22	6.27	7.88	25.80	8.82	7.00	3.14	1.41	0.89
甘　肃	0.73	2.91	16.06	9.12	4.55	8.02	23.50	3.68	7.05	2.58	0.81	0.88
青　海	1.13	0.96	3.01	13.99	7.40	8.00	25.63	4.82	7.18	1.83	0.65	0.90
宁　夏	1.22	3.31	4.47	11.17	5.17	7.22	22.21	4.08	7.74	1.99	0.79	1.07
新　疆	0.92	1.15	3.79	7.88	6.39	6.05	14.06	7.40	6.42	1.79	1.16	1.06

各地区使用《中国标准书号》各类图书的平均印数、平均印张、平均定价和平均印张定价(续表8)

H 语言、文字

	平均印数(万册/种)			平均印张(印张/册)			平均定价(元/册)			平均印张定价(元/印张)		
	新出	重印	租型	新出	重印	租型	新出	重印	租型	新出	重印	租型
全国总计	**0.74**	**1.54**	**0.50**	**14.05**	**15.20**	**14.58**	**29.17**	**27.67**	**27.33**	**2.08**	**1.82**	**1.87**
中　央	**0.70**	**1.71**	**0.50**	**16.02**	**16.32**	**9.30**	**34.54**	**30.44**	**17.00**	**2.16**	**1.86**	**1.83**
地　方	**0.79**	**1.30**	**0.50**	**12.18**	**13.05**	**15.64**	**24.05**	**22.37**	**29.40**	**1.97**	**1.71**	**1.88**
北　京	1.30	1.32		16.23	13.21		33.44	22.83		2.06	1.73	
天　津	0.41	0.47		13.24	15.39		29.06	27.76		2.20	1.80	
河　北	0.47	2.00		10.06	11.86		19.78	15.00		1.97	1.27	
山　西	1.03	1.00		10.54	13.93		22.11	20.20		2.10	1.45	
内蒙古	1.35	0.43		6.17	14.04		11.26	18.28		1.82	1.30	
辽　宁	0.62	0.63		12.23	12.14		26.43	26.56		2.16	2.19	
吉　林	0.56	0.79		13.26	12.94		24.04	21.36		1.81	1.65	
黑龙江	0.42	0.38		11.27	11.13		21.30	19.26		1.89	1.73	
上　海	0.97	1.95		14.34	14.34		27.49	23.67		1.92	1.65	
江　苏	0.92	0.81		11.57	14.51		22.96	22.52		1.98	1.55	
浙　江	1.38	2.65		10.13	9.04		18.67	16.54		1.84	1.83	
安　徽	0.82	0.53	1.00	11.81	12.53	16.00	17.85	22.88	20.00	1.51	1.83	1.25
福　建	0.36	0.45		10.40	13.40		22.85	21.67		2.20	1.62	
江　西	0.59	0.53		9.88	9.59		21.35	17.39		2.16	1.81	
山　东	0.47	0.86		12.53	15.75		25.71	22.68		2.05	1.44	
河　南	1.85	2.66		5.07	8.34		11.04	18.93		2.18	2.27	
湖　北	0.68	0.42		10.54	16.19		20.54	26.25		1.95	1.62	
湖　南	0.49	0.43		17.20	17.24		33.00	28.11		1.92	1.63	
广　东	0.52	1.24		13.25	15.11		44.86	22.52		3.38	1.49	
广　西	0.49	0.79		13.57	7.13		36.11	16.23		2.66	2.28	
海　南	0.33			12.90			26.33			2.04		
重　庆	0.37	0.46		12.84	11.36		28.95	25.66		2.26	2.26	
四　川	0.49	0.63		14.46	16.75		27.55	26.12		1.91	1.56	
贵　州	0.89	0.50		9.66	5.50		16.63	14.00		1.72	2.55	
云　南	0.32	0.43		12.46	13.20		28.00	23.20		2.25	1.76	
西　藏	0.40	1.29		16.50	7.06		30.50	10.68		1.85	1.51	
陕　西	0.58	1.33	1.00	13.00	14.12	9.70	26.38	28.09	14.00	2.03	1.99	1.44
甘　肃	0.59	1.72		14.59	6.81		26.70	5.20		1.83	0.76	
青　海	0.63	0.33		10.30	8.33		17.40	9.67		1.69	1.16	
宁　夏	0.17			36.90			41.00			1.11		
新　疆	0.82	0.31	0.38	4.88	3.92	17.50	11.98	8.00	37.67	2.45	2.04	2.15

各地区使用《中国标准书号》各类图书的
平均印数、平均印张、平均定价和平均印张定价(续表9)

Ⅰ 文　　学

	平均印数(万册/种)			平均印张(印张/册)			平均定价(元/册)			平均印张定价(元/印张)		
	新出	重印	租型	新出	重印	租型	新出	重印	租型	新出	重印	租型
全国总计	**1.05**	**1.66**	**0.70**	**11.24**	**10.68**	**12.70**	**23.58**	**18.28**	**22.57**	**2.10**	**1.71**	**1.78**
中　　央	**0.96**	**1.53**		**12.37**	**13.94**		**26.38**	**22.97**		**2.13**	**1.65**	
地　　方	**1.09**	**1.70**	**0.70**	**10.82**	**9.66**	**12.70**	**22.56**	**16.82**	**22.57**	**2.08**	**1.74**	**1.78**
北　　京	1.91	1.71		10.68	13.90		23.70	23.34		2.22	1.68	
天　　津	0.80	2.21		8.87	8.40		22.39	18.18		2.53	2.17	
河　　北	0.75	1.10	1.00	14.81	15.60	3.90	25.84	21.00	6.00	1.74	1.35	1.54
山　　西	0.42	0.88		15.04	12.93		30.44	25.67		2.02	1.99	
内 蒙 古	0.43	0.76		12.09	10.15		25.96	21.48		2.15	2.12	
辽　　宁	0.87	1.22		11.60	9.99		23.04	24.54		1.99	2.46	
吉　　林	0.75	0.67		12.45	10.76		23.33	21.50		1.87	2.00	
黑 龙 江	0.49	0.48		10.46	11.76		20.92	23.19		2.00	1.97	
上　　海	0.74	1.26		12.68	13.34		27.68	21.81		2.18	1.63	
江　　苏	1.25	1.41	1.67	11.98	12.21	18.96	24.61	19.71	32.70	2.05	1.61	1.72
浙　　江	0.74	1.48		12.14	9.26		32.40	15.36		2.67	1.66	
安　　徽	0.44	0.53		15.79	12.09		34.28	19.13		2.17	1.58	
福　　建	0.60	0.54		9.94	10.33		22.86	20.57		2.30	1.99	
江　　西	1.67	2.51		8.75	8.06		19.48	15.17		2.22	1.88	
山　　东	1.59	4.49		7.68	5.58		17.51	11.02		2.28	1.97	
河　　南	0.70	2.21		11.92	14.34		26.10	23.27		2.19	1.62	
湖　　北	1.94	2.02		12.61	15.88		21.72	23.12		1.72	1.46	
湖　　南	1.38	2.99		12.76	9.64		24.46	13.76		1.92	1.43	
广　　东	1.02	1.46		7.89	10.32		17.00	19.96		2.15	1.93	
广　　西	1.26	1.66		10.00	7.99		24.99	19.98		2.50	2.50	
海　　南	1.26	0.78		10.70	7.52		29.66	23.94		2.77	3.18	
重　　庆	2.31	2.43	0.44	7.32	6.57	14.43	14.03	11.19	20.25	1.92	1.70	1.40
四　　川	0.61	1.64		10.81	9.83		25.04	17.03		2.32	1.73	
贵　　州	0.17	0.83		16.18	20.11		39.25	27.20		2.43	1.35	
云　　南	0.45	0.54		14.80	13.84		39.78	28.72		2.69	2.08	
西　　藏	0.70	1.19		10.99	7.91		19.93	10.63		1.81	1.34	
陕　　西	1.21	2.17	1.00	11.96	12.61	22.00	30.96	20.27	56.00	2.59	1.61	2.55
甘　　肃	0.42	1.39		12.79	9.64		28.16	17.58		2.20	1.82	
青　　海	0.27	0.17		13.46	15.40		33.41	20.00		2.48	1.30	
宁　　夏	0.44	0.33		8.59	10.40		14.66	15.75		1.71	1.51	
新　　疆	0.58	0.29	0.48	9.01	6.78	6.39	17.46	11.63	12.57	1.94	1.72	1.97

各地区使用《中国标准书号》各类图书的
平均印数、平均印张、平均定价和平均印张定价(续表10)

J 艺　术

	平均印数(万册/种)			平均印张(印张/册)			平均定价(元/册)			平均印张定价(元/印张)		
	新出	重印	租型	新出	重印	租型	新出	重印	租型	新出	重印	租型
全国总计	**0.68**	**1.26**	**1.50**	**7.86**	**6.48**	**6.72**	**39.22**	**15.41**	**14.26**	**4.99**	**2.38**	**2.12**
中　　央	**0.64**	**0.90**		**9.03**	**8.66**		**50.65**	**20.73**		**5.61**	**2.39**	
地　　方	**0.70**	**1.41**	**1.50**	**7.42**	**5.92**	**6.72**	**34.87**	**14.04**	**14.26**	**4.70**	**2.37**	**2.12**
北　　京	0.69	0.79		7.92	11.48		45.40	24.41		5.74	2.13	
天　　津	0.50	1.01	0.56	11.29	6.45	5.64	51.97	24.25	40.00	4.60	3.76	7.09
河　　北	0.39	2.38	1.53	12.06	7.14	6.80	73.20	11.64	15.38	6.07	1.63	2.26
山　　西	0.33	0.90		10.24	18.92		74.29	26.68		7.25	1.41	
内 蒙 古	0.94	0.46		2.21	10.02		12.25	18.83		5.54	1.88	
辽　　宁	0.43	0.32		12.87	9.73		50.61	46.85		3.93	4.82	
吉　　林	0.65	0.54		8.15	6.71		35.48	17.06		4.35	2.54	
黑 龙 江	0.21	1.00		7.16	8.64		29.31	15.92		4.09	1.84	
上　　海	0.58	1.31		7.54	6.29		37.86	13.04		5.02	2.07	
江　　苏	1.19	1.44		5.56	5.96		21.66	15.17		3.89	2.55	
浙　　江	0.43	0.83		8.85	6.42		78.45	14.99		8.86	2.34	
安　　徽	0.53	0.43		8.18	6.81		39.43	18.32		4.82	2.69	
福　　建	0.32	0.61		7.19	5.00		87.76	18.57		12.20	3.71	
江　　西	1.31	3.22		5.23	4.65		23.29	13.55		4.45	2.92	
山　　东	0.75	1.44		8.82	6.44		42.79	20.14		4.85	3.13	
河　　南	0.55	13.57	4.25	10.48	4.00	8.55	40.28	5.40	8.12	3.85	1.35	0.95
湖　　北	1.37	1.13	0.33	6.74	4.89	3.50	19.88	15.04	6.00	2.95	3.08	1.71
湖　　南	0.76	1.09		6.22	6.21		23.84	15.92		3.83	2.56	
广　　东	0.83	0.44		8.43	8.45		43.89	24.14		5.21	2.86	
广　　西	0.65	0.95		6.08	8.07		37.89	25.82		6.23	3.20	
海　　南	0.38			9.04			45.75			5.06		
重　　庆	0.32	0.52		15.25	13.48		42.58	29.45		2.79	2.19	
四　　川	0.60	0.86		5.74	3.84		27.28	13.28		4.75	3.46	
贵　　州	0.30	1.50		8.35	12.55		38.83	26.00		4.65	2.07	
云　　南	0.20	0.27		11.93	7.63		109.00	24.33		9.14	3.19	
西　　藏	0.44	1.13		12.10	4.14		79.25	12.67		6.55	3.06	
陕　　西	0.54	1.64		8.49	8.79		50.71	20.41		5.97	2.32	
甘　　肃	0.34	0.68		11.89	10.02		85.94	29.06		7.23	2.90	
青　　海	0.28			13.66			52.80			3.87		
宁　　夏	0.21	0.50		10.93	12.80		88.33	67.00		8.08	5.23	
新　　疆	1.04	0.33	1.67	5.12	4.44	1.72	11.54	11.21	4.60	2.25	2.53	2.67

各地区使用《中国标准书号》各类图书的平均印数、平均印张、平均定价和平均印张定价(续表11)

K 历史、地理

	平均印数(万册/种)			平均印张(印张/册)			平均定价(元/册)			平均印张定价(元/印张)		
	新出	重印	租型	新出	重印	租型	新出	重印	租型	新出	重印	租型
全国总计	**0.57**	**1.41**	**2.63**	**15.52**	**8.88**	**5.94**	**48.99**	**17.23**	**12.54**	**3.16**	**1.94**	**2.11**
中　　央	**0.56**	**1.64**		**17.01**	**9.88**		**56.27**	**18.13**		**3.31**	**1.83**	**3.97**
地　　方	**0.57**	**1.24**	**2.84**	**14.34**	**7.89**	**5.52**	**43.18**	**16.34**	**10.87**	**3.01**	**2.07**	**1.97**
北　　京	1.00	0.85		14.68	12.63		36.66	21.29		2.50	1.69	
天　　津	0.30	1.10		15.77	10.06		43.53	20.44		2.76	2.03	
河　　北	0.87	3.91	1.00	11.95	7.45	9.20	24.48	11.73	23.67	2.05	1.57	2.57
山　　西	0.40	1.10		21.97	8.78		67.11	19.16		3.06	2.18	
内 蒙 古	0.27	0.38		17.37	14.52		64.86	34.00		3.73	2.34	
辽　　宁	0.49	0.80		16.04	15.53		39.02	30.13		2.43	1.94	
吉　　林	0.65	1.05		10.67	4.09		22.30	8.71		2.09	2.13	
黑 龙 江	0.38	0.81	4.46	13.85	8.19	2.50	27.56	17.71	3.17	1.99	2.16	1.27
上　　海	0.52	1.08		16.21	10.53		54.51	19.76		3.36	1.88	
江　　苏	0.77	1.18	1.40	16.72	9.32	28.31	50.85	22.10	68.29	3.04	2.37	2.41
浙　　江	0.79	0.84		16.00	9.38		48.06	18.03		3.00	1.92	
安　　徽	0.34	0.44		18.34	13.56		78.46	28.59		4.28	2.11	
福　　建	0.59	0.53		7.17	16.11		28.80	24.70		4.01	1.53	
江　　西	0.49	1.47		15.15	13.48		47.63	21.27		3.14	1.58	
山　　东	0.86	0.73		11.71	9.76		33.92	20.54		2.90	2.10	
河　　南	0.54	0.74		15.87	14.31		56.49	34.28		3.56	2.40	
湖　　北	0.44	4.12		14.06	5.35		43.19	9.75		3.07	1.82	1.28
湖　　南	0.60	1.53	2.00	14.38	14.29	4.90	50.35	23.87	6.50	3.50	1.67	1.33
广　　东	0.53	1.24		12.28	5.35		44.78	12.07		3.65	2.26	
广　　西	0.56	0.89		15.02	13.25		50.98	32.04		3.39	2.42	
海　　南	0.40	1.00		16.78	15.50		46.48	25.50		2.77	1.65	
重　　庆	0.95	0.29		8.95	9.70		25.95	24.50		2.90	2.53	
四　　川	0.62	1.22	1.00	8.99	4.40	5.00	31.44	11.62	17.00	3.50	2.64	3.40
贵　　州	0.31	1.00		8.40	10.52		24.18	19.43		2.88	1.85	
云　　南	0.30	0.37		14.49	12.35		65.64	27.23		4.53	2.20	
西　　藏	0.31	1.28		10.92	8.93		35.44	14.54		3.25	1.63	
陕　　西	0.70	2.04		18.70	10.45		58.30	22.40		3.12	2.14	
甘　　肃	0.29	0.25		21.23	12.60		58.08	25.00		2.74	1.98	
青　　海	0.36			14.25			64.80			4.55		
宁　　夏	0.28	0.33		15.93	10.70		15.19	11.00		0.95	1.03	
新　　疆	0.72	0.35		11.68	8.09		20.50	15.89		1.76	1.96	2.31

各地区使用《中国标准书号》各类图书的
平均印数、平均印张、平均定价和平均印张定价(续表12)

N　自然科学总论

	平均印数(万册/种)			平均印张(印张/册)			平均定价(元/册)			平均印张定价(元/印张)		
	新出	重印	租型	新出	重印	租型	新出	重印	租型	新出	重印	租型
全国总计	**0.59**	**1.52**		**11.22**	**8.85**		**33.47**	**13.93**		**2.98**	**1.57**	
中　　央	**0.51**	**0.90**		**17.31**	**13.15**		**49.71**	**24.89**		**2.87**	**1.89**	
地　　方	**0.64**	**1.80**		**8.22**	**7.86**		**25.48**	**11.40**		**3.10**	**1.45**	
北　　京	0.56	1.00		6.32	8.13		27.11	16.50		4.29	2.03	
天　　津	0.50	1.00		7.80	13.30		18.00	20.00		2.31	1.50	
河　　北												
山　　西	0.50	1.00		5.20	5.35		9.00	10.75		1.73	2.01	
内 蒙 古		0.67			11.70			19.00		2.86	1.62	
辽　　宁	0.50	0.43		8.50	13.20		28.60	22.67		3.36	1.72	
吉　　林	0.78	0.42		8.78	12.80		18.74	22.00		2.13	1.72	
黑 龙 江	0.25			8.70			36.00			4.14	2.31	
上　　海	0.63	1.81		7.86	7.23		19.72	13.36		2.51	1.85	
江　　苏	0.63	0.29		6.74	13.00		15.75	23.50		2.34	1.81	
浙　　江	0.25	0.29		14.30	10.30		83.00	17.50		5.80	1.70	
安　　徽	0.33	0.67		9.63	9.22		23.33	20.33		2.42	2.21	
福　　建	0.33			7.10			18.00			2.54		
江　　西	4.50			3.52			94.89			26.94		
山　　东	0.29	3.24		16.06	7.74		40.11	8.85		2.50	1.14	
河　　南		3.00			7.94			18.33		2.00	2.31	
湖　　北	0.38	1.21		10.03	6.77		24.67	9.41		2.46	1.39	
湖　　南	1.00	1.00		12.10	3.90		30.00	7.00		2.48	1.79	
广　　东	0.67			7.25			39.50			5.45		
广　　西	1.48	0.88		5.21	10.87		18.05	29.86		3.47	2.75	
海　　南	0.60			9.83			25.00			2.54		
重　　庆	0.33			25.30			57.00			2.25	1.43	
四　　川	0.25	0.81		11.50	5.82		39.33	12.92		3.42	2.22	
贵　　州										1.21		
云　　南	0.33			22.00			44.00			2.00		
西　　藏		1.00			6.25			8.50			1.36	
陕　　西	0.87			11.20			20.77			1.85	1.86	
甘　　肃	0.36	0.50		5.60	12.10		15.20	28.50		2.71	2.36	
青　　海												
宁　　夏												
新　　疆	0.50			18.50			29.00			1.57		

各地区使用《中国标准书号》各类图书的
平均印数、平均印张、平均定价和平均印张定价(续表13)

O 数理科学、化学

	平均印数(万册/种)			平均印张(印张/册)			平均定价(元/册)			平均印张定价(元/印张)		
	新出	重印	租型	新出	重印	租型	新出	重印	租型	新出	重印	租型
全国总计	**0.49**	**0.70**		**15.39**	**15.58**		**31.21**	**24.42**		**2.03**	**1.57**	**1.50**
中　　央	**0.53**	**0.69**		**16.19**	**17.24**		**32.88**	**27.24**		**2.03**	**1.58**	**1.50**
地　　方	**0.42**	**0.71**		**13.76**	**11.81**		**27.77**	**18.02**		**2.02**	**1.53**	
北　　京	0.61	1.55		14.02	10.38		25.64	17.55		1.83	1.69	
天　　津	0.35	0.36		13.18	15.18		24.15	24.13		1.83	1.59	
河　　北	0.33			16.20			32.00			1.98		
山　　西	0.43			11.93			27.33			2.29	1.43	
内 蒙 古	0.22	0.21		15.65	17.20		23.00	23.20		1.47	1.35	
辽　　宁	0.33	0.36		12.03	15.33		25.78	26.33		2.14	1.72	
吉　　林	0.94	1.18		11.74	13.00		26.56	21.15		2.26	1.63	
黑 龙 江	0.30	0.26		14.78	15.71		32.08	26.21		2.17	1.67	
上　　海	0.37	0.63		16.26	16.16		33.21	26.29		2.04	1.63	
江　　苏	0.44	0.70		14.18	13.73		27.35	21.03		1.93	1.53	
浙　　江	0.32	0.35		13.76	12.01		28.71	21.32		2.09	1.78	
安　　徽	0.29	0.40		14.03	14.68		28.63	26.52		2.04	1.81	
福　　建	0.22	0.33		20.95	16.70		40.00	23.25		1.91	1.39	
江　　西	0.56	1.00		17.28	8.43		25.80	13.00		1.49	1.54	
山　　东	0.44	1.25		14.55	8.82		24.08	10.68		1.66	1.21	
河　　南	0.50	0.33		12.39	15.16		23.50	22.80		1.90	1.50	
湖　　北	0.36	1.10		14.85	7.27		26.90	11.49		1.81	1.58	
湖　　南	0.60	0.29		16.43	20.52		51.11	35.00		3.11	1.71	
广　　东	0.39	0.23		8.25	15.79		17.91	27.29		2.17	1.73	
广　　西		0.50			6.85			15.50		2.18	2.26	
海　　南	0.25			20.90			33.00			1.58		
重　　庆	0.56	0.29		7.64	17.67		18.60	28.33		2.43	1.60	
四　　川	0.44	0.44		13.03	15.32		24.21	24.71		1.86	1.61	
贵　　州	1.00	0.33		4.04	11.90		15.40	19.00		3.81	1.60	
云　　南	0.07	7.50		17.90	8.41		41.00	7.79		2.29	0.93	
西　　藏												
陕　　西	0.62	0.51		13.53	14.55		23.50	23.71		1.74	1.63	
甘　　肃	0.21			21.20			36.00			1.70		
青　　海										2.63		
宁　　夏												
新　　疆	1.00			16.00			28.00			1.75		

各地区使用《中国标准书号》各类图书的平均印数、平均印张、平均定价和平均印张定价(续表 14)

P　天文学、地球科学

	平均印数(万册/种)			平均印张(印张/册)			平均定价(元/册)			平均印张定价(元/印张)		
	新出	重印	租型	新出	重印	租型	新出	重印	租型	新出	重印	租型
全国总计	**0.38**	**0.66**	**1.31**	**11.88**	**10.73**	**8.11**	**36.44**	**21.75**	**10.76**	**3.07**	**2.03**	**1.33**
中　　央	**0.30**	**0.57**	**2.00**	**13.53**	**11.16**	**12.05**	**43.56**	**23.03**	**13.50**	**3.22**	**2.06**	**1.12**
地　　方	**0.54**	**0.82**	**1.25**	**10.10**	**10.16**	**7.58**	**28.78**	**20.05**	**10.40**	**2.85**	**1.97**	**1.37**
北　　京	0.80	1.29		11.18	9.75		31.31	16.96		2.80	1.74	
天　　津	0.31	0.25		8.73	11.00		26.00	20.00		2.98	1.82	
河　　北		0.60	1.36		9.77	7.48		53.67	10.13		5.49	1.35
山　　西	0.60	0.67		9.70	5.55		18.67	9.50		1.92	1.71	
内 蒙 古	0.40	3.80		8.60	9.02		15.00	19.11		1.74	2.12	
辽　　宁	0.31	0.33		11.75	7.90		30.75	15.00		2.62	1.90	
吉　　林	1.00	0.64		9.74	9.08		21.97	18.06		2.25	1.99	
黑 龙 江	0.14	0.40		16.45	9.00		35.50	20.50		2.16	2.28	
上　　海	0.45	0.13		12.98	25.80		28.00	47.00		2.16	1.82	
江　　苏	0.38	0.81		15.81	8.20		30.83	15.14		1.95	1.84	
浙　　江	0.25	2.86		6.50	8.40		21.00	15.30		3.23	1.82	
安　　徽	0.32	0.56		11.04	8.01		26.62	13.00		2.41	1.62	
福　　建	0.33	0.83		6.00	3.70		23.00	7.80		3.83	2.11	
江　　西		4.25			12.50			24.88		2.08	1.99	
山　　东	0.63	0.25		9.12	21.40		33.06	31.00		3.62	1.45	
河　　南	1.03	0.25		6.87	28.88		21.77	55.25		3.17	1.91	
湖　　北	0.33	0.43		13.82	16.19		44.50	28.69		3.22	1.77	
湖　　南	0.50			12.20			29.00			2.38	2.07	
广　　东	0.57			5.71			18.75			3.28	1.76	
广　　西	1.00	1.00		6.00	15.40		14.29	66.00		2.38	4.29	
海　　南										5.00		
重　　庆	0.67	0.25		5.45	12.40		16.00	20.00		2.94	1.61	
四　　川	0.23	1.15		22.33	6.59		256.33	14.87		11.48	2.26	
贵　　州												
云　　南	0.89	0.33		3.49	15.90		10.31	20.00		2.96	1.26	
西　　藏		1.00			4.10			6.50			1.59	
陕　　西	0.50	0.50		12.23	9.35		29.00	21.50		2.37	2.30	
甘　　肃										2.36		
青　　海	0.33			6.90			59.00			8.55		
宁　　夏										0.89		
新　　疆	1.00	1.00		11.62	4.00		20.20	13.00		1.74	3.25	2.67

各地区使用《中国标准书号》各类图书的平均印数、平均印张、平均定价和平均印张定价(续表15)

Q 生物科学

	平均印数(万册/种)			平均印张(印张/册)			平均定价(元/册)			平均印张定价(元/印张)		
	新出	重印	租型	新出	重印	租型	新出	重印	租型	新出	重印	租型
全国总计	**0.53**	**0.74**		**11.41**	**15.39**		**32.40**	**26.28**		**2.84**	**1.71**	**0.91**
中　央	**0.48**	**0.64**		**13.20**	**18.16**		**37.19**	**29.69**		**2.82**	**1.64**	
地　方	**0.58**	**1.03**		**9.49**	**10.44**		**27.28**	**20.17**		**2.87**	**1.93**	**0.91**
北　京	1.13	2.05		8.34	9.48		23.10	18.71		2.77	1.97	
天　津	0.26			10.66			30.60			2.87		
河　北										2.54		
山　西	0.80	0.50		9.05	13.00		16.75	34.00		1.85	2.62	
内蒙古	0.14	2.60		12.10	9.17		59.00	19.38		4.88	2.11	
辽　宁	0.60			6.16			22.00			3.57	3.53	
吉　林	0.79	0.65		7.91	10.11		17.08	19.10		2.16	1.89	
黑龙江	0.34	0.43		9.93	13.30		31.69	30.00		3.19	2.26	
上　海	0.61	0.71		9.43	13.75		22.15	24.00		2.35	1.75	
江　苏	0.95	1.11		12.18	9.94		23.17	17.14		1.90	1.72	
浙　江	0.38	0.74		12.07	10.39		37.45	17.43		3.10	1.68	
安　徽	0.44	0.38		8.35	7.62		18.65	18.80		2.23	2.47	
福　建	0.33			14.20			53.00			3.73		
江　西	0.63	4.50		15.23	12.96		24.67	25.07		1.62	1.93	
山　东	0.60			9.77			26.67			2.73	1.81	
河　南	0.80	1.86		10.59	7.02		16.88	16.08		1.59	2.29	
湖　北	0.32	0.29		14.46	17.53		41.44	30.25		2.87	1.73	
湖　南	0.67	0.50		14.10	14.25		34.50	28.00		2.45	1.96	
广　东	0.33	0.13		9.78	22.60		26.50	47.00		2.71	2.08	
广　西	0.33			14.90			56.00			3.76		
海　南	0.44	1.00		12.03	2.65		62.75	25.00		5.22	9.43	
重　庆	0.62	0.20		8.20	16.20		44.00	33.00		5.37	2.04	
四　川	0.68	0.77		4.42	11.64		15.08	17.80		3.41	1.53	
贵　州	0.10	1.00		36.90	3.80		139.00	6.00		3.77	1.58	
云　南	0.23			12.03			87.33			7.26	2.00	
西　藏		1.00			7.30			20.00			2.74	
陕　西	0.71	0.75		7.66	10.33		36.57	20.67		4.77	2.00	
甘　肃	0.10	0.50		23.30	2.10		112.00	4.00		4.81	1.90	
青　海	0.17			15.20			133.00			8.75		
宁　夏	0.33			23.40			119.00			5.09	0.71	
新　疆	0.33			15.20			34.00			2.24		0.91

各地区使用《中国标准书号》各类图书的平均印数、平均印张、平均定价和平均印张定价(续表16)

R　医药、卫生

	平均印数(万册/种)			平均印张(印张/册)			平均定价(元/册)			平均印张定价(元/印张)		
	新出	重印	租型	新出	重印	租型	新出	重印	租型	新出	重印	租型
全国总计	**0.64**	**0.85**	**0.58**	**15.12**	**15.68**	**11.05**	**37.15**	**27.81**	**21.09**	**2.46**	**1.77**	**1.91**
中　央	**0.60**	**0.91**	**1.80**	**18.76**	**17.23**	**6.67**	**46.77**	**29.82**	**14.00**	**2.49**	**1.73**	**2.10**
地　方	**0.69**	**0.73**	**0.51**	**10.94**	**11.69**	**11.87**	**26.09**	**22.64**	**22.42**	**2.38**	**1.94**	**1.89**
北　京	0.57	1.30		17.20	8.52		39.79	19.77		2.31	2.32	
天　津	0.14	0.28		20.54	12.51		62.41	41.50		3.04	3.32	
河　北	0.49	1.52		14.93	7.94		25.37	14.66		1.70	1.85	
山　西	0.38	0.83		12.08	12.80		24.11	21.27		2.00	1.66	
内蒙古	0.34	0.60		17.24	15.84		36.13	27.73		2.09	1.75	
辽　宁	0.56	0.36		10.81	9.36		36.00	26.65		3.33	2.85	
吉　林	0.46	0.70		15.70	13.87		29.97	25.30		1.91	1.82	
黑龙江	0.36	0.50		20.82	15.39		44.12	26.56		2.12	1.73	
上　海	0.57	0.51		13.34	13.01		36.40	25.26		2.73	1.94	
江　苏	0.70	0.75	2.25	15.08	10.19	16.63	34.02	20.66	31.11	2.26	2.03	1.87
浙　江	4.39	0.49		2.34	9.86		7.22	19.79		3.09	2.01	2.14
安　徽	0.49	0.52		10.45	11.52		24.82	21.39		2.37	1.86	
福　建	0.58	0.53		8.84	7.84		25.34	18.71		2.87	2.38	
江　西	0.49	0.68		12.76	11.96		32.17	21.60		2.52	1.81	
山　东	0.77	2.12		12.93	14.15		28.09	20.75		2.17	1.47	
河　南	0.83	1.03		13.16	12.06		25.09	24.70		1.91	2.05	
湖　北	0.38	0.45		14.60	12.00		32.03	22.51		2.19	1.88	
湖　南	0.63	1.03	1.00	16.00	16.74	4.60	29.54	27.75	7.00	1.85	1.66	1.52
广　东	0.94	0.63		11.28	11.61		30.33	29.08		2.69	2.51	
广　西	2.18	0.93	3.00	4.67	12.03	7.73	11.93	31.10	18.67	2.56	2.59	2.41
海　南	0.48	1.00		16.60	29.30		38.33	30.00		2.31	1.02	
重　庆	0.46	0.28		13.80	9.86		32.17	16.43		2.33	1.67	
四　川	0.69	1.35		10.56	9.83		30.13	18.18		2.85	1.85	
贵　州	0.36	1.00		10.30	5.90		17.60	15.00		1.71	2.54	
云　南	0.31	0.46		18.72	7.62		59.32	21.17		3.17	2.78	
西　藏	0.50	1.11		10.58	7.09		18.50	12.90		1.75	1.82	
陕　西	0.90	0.98		12.03	12.84		24.04	24.69		2.00	1.92	
甘　肃	0.25	0.45		10.63	8.33		28.77	15.62		2.71	1.87	
青　海	0.17			16.20			40.67			2.51		
宁　夏	0.33	0.40		9.70	5.95		21.00	14.50		2.16	2.44	
新　疆	0.35	0.39	0.40	5.63	5.33	11.17	15.28	11.00	20.86	2.71	2.06	1.87

各地区使用《中国标准书号》各类图书的平均印数、平均印张、平均定价和平均印张定价(续表17)

S 农业科学

	平均印数(万册/种)			平均印张(印张/册)			平均定价(元/册)			平均印张定价(元/印张)		
	新出	重印	租型	新出	重印	租型	新出	重印	租型	新出	重印	租型
全国总计	**0.45**	**1.53**	**1.05**	**9.97**	**6.75**	**4.93**	**27.01**	**11.62**	**9.57**	**2.71**	**1.72**	**1.94**
中　　央	**0.41**	**1.24**		**11.13**	**8.92**		**30.97**	**15.42**		**2.78**	**1.73**	
地　　方	**0.52**	**1.76**	**1.05**	**8.70**	**5.53**	**4.93**	**22.67**	**9.49**	**9.57**	**2.61**	**1.72**	**1.94**
北　　京	0.93	2.29		11.04	7.52		22.31	10.63		2.02	1.41	
天　　津	0.26	3.00		8.67	4.90		22.00	13.00		2.54	2.65	
河　　北	0.84	1.81		11.63	7.49		33.94	12.17		2.92	1.63	
山　　西	0.44	1.05		10.15	9.09		38.00	19.10		3.74	2.10	
内 蒙 古	0.22	0.17		12.71	3.54		34.38	7.20		2.70	2.03	
辽　　宁	0.33	0.97		13.85	5.29		37.18	10.53		2.68	1.99	
吉　　林	0.22	2.15		11.78	5.19		24.69	7.40		2.10	1.43	
黑 龙 江	0.31	1.40	0.44	10.24	7.70	3.60	29.52	15.49	6.50	2.88	2.01	1.81
上　　海	0.33	1.40		14.77	8.56		41.92	18.32		2.84	2.14	
江　　苏	0.55	1.96		5.39	4.25		11.75	6.43		2.18	1.51	
浙　　江	0.65	1.32		8.58	6.36		29.43	9.90		3.43	1.56	2.00
安　　徽	0.44	0.87		11.29	7.78		30.63	13.20		2.71	1.70	
福　　建	0.50	0.87		8.09	4.92		20.36	8.11		2.52	1.65	
江　　西	0.33	0.80		11.58	8.60		89.50	17.25		7.73	2.01	
山　　东	0.50	0.85		7.16	6.01		18.20	13.85		2.54	2.31	2.00
河　　南	0.80	3.19	6.50	12.12	9.99	4.03	25.84	18.10	8.08	2.13	1.81	2.00
湖　　北	0.96	1.17		8.04	6.01		18.54	12.55		2.31	2.09	
湖　　南	1.00	5.18	1.00	8.81	9.30	8.55	16.86	11.96	13.00	1.91	1.29	1.52
广　　东	0.60	24.24		7.88	3.59		32.56	4.77		4.13	1.33	
广　　西	0.97	1.44		4.35	4.19		17.55	12.20		4.03	2.92	
海　　南	0.37	0.32		3.91	4.20		10.63	7.81		2.72	1.86	
重　　庆	0.33	0.24		16.95	15.65		31.00	26.50		1.83	1.69	
四　　川	0.74	2.89		9.09	7.94		20.19	15.55		2.22	1.96	
贵　　州	0.33	0.59	0.50	7.50	4.61	4.10	12.14	10.04	8.00	1.62	2.18	1.95
云　　南	0.19	0.57		7.88	5.04		32.61	11.46		4.14	2.27	
西　　藏	0.33	1.00		5.70	4.03		23.00	8.14		4.04	2.02	
陕　　西	0.80	1.57		8.31	7.57		24.56	18.48		2.96	2.44	
甘　　肃	0.56	1.08		8.20	5.30		17.89	4.64		2.18	0.87	
青　　海	0.20			14.10			34.00			2.41		
宁　　夏	0.37	0.37		7.97	6.29		19.10	6.42		2.40	1.02	
新　　疆	0.48	0.38	0.33	6.68	4.47	13.00	14.12	9.11	31.00	2.11	2.04	2.38

各地区使用《中国标准书号》各类图书的平均印数、平均印张、平均定价和平均印张定价(续表18)

T 工业技术

	平均印数(万册/种)			平均印张(印张/册)			平均定价(元/册)			平均印张定价(元/印张)		
	新出	重印	租型	新出	重印	租型	新出	重印	租型	新出	重印	租型
全国总计	**0.45**	**0.51**	**0.55**	**15.85**	**16.39**	**14.00**	**41.97**	**28.73**	**18.12**	**2.65**	**1.75**	**1.29**
中　　央	**0.44**	**0.50**	**0.61**	**17.11**	**17.20**	**17.74**	**42.95**	**29.94**	**21.27**	**2.51**	**1.74**	**1.20**
地　　方	**0.49**	**0.57**	**0.46**	**12.56**	**13.60**	**7.15**	**39.44**	**24.62**	**12.33**	**3.14**	**1.81**	**1.72**
北　　京	0.65	1.44		10.48	8.57		64.22	22.32		6.13	2.60	
天　　津	0.34	0.54		14.73	21.53		65.39	39.54		4.44	1.84	
河　　北	0.25	9.07		19.75	6.22		43.50	6.38		2.20	1.03	
山　　西	0.50	0.86		14.57	17.06		50.30	32.92		3.45	1.93	
内 蒙 古	0.27	0.23		15.30	15.43		38.50	20.78		2.52	1.35	
辽　　宁	0.41	0.35		13.78	13.86		57.70	32.29		4.19	2.33	
吉　　林	0.85	0.98		9.21	8.37		22.66	14.69		2.46	1.76	
黑 龙 江	0.31	0.29		14.75	13.84		35.94	24.64		2.44	1.78	
上　　海	0.43	0.57		14.83	15.29		46.14	30.13		3.11	1.97	
江　　苏	0.61	0.58		12.44	14.10		34.65	23.37		2.79	1.66	
浙　　江	0.30	0.33	0.25	14.72	15.95	6.90	54.52	30.21	15.00	3.70	1.89	2.17
安　　徽	0.29	0.41		13.41	15.47		36.73	26.96		2.74	1.74	
福　　建	0.42	0.75		10.82	10.43		54.40	17.14		5.03	1.64	
江　　西	0.41	1.16		11.78	20.22		39.38	43.91		3.34	2.17	
山　　东	1.11	1.45		8.66	10.91		21.17	17.80		2.44	1.63	
河　　南	0.53	0.64		10.10	12.87		29.57	26.35		2.93	2.05	
湖　　北	0.31	0.42		15.54	18.29		64.23	32.40		4.13	1.77	
湖　　南	0.40	0.47	1.00	15.16	14.44	5.68	40.96	28.84	8.00	2.70	2.00	1.41
广　　东	0.76	0.34		12.60	15.03		36.33	27.08		2.88	1.80	
广　　西	1.00	1.39		12.54	14.21		50.21	40.31		4.00	2.84	
海　　南	0.65	1.00		10.92	24.98		58.45	28.00		5.35	1.12	
重　　庆	0.33	0.32		14.18	11.80		30.60	19.64		2.16	1.66	
四　　川	0.45	0.65		14.59	12.24		33.64	21.32		2.31	1.74	
贵　　州	0.21			7.90			19.33			2.45		2.00
云　　南	0.24	0.46		13.04	9.96		54.17	28.67		4.15	2.88	
西　　藏	0.60	1.00		3.73	4.50		13.67	11.23		3.66	2.50	
陕　　西	0.50	0.46		13.59	18.23		26.81	27.33		1.97	1.50	1.72
甘　　肃	0.19			17.55			41.75			2.38	1.46	
青　　海	0.25			6.40			15.00			2.34		
宁　　夏	0.08	0.25		18.20	16.70		44.00	8.00		2.42	0.48	
新　　疆	0.36	0.55	0.33	9.45	6.18	5.50	24.50	17.50	13.00	2.59	2.83	2.36

各地区使用《中国标准书号》各类图书的平均印数、平均印张、平均定价和平均印张定价(续表19)

U　交通运输

	平均印数(万册/种)			平均印张(印张/册)			平均定价(元/册)			平均印张定价(元/印张)		
	新出	重印	租型	新出	重印	租型	新出	重印	租型	新出	重印	租型
全国总计	**0.48**	**0.69**	**0.25**	**13.78**	**13.54**	**11.60**	**37.71**	**29.89**	**20.00**	**2.74**	**2.21**	**1.72**
中　　央	**0.46**	**0.72**		**14.15**	**13.81**		**40.66**	**31.08**		**2.87**	**2.25**	
地　　方	**0.55**	**0.57**	**0.25**	**12.77**	**12.31**	**11.60**	**29.65**	**24.35**	**20.00**	**2.32**	**1.98**	**1.72**
北　　京	0.86			3.38			14.17			4.19	2.31	
天　　津	0.22	0.25		13.85	15.20		54.00	28.00		3.90	1.84	
河　　北										2.27		
山　　西	2.20			10.28			24.55			2.39	2.00	
内 蒙 古												
辽　　宁	0.44	0.69		19.23	13.42		41.63	30.72		2.17	2.29	
吉　　林	0.55	0.50		7.90	6.10		17.67	13.00		2.24	2.13	
黑 龙 江	0.28	0.23		15.13	14.56		34.00	26.36		2.25	1.81	
上　　海	0.25	0.47		17.99	13.25		66.79	23.21		3.71	1.75	
江　　苏	0.31	0.70		18.94	10.45		47.00	22.33		2.48	2.14	
浙　　江	10.17	4.25		7.58	7.97		13.98	15.22		1.84	1.91	1.84
安　　徽	0.35	0.50		17.90	9.64		44.00	16.20		2.46	1.68	
福　　建	0.14	0.29		21.40	4.90		86.00	12.00		4.02	2.45	
江　　西	1.00			6.50			17.50			2.69	4.62	
山　　东	0.43	0.30		11.08	14.33		30.17	25.33		2.72	1.77	
河　　南	0.33	2.00		11.30	11.95		31.00	18.60		2.74	1.56	
湖　　北	0.39	0.22		13.43	13.33		30.15	27.00		2.25	2.03	
湖　　南	0.33	0.33		16.50	15.80		31.83	34.00		1.93	2.15	
广　　东	0.41	0.25		14.12	14.55		41.89	26.00		2.97	1.79	
广　　西												
海　　南										3.64		
重　　庆	0.20	0.23		32.40	14.20		103.00	24.29		3.18	1.71	
四　　川	0.51	0.41		13.62	15.02		26.33	25.55		1.93	1.70	1.51
贵　　州										3.70		
云　　南	0.33	2.00		12.40	21.30		29.00	30.00		2.34	1.41	
西　　藏												
陕　　西	0.73	0.50		10.51	15.40		19.75	20.00		1.88	1.30	
甘　　肃	0.50			10.30			25.00			2.43	2.31	
青　　海												
宁　　夏												
新　　疆	0.33			6.20			16.00			2.58		2.00

各地区使用《中国标准书号》各类图书的平均印数、平均印张、平均定价和平均印张定价(续表20)

V 航空、航天

	平均印数(万册/种)			平均印张(印张/册)			平均定价(元/册)			平均印张定价(元/印张)		
	新出	重印	租型	新出	重印	租型	新出	重印	租型	新出	重印	租型
全国总计	**0.37**	**0.58**		**13.62**	**12.83**		**48.38**	**25.67**		**3.55**	**2.00**	
中　　央	**0.36**	**0.60**		**14.64**	**13.72**		**57.42**	**27.30**		**3.92**	**1.99**	
地　　方	**0.41**	**0.54**		**11.54**	**9.89**		**29.97**	**20.29**		**2.60**	**2.05**	
北　　京	1.50	2.00		2.63	6.75		14.33	12.50		5.44	1.85	
天　　津										4.35		
河　　北										1.82		
山　　西										1.56	1.82	
内 蒙 古												
辽　　宁											2.41	
吉　　林	1.29	1.00		6.37	11.70		15.22	22.75		2.39	1.94	
黑 龙 江		1.00			5.70			15.00		3.16	2.63	
上　　海	0.28			16.54			51.20			3.10	2.86	
江　　苏	0.67			12.90			24.50			1.90		
浙　　江											2.50	
安　　徽	0.25	1.00		12.60	4.70		27.00	12.00		2.14	2.55	
福　　建												
江　　西												
山　　东												
河　　南	1.00			3.00			15.00			5.00		
湖　　北		1.00			5.10			20.00		3.13	3.92	
湖　　南										2.22		
广　　东												
广　　西	0.22			10.85			34.50			3.18		
海　　南												
重　　庆											1.67	
四　　川	0.17	0.33		25.50	11.53		59.00	17.00		2.31	1.47	
贵　　州												
云　　南										2.43		
西　　藏												
陕　　西	0.45	0.67		15.44	9.00		31.00	22.50		2.01	2.50	
甘　　肃												
青　　海												
宁　　夏												
新　　疆												

各地区使用《中国标准书号》各类图书的平均印数、平均印张、平均定价和平均印张定价(续表21)

X 环境科学

	平均印数(万册/种)			平均印张(印张/册)			平均定价(元/册)			平均印张定价(元/印张)		
	新出	重印	租型	新出	重印	租型	新出	重印	租型	新出	重印	租型
全国总计	**0.46**	**0.89**	**3.00**	**11.64**	**9.09**	**6.77**	**33.26**	**18.62**	**16.56**	**2.86**	**2.05**	**2.45**
中　　央	**0.37**	**0.72**	**3.00**	**14.63**	**10.49**	**5.60**	**42.26**	**22.35**	**8.67**	**2.89**	**2.13**	**1.55**
地　　方	**0.69**	**1.40**	**3.00**	**7.55**	**6.95**	**7.35**	**20.97**	**12.97**	**20.50**	**2.78**	**1.86**	**2.79**
北　　京	6.56	2.38		4.27	7.98		13.16	13.74		3.08	1.72	
天　　津	0.14	0.25		8.80	55.00		29.00	105.00		3.30	1.91	
河　　北	1.00			7.60			16.00			2.11		
山　　西	0.11	0.50		13.90	6.80		53.00	23.00		3.81	3.38	
内 蒙 古	0.25	1.00		7.00	6.60		16.00	11.00		2.29	1.67	
辽　　宁	0.32	1.20		7.40	6.22		22.67	13.50		3.06	2.17	
吉　　林	0.55	2.40		12.19	5.54		26.67	6.13		2.19	1.11	
黑 龙 江	0.33			10.92			28.67			2.62	2.12	
上　　海	0.26	1.67		16.19	12.10		49.00	23.60		3.03	1.95	
江　　苏	0.28	0.50		11.07	8.58		33.08	20.25		2.99	2.36	
浙　　江	0.47	0.36		8.39	9.38		22.38	19.25		2.67	2.05	
安　　徽	0.88	3.90		6.30	2.42		14.33	3.69		2.27	1.52	
福　　建	0.20	0.50		33.90	2.00		78.00	3.00		2.30	1.50	
江　　西	0.33	2.00		22.90	5.95		52.00	7.00		2.27	1.18	
山　　东	0.57	0.50		12.10	21.60		28.00	53.00		2.31	2.45	
河　　南	0.50	3.00		5.43	9.05		21.67	38.83		3.99	4.29	
湖　　北	0.87	1.07		7.75	7.52		16.10	13.44		2.08	1.79	
湖　　南		1.00			12.20			20.00		2.97	1.64	
广　　东	0.57	0.40		9.26	15.15		28.38	28.00		3.06	1.85	
广　　西		3.00			14.17			20.50		4.22	1.45	
海　　南	0.67			8.40			21.50			2.56		
重　　庆	0.50			6.10			14.00			2.30	2.22	
四　　川	0.27	1.91		16.13	6.89		46.50	13.62		2.88	1.98	
贵　　州	0.50	1.00		4.00	3.60		9.00	9.00		2.25	2.50	2.00
云　　南	0.10			12.50			66.00			5.28	1.90	
西　　藏		1.00			3.30			5.50		2.00	1.67	
陕　　西	0.25	0.25		12.57	15.90		30.00	26.00		2.39	1.64	
甘　　肃	0.40			8.90			43.00			4.83	1.84	
青　　海										2.82		
宁　　夏												
新　　疆	0.50		6.00	6.70		7.02	25.00		19.83	3.73		2.83

各地区使用《中国标准书号》各类图书的平均印数、平均印张、平均定价和平均印张定价(续表22)

Z 综合性图书

	平均印数(万册/种)			平均印张(印张/册)			平均定价(元/册)			平均印张定价(元/印张)		
	新出	重印	租型	新出	重印	租型	新出	重印	租型	新出	重印	租型
全国总计	**0.77**	**1.95**	**1.00**	**13.96**	**8.60**	**10.35**	**48.46**	**22.61**	**20.67**	**3.47**	**2.63**	**2.00**
中　央	**0.85**	**2.19**		**19.01**	**8.99**		**75.61**	**22.68**		**3.98**	**2.52**	
地　方	**0.75**	**1.84**	**1.00**	**12.10**	**8.40**	**10.35**	**38.45**	**22.58**	**20.67**	**3.18**	**2.69**	**2.00**
北　京	0.97	2.37		13.62	6.92		27.32	10.06		2.01	1.45	
天　津	0.29			15.01			63.57			4.23		
河　北	1.77	0.63	1.67	8.58	4.95	6.14	11.55	13.91	12.80	1.35	2.81	2.08
山　西	0.31	2.00		20.36	5.55		52.13	14.50		2.56	2.61	
内蒙古	0.49	0.50		13.75	40.60		34.50	69.00		2.51	1.70	
辽　宁	0.32	2.45		20.12	11.80		42.85	22.67		2.13	1.92	
吉　林	0.78	0.63		13.00	8.78		36.47	18.38		2.80	2.09	
黑龙江	0.21	0.94		19.83	17.05		66.75	33.13		3.37	1.94	
上　海	0.67	1.51		12.54	24.31		59.75	56.11		4.77	2.31	
江　苏	0.68	0.58		35.20	8.66		109.42	33.86		3.11	3.91	2.56
浙　江	1.03	1.59		9.55	14.22		21.69	25.00		2.27	1.76	
安　徽	0.60	0.83		11.07	7.60		38.76	16.20		3.50	2.13	
福　建	4.31			1.72			12.55			7.32		
江　西	1.70	3.61		11.79	6.07		34.18	13.13		2.90	2.16	
山　东	0.86	5.02		11.67	8.05		44.83	43.60		3.84	5.41	
河　南	0.35	0.50		24.43	12.50		123.00	21.00		5.03	1.68	
湖　北	0.54	1.05		12.21	11.76		43.53	40.15		3.57	3.41	
湖　南	0.80	2.00		10.39	2.05		23.75	4.00		2.29	1.95	
广　东	0.72	0.69		9.58	3.01		31.14	9.67		3.25	3.21	
广　西	0.78	2.12		4.98	2.80		33.81	13.56		6.78	4.84	
海　南	0.21			19.57			66.33			3.39		
重　庆	0.50	1.00		16.30	6.70		29.00	17.00		1.78	2.54	
四　川	0.55	1.51		5.51	6.15		28.60	14.06		5.19	2.29	
贵　州										4.18		
云　南	0.32	1.17		21.17	9.37		72.37	16.71		3.42	1.78	
西　藏	0.50	0.93		25.50	5.38		271.00	8.92		10.63	1.66	
陕　西	0.63	2.00		9.74	20.20		31.18	110.00		3.20	5.45	
甘　肃	1.18	2.20		15.74	7.58		27.00	4.16		1.72	0.55	
青　海										5.00		
宁　夏	0.25	3.00		40.03	3.03		38.00	2.00		0.95	0.66	
新　疆	0.38	1.00	0.50	9.39	3.43	18.50	26.35	5.75	27.00	2.81	1.68	1.46

各类课本的平均印数、平均印张、平均定价和平均印张定价

	平均印数（万册/种）			平均印张（印张/册）			平均定价（元/册）			平均印张定价（元/印张）		
	新出	重印	租型	新出	重印	租型	新出	重印	租型	新出	重印	租型
课 本 合 计	**1.14**	**3.2**	**15.75**	**10.62**	**8.14**	**7.16**	**17.92**	**10.56**	**6.83**	**1.69**	**1.3**	**0.95**
(1)大专及大专以上课本	0.5	0.8	0.44	16.65	17.69	18.08	31.74	28.36	26.71	1.91	1.6	1.48
(2)中专、技校课本	0.72	1.38	4.67	12.42	12.9	21.32	22.96	19.92	19	1.85	1.54	0.89
(3)中学课本	9.84	13.32	16.44	6.32	6.99	8.3	7.08	7.07	7.74	1.12	1.01	0.93
(4)小学课本	9.2	12.29	16.19	5.58	4.7	5.46	6.21	5.15	5.44	1.11	1.1	1
(5)业余教育课本	0.67	0.68		18.11	14.35		39.71	28.57		2.19	1.99	
(6)扫盲课本	0.5	1		3.65	8.15		6.5	9		1.78	1.1	
(7)教学用书	0.79	1.69	0.42	12.39	8.04	13.74	21.64	13.49	22.12	1.75	1.68	1.61

少数民族文字图书出版数量与去年相比增减百分比

	图书总计				使用《中国标准书号》部分							
					书籍				课本			
	种数		印数	印张	种数		印数	印张	种数		印数	印张
	合计	新出			合计	新出			合计	新出		
全国总计	**22.41**	**16.41**	**39.40**	**42.59**	**-7.67**	**9.30**	**-27.38**	**-10.92**	**140.64**	**71.87**	**187.12**	**164.77**
中央	-22.53	-22.44	-17.53	0.03	-23.67	-24.28	-17.12	0.61	-80.00	-80.00	-100.00	-86.11
地方	29.73	26.75	44.16	47.43	-4.29	19.50	-28.68	-12.90	141.37	74.22	187.47	165.24

续表

	不使用《中国标准书号》部分—图片合计			
	种数		印数	印张
	合计	新出		
全国总计	**500.00**	**1000.00**	**2000.00**	**1197.14**
中央				
地方	125.00	250.00		54.29

	图书总计				使用《中国标			
					书籍			
	种数(种)		印数（万册、张）	印张（千印张）	种数(种)		印数（万册、张）	印张（千印张）
	合计	新出			合计	新出		
全国合计	**9275**	**3675**	**7310**	**538671**	**5586**	**3091**	**2559**	**232361**
中央合计	**822**	**515**	**334**	**38547**	**806**	**499**	**294**	**38111**
中央民族大学出版社	5	5		84	4	4		54
中国农业出版社	28	28	58	1465	13	13	18	1065
中国民族摄影艺术出版社	1	1		16	1	1		16
中国藏学出版社	22	22	25	3960	22	22	25	3960
华夏出版社	2	2	1	240	2	2	1	240
宗教文化出版社	1	1	9	3470	1	1	9	3470
民族出版社	760	453	239	29134	760	453	239	29128
五洲传播出版社	3	3	2	178	3	3	2	178
地方	**8453**	**3160**	**6976**	**500124**	**4780**	**2592**	**2265**	**194243**
内蒙古	1455	468	1083	86355	782	354	300	26726
辽　宁	150	94	63	3678	126	90	46	2858
吉　林	876	372	267	22318	653	363	185	14969
黑龙江	75	23	12	1263	64	16	7	799
广　西	101	100	18	1012	89	89	13	562
四　川	297	164	232	15519	195	122	116	8897
贵　州	14	14	3	423	11	11	2	277
云　南	136	136	34	2623	84	84	11	725
西　藏	645	121	847	57947	466	110	499	37380
甘　肃	147	122	33	4567	136	111	31	4322
青　海	300	89	286	21530	92	50	45	4745
新　疆	4257	1457	4098	282889	2082	1192	1010	91983

注：本年出版少数民族文字图书的文种有：德宏傣文、傈僳文、拉祜文、规范彝文、纳西文、景颇文、哈尼文、蒙古文、载佤文、

图书出版数量

准 书 号》 部 分				不使用《中国标准书号》部分图片合计				附：活页文选、影印书等用纸	
课 本									
种数（种）		印数（万册、张）	印张（千印张）	种数（种）		印数（万册、张）	印张（千印张）	印数（万册、张）	印张（千印张）
合计	新出			合计	新出				
3665	**562**	**4703**	**305590**	**24**	**22**	**42**	**454**	**6**	**266**
1	**1**		**30**	**15**	**15**	**40**	**400**		**6**
1	1		30						
				15	15	40	400		
									6
3664	**561**	**4703**	**305560**	**9**	**7**	**2**	**54**	**6**	**267**
673	114	783	59629						
22	4	16	810	2		1	10		
223	9	82	7349						
11	7	5	464						
12	11	5	450						
102	42	116	6622						
3	3	1	146						
52	52	22	1854					1	44
179	11	343	20355					5	212
11	11	2	234						11
208	39	241	16785						
2168	258	3087	190862	7	7	1	44		

佤文、壮文、维吾尔文、瑶文、布依文、锡伯文、藏文、西双版纳文、苗文、满文、哈萨克文、柯尔克孜文、朝鲜文等 23 种。

二、期刊出版

全国各地区各类期刊出版的

	合计					
	种数（种）	平均期印数（万册）	总印数（万册）	总印张（千印张）	总金额（万元）	种数（种）
全国总计	**9849**	**16880.03**	**328522**	**19272877**	**2384336**	**435**
中　　央	**2870**	**5794.11**	**98584**	**7416566**	**936050**	**128**
地　　方	**6979**	**11085.93**	**229939**	**11856311**	**1448286**	**307**
北　　京	174	197.36	3363	257669	34200	2
天　　津	254	259.13	3768	197198	25973	3
河　　北	230	283.44	5252	235960	29162	9
山　　西	200	174.07	3428	218578	30976	4
内 蒙 古	149	105.65	2755	130455	14436	3
辽　　宁	323	572.38	10003	416574	54350	6
吉　　林	234	358.16	9645	447145	57024	3
黑 龙 江	315	272.45	5502	285588	35535	9
上　　海	632	1022.86	18183	942274	116768	15
江　　苏	466	508.19	11601	447675	65775	21
浙　　江	220	501.14	7858	367048	51876	22
安　　徽	186	396.54	5948	246751	40330	23
福　　建	177	205.61	3677	163292	22070	8
江　　西	161	270.46	7326	238761	29417	6
山　　东	269	510.08	11631	608712	76769	19
河　　南	246	408.82	9148	430975	51845	20
湖　　北	422	1227.09	30107	1605161	157687	17
湖　　南	254	528.20	12584	563357	69493	14
广　　东	389	918.48	20403	1238767	163748	32
广　　西	184	193.91	4470	188643	25668	13
海　　南	42	52.46	852	59315	8064	2
重　　庆	138	264.65	5184	329636	39562	4
四　　川	348	470.65	9293	674243	62686	16
贵　　州	88	78.08	1413	72572	9925	6
云　　南	128	224.63	3332	219886	27846	6
西　　藏	35	15.84	168	9953	1479	1
陕　　西	286	369.80	7622	517952	64094	5
甘　　肃	134	497.35	11152	455728	47711	7
青　　海	53	29.84	461	29659	4188	
宁　　夏	35	53.48	1571	157850	15898	1
新　　疆	207	115.14	2241	98932	13731	10

注：含高校学报、公报、政报、年鉴1549种，平均期印数367万册，总印数4764万册，总印张459301千印张。

种数、印数、总印张、总金额

综合				哲学、社会科学				
平均期印数（万册）	总印数（万册）	总印张（千印张）	总金额（万元）	种数（种）	平均期印数（万册）	总印数（万册）	总印张（千印张）	总金额（万元）
1205.96	**25358**	**1266075**	**139614**	**2516**	**7174.54**	**138842**	**7181138**	**964012**
164.61	**3917**	**295989**	**35326**	**819**	**3288.98**	**57070**	**2972919**	**433523**
1041.36	**21441**	**970086**	**104287**	**1697**	**3885.56**	**81772**	**4208219**	**530490**
0.40	1	173	91	50	71.90	1297	109626	11136
1.10	12	863	103	48	64.70	955	43497	5816
2.70	27	1659	377	60	119.64	2443	115689	12604
1.22	27	2123	437	53	63.95	1020	56564	9148
1.30	14	955	142	52	38.42	555	21533	2818
10.22	170	14374	1658	71	299.19	6080	229292	28948
8.55	203	13016	1820	60	110.14	2863	131132	19620
3.41	31	1868	262	78	124.60	2609	135820	15806
44.44	1498	72907	6820	136	303.24	5685	317638	40286
8.27	104	5963	1597	98	193.35	4308	151720	24298
3.72	22	1431	321	45	104.93	2290	127421	21945
2.52	11	1192	278	36	74.08	1132	53464	7451
2.55	27	1499	271	55	116.15	1775	78113	10832
4.38	87	5746	489	42	68.27	1354	46634	6345
17.19	457	23778	3109	71	252.07	4965	304152	43927
2.66	15	1591	196	66	177.50	3844	213104	23800
433.66	7791	357328	33014	99	352.85	10231	446768	45775
1.82	10	1174	216	57	125.21	2867	121668	15333
41.43	684	51282	7497	101	384.75	9632	553715	72194
10.06	344	16143	2032	50	63.87	1300	60257	6349
3.30	36	4166	738	12	22.25	309	19003	2526
1.05	7	726	219	33	150.71	2261	155662	15625
29.31	725	24680	4220	70	145.83	2498	139132	17075
4.46	24	1992	428	24	42.61	810	44543	6470
1.44	22	1293	394	38	105.72	1400	121718	15355
0.23	0.45	54	3	12	8.34	85	4132	524
4.96	87	5122	632	59	126.03	2634	145403	18401
386.10	8906	350902	36434	35	66.66	1340	52887	5701
				17	8.49	145	5822	849
0.62	7	642	148	13	43.22	1391	137988	13662
8.32	92	5445	345	56	56.87	1695	64125	9873

全国各地区各类期刊出版的

	自然科学、技术						
	种数（种）	平均期印数（万册）	总印数（万册）	总印张（千印张）	总金额（万元）	种数（种）	平均期印数（万册）
全国总计	**4920**	**3282.07**	**48717**	**3797212**	**492614**	**1349**	**3663.97**
中　央	**1470**	**1301.10**	**18473**	**1992357**	**244960**	**331**	**857.44**
地　方	**3450**	**1980.96**	**30244**	**1804854**	**247655**	**1018**	**2806.53**
北　京	78	46.21	599	46716	7336	31	64.75
天　津	148	73.69	816	54081	8694	38	53.86
河　北	112	59.78	798	53285	8678	35	88.24
山　西	91	47.70	709	58587	7374	32	32.10
内蒙古	52	12.18	150	10322	1236	20	14.34
辽　宁	183	116.14	1283	74157	11760	46	121.19
吉　林	102	33.15	479	39218	5386	42	71.05
黑龙江	162	48.16	691	38213	5149	47	83.33
上　海	367	252.24	2977	219193	29259	77	123.66
江　苏	264	140.07	2207	89742	14271	55	130.83
浙　江	106	49.75	495	28297	4255	31	305.39
安　徽	89	57.68	686	41362	5247	26	231.24
福　建	71	19.89	194	13472	2099	30	35.23
江　西	70	25.87	493	20323	2279	34	157.24
山　东	132	73.34	1478	88607	10356	31	122.56
河　南	116	75.26	1593	76513	9513	24	91.85
湖　北	213	84.69	1074	79119	11936	66	157.46
湖　南	127	99.99	1411	62297	9233	41	263.07
广　东	181	303.62	6486	313080	41571	44	120.28
广　西	75	38.31	571	29202	4072	32	76.44
海　南	15	9.89	181	9336	1309	10	13.42
重　庆	82	43.14	998	85726	9874	16	63.23
四　川	201	100.28	1202	124294	14142	42	172.77
贵　州	33	6.88	65	4550	593	16	13.73
云　南	51	25.71	359	17719	2411	19	21.86
西　藏	4	0.37	1	58	7	13	6.09
陕　西	172	93.95	1809	98707	15336	37	119.10
甘　肃	66	17.21	204	14999	2177	20	25.98
青　海	18	1.98	11	620	88	10	4.39
宁　夏	11	3.26	33	2413	493	6	5.22
新　疆	58	20.58	193	10648	1519	47	16.64

种数、印数、总印张、总金额(续表1)

文化、教育			文学、艺术				
总印数(万册)	总印张(千印张)	总金额(万元)	种数(种)	平均期印数(万册)	总印数(万册)	总印张(千印张)	总金额(万元)
78539	**4934170**	**548436**	**629**	**1553.49**	**37066**	**2094282**	**239660**
15415	**1912932**	**184330**	**122**	**181.98**	**3708**	**242368**	**37911**
63123	**3021238**	**364105**	**507**	**1371.52**	**33359**	**1851914**	**201749**
1127	81735	13480	13	14.10	338	19420	2157
1259	51236	6806	17	65.78	726	47522	4554
1709	51254	5875	14	13.08	275	14072	1628
989	60692	7733	20	29.10	682	40612	6284
465	21747	2291	22	39.41	1571	75898	7948
1708	58316	7695	17	25.64	763	40435	4289
1636	69009	9716	27	135.27	4464	194769	20483
2023	98683	12989	19	12.95	149	11005	1329
1855	110595	16114	37	299.28	6169	221942	24290
4348	163852	21367	28	35.67	635	36399	4243
4374	156521	20854	16	37.35	678	53378	4501
3602	110318	12922	12	31.02	516	40415	14431
1021	39951	5105	13	31.80	659	30258	3764
4958	149106	18855	9	14.72	434	16951	1450
3632	148215	15090	16	44.93	1099	43961	4287
2198	79589	9251	20	61.55	1498	60178	9086
3303	164678	18415	27	198.43	7708	557269	48547
7437	344251	40643	15	38.12	860	33967	4068
2248	198869	28957	31	68.40	1353	121821	13529
2193	78944	12648	14	5.23	62	4097	567
289	23211	2884	3	3.60	37	3600	606
1771	83644	13181	3	6.51	147	3878	664
4235	320726	21084	19	22.45	634	65411	6165
385	8954	1105	9	10.40	130	12534	1330
665	30441	4892	14	69.90	886	48716	4794
78	5461	927	5	0.81	4	247	19
2550	243529	26762	13	25.76	542	25191	2962
688	35688	3253	6	1.40	14	1252	146
93	8859	842	8	14.98	212	14359	2409
127	15786	1508	4	1.16	12	1020	87
159	7378	862	36	12.74	102	11336	1131

全国各地区少儿期刊、画刊出版的种数、印数、总印张、总金额

	少儿期刊					画刊				
	种数（种）	平均期印数（万册）	总印数（万册）	总印张（千印张）	总金额（万元）	种数（种）	平均期印数（万册）	总印数（万册）	总印张（千印张）	总金额（万元）
全国总计	**118**	**1387.27**	**36454**	**944731**	**167154**	**58**	**112.64**	**2070**	**176258**	**22260**
中　央	**23**	**364.05**	**9733**	**264608**	**59379**	**17**	**44.51**	**886**	**83476**	**8703**
地　方	**95**	**1023.22**	**26721**	**680122**	**107775**	**41**	**68.13**	**1184**	**92782**	**13557**
北　京	1	4.09	49	1824	343	1	2.00	24	480	72
天　津	7	14.06	263	7139	1459					
河　北	3	20.55	707	12312	2086	2	2.00	24	1360	330
山　西	3	3.15	97	3499	647	1	0.72	26	1928	389
内蒙古	1	0.95	23	570	137	1	0.20	1	36	10
辽　宁	1	10.52	126	3129	757					
吉　林	8	16.61	505	18035	2310	2	0.72	16	951	259
黑龙江	5	18.85	565	20827	2664	1	0.50	6	405	90
上　海	8	43.54	733	21637	4379	6	32.37	493	31319	3810
江　苏	6	60.44	2070	56302	12344	1	0.36	4	148	51
浙　江	6	123.53	1756	41196	6347	2	0.95	11	361	83
安　徽	4	154.00	1968	31980	4601					
福　建	2	5.10	140	3402	783	1	0.43	5	256	62
江　西	6	121.16	4191	87514	10725	3	4.00	48	5650	720
山　东	4	56.17	1600	38834	4733	2	2.50	44	3410	492
河　南	4	45.72	963	26522	4923					
湖　北	5	113.48	3861	117186	17863	1	1.00	50	3410	750
湖　南	5	125.64	4344	110652	15566	2	2.05	40	2303	401
广　东	2	14.95	515	7957	1346	3	9.90	283	33563	4723
广　西	2	6.75	230	4625	1379	1	0.80	10	536	115
海　南										
重　庆	1	3.64	131	4560	786					
四　川	3	12.10	378	7460	1439	2	2.82	43	3246	435
贵　州						1	1.00	12	586	120
云　南	1	2.00	72	2268	490	1	0.70	17	833	252
西　藏	1	1.30	31	936	218					
陕　西	2	37.06	1260	45643	8927	2	1.65	14	1166	237
甘　肃	1	0.20	2	136	24	1				
青　海	1	2.00	72	2268	360					
宁　夏						1	0.62	7	642	148
新　疆	2	5.65	68	1709	141	3	0.84	5	194	8

各类期刊占期刊出版总数的百分比

	种　数	总印数	总印张	总金额
总　　计	100	100	100	100
综　　合	4.42	7.72	6.57	5.86
哲学、社会科学	25.55	42.26	37.26	40.43
自然科学、技术	49.95	14.83	19.70	20.66
文　化、教　育	13.70	23.91	25.60	23.00
文　学、艺　术	6.39	11.28	10.87	10.05
少　儿　期　刊	1.20	11.10	4.90	7.01
画　　刊	0.59	0.63	0.91	0.93

平均期印数在25万册以上的期刊

期刊名称	刊期	平均期印数（册）
中央		
特别文摘	月刊	2130000
时事报告(大学生版)	半年刊	2000000
求是	半月刊	1300000
半月谈	半月刊	1225998
青年文摘	半月刊	1184500
中共中央办公厅通讯	月刊	1170000
时事(《时事报告》中学生版)	月刊	1000000
中国税务	月刊	840500
心理月刊	月刊	800000
人生	月刊	707632
中国监察	半月刊	600000
幼儿画报	旬刊	590000
党建	月刊	550000
长安	月刊	528000
时事报告(职教版)	半年刊	500000
党建研究	月刊	463800
嘉人	半月刊	458500
保密工作	月刊	410000
中国国家地理	月刊	392550
党风廉政建设	月刊	383778
风尚志	旬刊	370000
儿童文学	旬刊	352072
中国民航	月刊	350000
时事报告	月刊	330000
昕薇	月刊	320000
半月谈内部版	月刊	319412
财经	旬刊	305000
学习活页文选	旬刊	297000
我们爱科学	旬刊	288178
时事资料手册	双月刊	283271

平均期印数在25万册以上的期刊(续表1)

期刊名称	刊期	平均期印数(册)
党建研究内参	月刊	255500
天　津		
小说月报	月刊	309408
河　北		
共产党员	半月刊	380000
老人世界	月刊	342000
快乐作文	月刊	503000
内蒙古		
漫画世界	周刊	251452
辽　宁		
共产党员	半月刊	688246
新少年	月刊	319842
老同志之友	半月刊	340000
党建文汇	半月刊	517464
小学生优秀作文	月刊	259430
吉　林		
演讲与口才	旬刊	410000
意林	旬刊	700000
黑龙江		
党的生活	月刊	350000
格言	半月刊	397154
上　海		
故事会	半月刊	1925833
上海故事	月刊	314351
江　苏		
七彩语文	半月刊	575000
浙　江		
中学生天地	月刊	1075200
幼儿教育	月刊	277583
小学生时代	月刊	1037353
安　徽		
初中生必读	月刊	610000

平均期印数在25万册以上的期刊(续表2)

期刊名称	刊期	平均期印数(册)
小学生导读	月刊	760000
江淮	月刊	321500
福　建		
福建支部生活	月刊	314000
江　西		
初中生之友	旬刊	310000
小学生之友	旬刊	620000
山　东		
支部生活	月刊	500000
读报参考	旬刊	300000
当代小学生	旬刊	360000
37°女人	月刊	600000
河　南		
党的生活	月刊	284122
妇女生活	半月刊	275000
老人春秋	半月刊	310000
招生考试之友	半月刊	315000
湖　北		
知音	旬刊	1529000
小学生天地	旬刊	680000
特别关注	月刊	3240614
前卫	半月刊	377261
最小说	半月刊	250000
知音漫客	周刊	911000
新传奇	旬刊	388038
湖　南		
初中生	旬刊	359000
第二课堂	月刊	428000
小学生导刊	旬刊	712000
新湘评论	半月刊	254000

平均期印数在25万册以上的期刊(续表3)

期刊名称	刊期	平均期印数(册)
广　东		
佛山文艺	月刊	280000
家庭	旬刊	565778
家庭医生	半月刊	1280000
南方航空	月刊	280000
人之初	半月刊	920000
南方人物周刊	周刊	420000
南方	半月刊	564300
广　西		
当代广西	半月刊	322000
重　庆		
当代党员	月刊	314000
党员文摘	月刊	673000
四　川		
四川党的建设(农村版)	月刊	332315
都市丽人	月刊	650000
女刊	旬刊	450000
云　南		
女性大世界	月刊	300000
漫画派对	月刊	652000
党的生活	月刊	430000
陕　西		
小哥白尼	旬刊	308600
当代陕西	月刊	285000
淑媛	半月刊	256000
甘　肃		
党的建设	月刊	290000
读者	半月刊	3511213
宁　夏		
看天下	旬刊	312744

主要刊期的期刊出版数量

	月刊					双月刊					季刊				
	种数（种）	平均期印数（万册）	总印数（万册）	总印张（千印张）	总金额（万元）	种数（种）	平均期印数（万册）	总印数（万册）	总印张（千印张）	总金额（万元）	种数（种）	平均期印数（万册）	总印数（万册）	总印张（千印张）	总金额（万元）
全　　国	**3317**	**7592**	**91185**	**6064958**	**814298**	**3182**	**972**	**5939**	**449556**	**76090**	**1277**	**201**	**820**	**56503**	**11550**
中　　央	**1289**	**3056**	**36912**	**2818133**	**393953**	**636**	**279**	**1680**	**124265**	**29296**	**230**	**50**	**198**	**14140**	**4814**
地　　方	**2028**	**4535**	**54273**	**3246826**	**420345**	**2546**	**693**	**4259**	**325290**	**46795**	**1047**	**152**	**622**	**42363**	**6736**
北　　京	68	128	1535	104353	15724	45	11	67	4601	735	24	4	17	1284	196
天　　津	99	146	1735	106614	13108	94	46	277	20633	2966	29	4	18	1077	194
河　　北	56	140	1634	73740	9794	73	18	109	7911	1524	40	5	19	1527	159
山　　西	55	60	716	45069	8091	63	22	134	8836	1244	29	8	30	1829	458
内 蒙 古	45	30	334	17060	2480	52	9	54	3478	505	20	2	8	672	68
辽　　宁	123	297	3618	155981	22746	128	33	202	13625	2787	34	4	18	1533	200
吉　　林	74	41	496	32250	4306	63	13	80	6905	944	28	3	12	999	202
黑 龙 江	107	105	1255	70430	9206	115	22	132	10422	1396	32	3	13	867	153
上　　海	255	462	5504	376584	51769	236	80	498	36863	6187	75	13	52	3200	623
江　　苏	89	138	1653	94556	13902	193	56	343	29261	4138	96	13	53	3796	617
浙　　江	69	334	3970	188341	19543	82	24	149	10171	1413	37	5	19	1180	195
安　　徽	51	296	3558	128867	25523	82	23	144	12715	1792	28	4	16	985	339
福　　建	46	104	1248	57958	8218	70	20	145	14325	1425	41	5	21	1460	172
江　　西	43	69	851	49242	6241	52	11	66	4706	562	35	5	20	1303	198
山　　东	57	186	2236	122955	12415	103	37	222	14208	1951	43	7	30	1970	252
河　　南	52	93	1115	59318	9043	92	18	110	10074	1184	36	5	20	1498	206
湖　　北	117	469	5626	329248	32259	153	31	190	14340	2213	43	5	22	1656	333
湖　　南	61	172	2055	122167	17563	97	20	121	9984	1263	40	5	21	1492	199
广　　东	126	280	3336	265595	38819	121	42	257	15991	2458	45	5	22	1460	219
广　　西	55	57	684	34564	4711	55	12	70	5046	693	33	4	17	1208	150
海　　南	19	30	354	23099	3717	7	2	15	1235	138	5	0.47	2	127	18
重　　庆	38	150	1804	91460	14337	56	13	88	7719	1067	5	1	10	402	107
四　　川	91	231	2768	235636	21744	140	36	219	17736	2402	58	7	30	1980	332
贵　　州	28	43	492	34829	5753	34	7	42	3254	330	16	2	7	507	73
云　　南	36	175	2103	158246	18637	53	9	57	4453	657	15	2	9	549	94
西　　藏	5	5	58	4869	812	10	4	23	2273	310	10	3	13	692	86
陕　　西	74	149	1794	157260	16926	109	28	172	14619	2018	45	8	40	2507	423
甘　　肃	26	71	846	51587	5621	63	16	98	8327	1202	19	2	10	843	104
青　　海	9	16	188	12895	2348	14	2	13	880	84	21	3	14	1038	106
宁　　夏	12	7	80	6664	996	7	3	15	1159	195	7	1	4	318	37
新　　疆	42	52	626	35388	3993	84	25	149	9540	1014	58	9	37	2399	223

各类期刊的平均印张和平均定价

	每册		每印张定价(元)
	印张	定价(元)	
综合	5.87	7.26	1.24
哲学、社会科学	4.99	5.51	1.10
自然科学、技术	5.17	6.94	1.34
文化、教育	7.79	10.11	1.30
文学、艺术	6.28	6.98	1.11
少儿期刊	5.65	6.47	1.14
画刊	2.59	4.59	1.77

全国少数民族文字期刊分类种数、印数、总印张、总金额

单位：种、万册、千印张、万元

	合计					综合					哲学、社会科学				
	种数	平均期印数	总印数	总印张	总金额	种数	平均期印数	总印数	总印张	总金额	种数	平均期印数	总印数	总印张	总金额
全国总计	**222**	**92.54**	**894.36**	**40897.85**	**4292.92**	**13**	**3.48**	**35.33**	**1799.95**	**246.16**	**74**	**48.79**	**504.69**	**21111.72**	**2263.23**
中　　央	**18**	**12.71**	**75.94**	**3795.92**	**523.61**	**5**	**0.54**	**6.51**	**392.66**	**78.12**	**10**	**11.79**	**67.15**	**3220.86**	**418.13**
地　　方	**204**	**79.83**	**818.42**	**37101.93**	**3769.31**	**8**	**2.94**	**28.82**	**1407.29**	**168.04**	**64**	**37**	**437.54**	**17890.86**	**1845.10**
内蒙古	44	12	124.82	5565.55	624.56	1	0.20	1.20	36	9.60	19	7.48	83.98	3425.84	391.71
吉　　林	14	4.29	45.82	2951.86	268.64						4	2.64	31.72	1645.90	157.28
黑龙江	4	1.52	21.04	1326.84	255.80						1	0.50	12	744	180
广　　西	1	0.12	0.70	21.01	2.10										
四　　川	4	0.95	3.60	113.92	14.36						2	0.80	3.20	96	12.80
云　　南	3	0.35	1.50	66.24	6.90										
西　　藏	15	4.74	39.36	1564.23	119.59	1	0.23	0.45	53.86	2.92	5	2.88	31.42	997.68	72.32
甘　　肃	3	0.66	2.32	144.61	8.80						2	0.16	0.32	32.26	1.60
青　　海	12	2.50	12.09	823.84	59.40						4	0.61	3.83	155.92	8.12
新　　疆	104	52.70	567.17	24523.83	2409.16	6	2.51	27.17	1317.43	155.52	27	21.93	271.07	10793.26	1021.27

续表1

	自然科学、技术					文化、教育					文学、艺术				
	种数	平均期印数	总印数	总印张	总金额	种数	平均期印数	总印数	总印张	总金额	种数	平均期印数	总印数	总印张	总金额
全国总计	**35**	**13.26**	**136.72**	**5769.57**	**610.03**	**37**	**12.92**	**127.02**	**5051.97**	**566.77**	**63**	**14.09**	**90.60**	**7164.64**	**606.73**
中　　央											**3**	**0.38**	**2.28**	**182.40**	**27.36**
地　　方	**35**	**13.26**	**136.72**	**5769.57**	**610.03**	**37**	**12.92**	**127.02**	**5051.97**	**566.77**	**60**	**13.71**	**88.32**	**6982.24**	**579.37**
内蒙古	8	1.42	11.34	460.36	61.85	4	0.59	10.26	346.13	35.46	12	2.31	18.04	1297.22	125.94
吉　　林	2	0.26	2.52	161.78	19.44	2	0.40	3.60	211.32	18	6	0.99	7.98	932.86	73.92
黑龙江											3	1.02	9.04	582.84	75.80
广　　西											1	0.12	0.70	21.01	2.10
四　　川											2	0.15	0.40	17.92	1.56
云　　南											3	0.35	1.50	66.24	6.90
西　　藏	1	0.07	0.14	12.15	1.40	4	0.90	4.30	294.04	26.45	4	0.66	3.05	206.50	16.50
甘　　肃											1	0.50	2	112.35	7.20
青　　海	2	0.16	0.64	50.02	6.12	3	0.70	3.50	244.38	19	3	1.03	4.12	373.52	26.16
新　　疆	22	11.35	122.08	5085.26	521.22	24	10.33	105.36	3956.10	467.86	25	6.58	41.49	3371.78	243.29

续表2

	少儿期刊					画刊				
	种数	平均期印数	总印数	总印张	总金额	种数	平均期印数	总印数	总印张	总金额
全国总计	**2**	**5.44**	**65.32**	**1889.02**	**153.80**	**7**	**0.84**	**8.31**	**458.90**	**89.16**
中　　央						**5**	**0.54**	**6.51**	**392.66**	**78.12**
地　　方	**2**	**5.44**	**65.32**	**1889.02**	**153.80**	**2**	**0.30**	**1.80**	**66.24**	**11.04**
内蒙古						1	0.20	1.20	36	9.60
吉　　林	1	0.64	7.72	437.50	38.60					
黑龙江										
广　　西										
四　　川										
云　　南										
西　　藏										
甘　　肃										
青　　海										
新　　疆	1	4.80	57.60	1451.52	115.20	1	0.10	0.60	30.24	1.44

全国少数民族文字期刊出版数量与去年相比增减百分比

	种数	总印数	总印张	总金额
全国	7.25	5.21	8.95	-5.06
中央	20.00	9.79	-0.26	9.94
地方	6.25	4.80	9.99	-6.82

三、报纸出版

全国各级报纸出版数量

	合计					中央及省、自治区、直辖市级				
	种数（种）	平均期印数（万份）	总印数（万份）	总印张（千印张）	总金额（万元）	种数（种）	平均期印数（万份）	总印数（万份）	总印张（千印张）	总金额（万元）
全国总计	**1928**	**21517.05**	**4674326**	**227198914**	**4004374**	**1042**	**16003.40**	**3153498**	**151078128**	**2834338**
中　央	**217**	**2939.65**	**689642**	**19991221**	**734712**	**217**	**2939.65**	**689642**	**19991221**	**734712**
地　方	**1711**	**18577.40**	**3984684**	**207207693**	**3269662**	**825**	**13063.75**	**2463856**	**131086907**	**2099626**
北　京	37	513.30	141008	9380590	115169	37	513.30	141008	9380590	115169
天　津	27	317.40	92359	5366405	86363	27	317.40	92359	5366405	86363
河　北	64	846.86	143135	4238614	91654	30	646.36	94636	2591465	56015
山　西	60	2039.40	202400	2845636	146608	35	1767.32	164105	1959379	119854
内蒙古	61	128.04	29361	748996	23289	25	80.05	16170	478436	14774
辽　宁	73	825.11	161277	9983423	121076	21	567.73	92771	5662527	60220
吉　林	52	477.67	78425	3323003	63935	24	389.82	57574	2525398	48562
黑龙江	69	374.73	79235	2994801	55324	31	177.50	37074	1212908	24754
上　海	72	726.16	158463	7860765	155562	72	726.16	158463	7860765	155562
江　苏	80	1178.44	279885	14202197	238833	29	743.04	156618	9252269	144992
浙　江	71	1201.94	359090	16055487	295982	35	543.32	134806	6030767	119360
安　徽	51	504.83	120769	6077340	76377	22	294.42	52779	2477163	37400
福　建	44	500.73	102180	4848302	89016	22	338.62	50879	2636989	45480
江　西	52	327.04	74425	3012087	52259	18	240.90	46247	2112048	30065
山　东	87	1188.33	344614	22053041	218555	30	692.92	209776	15656946	128467
河　南	78	1580.77	214343	7178902	155353	33	1327.73	149922	4994338	101959
湖　北	73	907.65	197995	8879272	178575	27	592.50	106010	5020989	101603
湖　南	50	554.44	122203	4606529	101829	24	435.20	83675	3506334	75410
广　东	99	1830.91	457530	42884951	529015	33	933.57	226618	21803370	296475
广　西	51	257.74	67229	2639518	49300	22	123.61	31727	1499403	25042
海　南	14	90.00	24193	750745	24280	11	73.49	20080	618904	20199
重　庆	26	315.79	66057	3680310	58264	24	309.99	64354	3630468	57110
四　川	89	664.50	173151	10163125	134392	40	413.26	94869	5514379	101743
贵　州	31	174.77	44931	2007122	34686	14	79.46	18471	754635	13744
云　南	43	238.93	64594	3739029	40202	19	187.33	48862	2934379	31111
西　藏	23	30.76	6441	175967	3959	11	22.99	4781	105965	2558
陕　西	44	292.06	66883	4344729	57162	29	212.83	41585	3446650	37518
甘　肃	52	193.37	45776	1049583	33906	23	122.82	24693	580224	21326
青　海	27	40.36	9885	345645	4864	13	28.33	6484	213411	3557
宁　夏	15	47.89	10021	324232	7216	8	25.66	4567	93845	5040
新　疆	96	207.48	46826	1447347	26657	36	136.12	31893	1165558	18194
台　湾										

全国各级报纸出版数量（续表）

	地、市级					县级				
	种数（种）	平均期印数（万份）	总印数（万份）	总印张（千印张）	总金额（万元）	种数（种）	平均期印数（万份）	总印数（万份）	总印张（千印张）	总金额（万元）
全国总计	**869**	**5480.06**	**1511457**	**75945249**	**1163437**	**17**	**33.59**	**9371**	**175537**	**6599**
中央										
地方	**869**	**5480.06**	**1511457**	**75945249**	**1163437**	**17**	**33.59**	**9371**	**175537**	**6599**
北京										
天津										
河北	33	199.68	48302	1643213	35460	1	0.82	197	3936	179
山西	24	267.85	37167	871755	26190	1	4.23	1128	14502	564
内蒙古	34	46.19	12859	266172	8416	2	1.80	332	4388	99
辽宁	49	255.62	68207	4319136	60645	3	1.76	299	1760	211
吉林	28	87.85	20851	797605	15373					
黑龙江	38	197.23	42161	1781893	30570					
上海										
江苏	51	435.40	123267	4949928	93841					
浙江	34	643.45	219157	9894035	172391	2	15.17	5127	130685	4231
安徽	29	210.41	67990	3600177	38977					
福建	22	162.11	51301	2211313	43536					
江西	32	83.08	27709	895350	21876	2	3.06	469	4689	318
山东	57	495.41	134838	6396095	90088					
河南	45	253.04	64421	2184564	53394					
湖北	43	310.68	90818	3846616	76251	3	4.47	1167	11667	721
湖南	26	119.24	38528	1100195	26419					
广东	66	897.34	230912	21081581	232540					
广西	29	134.13	35502	1140115	24258					
海南	3	16.51	4113	131841	4081					
重庆	1	4.10	1181	47232	945	1	1.70	522	2610	209
四川	49	251.24	78282	4648746	32649					
贵州	17	95.31	26460	1252487	20942					
云南	24	51.60	15732	804650	9091					
西藏	12	7.77	1660	70002	1401					
陕西	15	79.23	25298	898079	19644					
甘肃	29	70.55	21083	469359	12580					
青海	13	11.67	3293	131154	1253	1	0.36	108	1080	54
宁夏	7	22.23	5454	230387	2176					
新疆	59	71.14	14911	281569	8450	1	0.22	22	220	13
台湾										

各级综合报纸出版数量

	合计					中央及省、自治区、直辖市级				
	种数（种）	平均期印数（万份）	总印数（万份）	总印张（千印张）	总金额（万元）	种数（种）	平均期印数（万份）	总印数（万份）	总印张（千印张）	总金额（万元）
全国总计	**809**	**9552.80**	**3254287**	**191509403**	**2621734**	**221**	**5657.68**	**1928412**	**121274334**	**1630196**
中　　央	**24**	**1030.77**	**336669**	**9891713**	**331649**	**24**	**1030.77**	**336669**	**9891713**	**331649**
地　　方	**785**	**8522.03**	**2917618**	**181617690**	**2290085**	**197**	**4626.91**	**1591743**	**111382621**	**1298547**
北　　京	9	326.30	115459	8809150	101191	9	326.30	115459	8809150	101191
天　　津	6	218.72	79674	4980424	74273	6	218.72	79674	4980424	74273
河　　北	25	255.95	85438	2997468	56691	4	121.73	42476	1563943	26084
山　　西	21	142.41	46426	1571262	36598	5	62.02	19613	784148	18154
内 蒙 古	32	72.06	22148	599938	16338	5	31.75	9994	340867	8101
辽　　宁	38	385.30	130582	9414008	99443	8	206.38	71471	5362091	45836
吉　　林	20	160.79	54880	2634930	37382	5	102.42	35714	1885670	24274
黑 龙 江	30	150.93	49304	2396084	32290	8	60.11	19930	926903	12138
上　　海	13	246.72	82250	5424333	81867	13	246.72	82250	5424333	81867
江　　苏	47	602.45	215000	12960394	185260	10	309.79	112029	8546476	108715
浙　　江	40	794.21	290681	14334302	242469	7	272.29	103769	5477494	94779
安　　徽	26	262.14	89761	5359275	58115	5	69.00	24033	1778580	19682
福　　建	22	226.69	82264	4070586	70696	6	94.66	34401	2030792	30103
江　　西	28	183.86	60537	2777009	38525	7	98.92	32600	1878175	16379
山　　东	39	811.98	280580	20041222	170175	8	495.39	169550	14591767	100286
河　　南	33	387.63	121113	6050087	86379	3	192.57	64194	4048432	41251
湖　　北	35	448.71	156969	7705058	136674	4	200.95	72095	4010778	66896
湖　　南	28	258.48	88108	3644737	54849	5	147.24	51365	2582117	29698
广　　东	46	1145.46	385504	39227059	386576	8	589.83	184478	19337666	194715
广　　西	27	174.42	57559	2439644	40108	6	73.32	24258	1360410	18548
海　　南	4	35.21	12682	499407	12524	2	27.23	9810	392386	9810
重　　庆	11	168.53	58165	3225999	43853	9	162.73	56462	3176158	42700
四　　川	37	340.58	118156	8767312	74226	4	134.27	47609	4290350	45218
贵　　州	17	108.61	38023	1861094	24882	4	41.43	14613	691702	9790
云　　南	29	161.76	54009	3030623	30438	6	110.16	38276	2225973	21347
西　　藏	14	15.38	4314	162248	2760	4	7.61	2654	92246	1359
陕　　西	18	163.78	55868	4117969	47083	5	87.60	30753	3221720	27494
甘　　肃	22	83.88	28142	686269	18146	3	23.31	8154	237376	6637
青　　海	11	23.41	7779	259466	3361	3	15.14	5235	190407	2553
宁　　夏	7	23.66	7627	229469	4050	2	7.44	2474	47082	2474
新　　疆	50	142.02	38616	1340864	22863	23	89.88	26350	1097005	16195
台　　湾										

各级综合报纸出版数量（续表）

	地、市级					县级				
	种数（种）	平均期印数（万份）	总印数（万份）	总印张（千印张）	总金额（万元）	种数（种）	平均期印数（万份）	总印数（万份）	总印张（千印张）	总金额（万元）
全国总计	**576**	**3871.63**	**1319837**	**70159522**	**988272**	**16**	**23.49**	**6038**	**75547**	**3266**
中央										
地方	**576**	**3871.63**	**1319837**	**70159522**	**988272**	**16**	**23.49**	**6038**	**75547**	**3266**
北京										
天津										
河北	20	133.40	42765	1429589	30428	1	0.82	197	3936	179
山西	15	76.15	25685	772612	17880	1	4.23	1128	14502	564
内蒙古	25	38.51	11823	254683	8139	2	1.80	332	4388	99
辽宁	27	177.15	58812	4050157	53396	3	1.76	299	1760	211
吉林	15	58.37	19166	749260	13108					
黑龙江	22	90.82	29374	1469181	20152					
上海										
江苏	37	292.66	102971	4413918	76546					
浙江	32	516.87	185117	8826113	146793	1	5.07	1794	30695	898
安徽	21	193.14	65728	3580695	38433					
福建	16	132.03	47863	2039794	40593					
江西	19	81.88	27468	894144	21828	2	3.06	469	4689	318
山东	31	316.59	111030	5449455	69890					
河南	30	195.06	56919	2001655	45128					
湖北	28	243.29	83708	3682613	69057	3	4.47	1167	11667	721
湖南	23	111.24	36743	1062620	25151					
广东	38	555.63	201025	19889393	191855					
广西	21	101.09	33301	1079233	21559					
海南	2	7.98	2872	107021	2715					
重庆	1	4.10	1181	47232	945	1	1.70	522	2610	209
四川	33	206.31	70547	4476962	29009					
贵州	13	67.18	23410	1169393	15092					
云南	24	51.60	15732	804650	9091					
西藏	12	7.77	1660	70002	1401					
陕西	13	76.18	25115	896249	19589					
甘肃	19	60.57	19988	448893	11509					
青海	7	7.91	2436	67979	754	1	0.36	108	1080	54
宁夏	5	16.23	5154	182387	1576					
新疆	27	51.92	12244	243639	6655	1	0.22	22	220	13
台湾										

各级专业报纸出版数量

	合计					中央及省、自治区、直辖市级				
	种数（种）	平均期印数（万份）	总印数（万份）	总印张（千印张）	总金额（万元）	种数（种）	平均期印数（万份）	总印数（万份）	总印张（千印张）	总金额（万元）
全国总计	**1119**	**11964.25**	**1420039**	**35689511**	**1382640**	**821**	**10345.72**	**1225086**	**29803794**	**1204142**
中　　央	**193**	**1908.88**	**352973**	**10099508**	**403063**	**193**	**1908.88**	**352973**	**10099508**	**403063**
地　　方	**926**	**10055.37**	**1067066**	**25590003**	**979577**	**628**	**8436.84**	**872113**	**19704286**	**801079**
北　　京	28	187.00	25549	571440	13978	28	187.00	25549	571440	13978
天　　津	21	98.68	12685	385981	12090	21	98.68	12685	385981	12090
河　　北	39	590.91	57697	1241146	34963	26	524.63	52160	1027522	29931
山　　西	39	1896.99	155974	1274374	110010	30	1705.30	144492	1175231	101700
内 蒙 古	29	55.98	7213	149058	6951	20	48.30	6176	137569	6673
辽　　宁	35	439.81	30695	569415	21633	13	361.35	21300	300436	14384
吉　　林	32	316.88	23545	688073	26553	19	287.40	21860	639728	24288
黑 龙 江	39	223.80	29931	598717	23034	23	117.39	17144	286005	12616
上　　海	59	479.44	76213	2436432	73695	59	479.44	76213	2436432	73695
江　　苏	33	575.99	64885	1241803	53573	19	433.25	44589	705793	36277
浙　　江	31	407.73	68409	1721185	53513	28	271.03	31037	553273	24581
安　　徽	25	242.69	31008	718065	18262	17	225.42	28746	698583	17718
福　　建	22	274.04	19916	777716	18320	16	243.96	16478	606197	15377
江　　西	24	143.18	13888	235078	13734	11	141.98	13647	233873	13686
山　　东	48	376.35	64034	2011819	48380	22	197.53	40226	1065179	28181
河　　南	45	1193.14	93230	1128815	68974	30	1135.16	85728	945906	60708
湖　　北	38	458.94	41026	1174214	41901	23	391.55	33915	1010211	34707
湖　　南	22	295.96	34095	961792	46980	19	287.96	32310	924217	45712
广　　东	53	685.45	72026	3657892	142439	25	343.74	42140	2465704	101760
广　　西	24	83.32	9670	199874	9192	16	50.29	7469	138993	6494
海　　南	10	54.79	11511	251338	11756	9	46.26	10270	226518	10389
重　　庆	15	147.26	7892	454311	14411	15	147.26	7892	454310	14410
四　　川	52	323.92	54995	1395813	60166	36	278.99	47260	1224029	56525
贵　　州	14	66.16	6908	146028	9804	10	38.03	3858	62933	3954
云　　南	14	77.17	10585	708406	9764	13	77.17	10586	708406	9764
西　　藏	9	15.38	2127	13719	1199	7	15.38	2127	13719	1199
陕　　西	26	128.28	11015	226760	10079	24	125.23	10832	224930	10024
甘　　肃	30	109.49	17634	363314	15760	20	99.51	16539	342848	14689
青　　海	16	16.95	2106	86179	1503	10	13.19	1249	23004	1004
宁　　夏	8	24.23	2394	94763	3166	6	18.22	2093	46763	2566
新　　疆	46	65.46	8210	106483	3794	13	46.24	5543	68553	1999
台　　湾										

各级专业报纸出版数量(续表)

	地、市级					县级				
	种数(种)	平均期印数(万份)	总印数(万份)	总印张(千印张)	总金额(万元)	种数(种)	平均期印数(万份)	总印数(万份)	总印张(千印张)	总金额(万元)
全国总计	**293**	**1608.43**	**191620**	**5785727**	**175165**	**1**	**10.10**	**3333**	**99990**	**3333**
中　　央										
地　　方	**293**	**1608.43**	**191620**	**5785727**	**175165**	**1**	**10.10**	**3333**	**99990**	**3333**
北　　京										
天　　津										
河　　北	13	66.28	5537	213624	5032					
山　　西	9	191.70	11482	99143	8310					
内 蒙 古	9	7.68	1036	11489	277					
辽　　宁	22	78.47	9395	268979	7249					
吉　　林	13	29.48	1685	48345	2265					
黑 龙 江	16	106.41	12787	312712	10418					
上　　海										
江　　苏	14	142.74	20296	536010	17295					
浙　　江	2	126.58	34040	1067922	25598	1	10.10	3333	99990	3333
安　　徽	8	17.27	2262	19482	544					
福　　建	6	30.08	3438	171519	2943					
江　　西	13	1.20	241	1206	48					
山　　东	26	178.82	23808	946640	20198					
河　　南	15	57.98	7502	182909	8266					
湖　　北	15	67.39	7110	164003	7194					
湖　　南	3	8.00	1785	37575	1268					
广　　东	28	341.71	29887	1192188	40685					
广　　西	8	33.04	2201	60882	2699					
海　　南	1	8.53	1241	24820	1366					
重　　庆										
四　　川	16	44.93	7735	171784	3640					
贵　　州	4	28.13	3050	83094	5850					
云　　南										
西　　藏										
陕　　西	2	3.05	183	1830	55					
甘　　肃	10	9.98	1095	20466	1071					
青　　海	6	3.76	857	63175	499					
宁　　夏	2	6.00	300	48000	600					
新　　疆	32	19.22	2667	37930	1795					
台　　湾										

中央及省、自治区、直辖市级综合报纸出版数量

平均期印数：万份　印数：万份　印张：千印张　金额：万元

	开张	版数	刊期	期数	平均期印数	总印数	总印张	总金额
环球时报	4	16	周六刊	292	137.24	40074	801475	48088
华夏时报	2	32	周一刊	50	10.00	500	40000	1500
西部时报	2	16	周二刊	96	3.20	307	12288	614
北京周末报(英文)	2	24	周一刊	50	21.00	1050	63000	1575
世界新闻报	2	24	周二刊	99	8.00	792	47520	1584
新华每日电讯	2	8	日刊	365	101.58	37078	737490	29662
21 世纪报·中学生版(英文)	4	8	周三刊	145	5.33	772	7722	1544
新农村商报	4	56	周一刊	50	0.80	40	2815	121
商业周刊(英文)	2	24	周一刊	50	21.00	1050	63000	1575
中国日报(英文)	2	24	日刊	310	21.00	6510	390600	9765
经济日报	2	16	日刊	365	58.00	21170	846800	17359
光明日报	2	16	日刊	365	42.65	15567	524595	12454
人民政协报	2	12	周六刊	246	11.89	3543	87739	75
参考消息	4	16	日刊	365	306.90	112019	1902789	89615
参考消息大字版	2	16	日刊	365	1.00	364	12380	547
国际先驱导报	4	32	周一刊	49	9.34	458	18302	915
人民日报	2	24	日刊	365	256.75	93713	4381382	112455
人民日报海外版	2	8	日刊	305	3.56	1086	21718	1086
北京青年报	2	32	日刊	365	35.93	13114	1049095	19671
北京日报	2	16	日刊	365	26.96	9842	366181	5905
北京晚报	4	48	日刊	365	46.37	16923	1169807	16923
新京报	4	80	日刊	365	85.60	31244	3124400	20933
京华时报	4	64	日刊	365	56.57	20650	1651970	20650
法制晚报	4	56	日刊	365	28.00	10220	715400	10220
北京晨报	4	56	日刊	365	20.36	7433	520316	3717
北京娱乐信报	4	32	周五刊	242	24.50	5929	208863	2965
今日北京(英文)	4	24	周一刊	52	2.00	104	3120	208
今 晚 报	2	28	日刊	365	98.52	35962	2517311	35962
大众生活报	4	8	周一刊	50	0.50	25	250	50
渤海早报	4	48	日刊	365	23.39	8538	512302	4269
城市快报	2	28	日刊	365	20.00	7300	511000	7300
每日新报	4	48	日刊	365	44.60	16279	976740	16279
天津日报	2	16	日刊	365	31.70	11571	462820	10413

中央及省、自治区、直辖市级综合报纸出版数量（续表1）

平均期印数：万份　印数：万份　印张：千印张　金额：万元

	开张	版数	刊期	期数	平均期印数	总印数	总印张	总金额
燕赵都市报	4	32	日刊	352	88.00	30976	1239040	15488
河北日报	2	12	日刊	365	26.00	9490	284700	9490
山西晚报	4	40	日刊	347	25.00	8675	433750	8675
人民代表报	2	8	周三刊	156	6.62	1032	20648	1239
三晋都市报	4	32	周六刊	294	12.00	3528	141120	1764
山西日报	2	12	日刊	365	17.10	6243	187282	6243
山西政协报	2	4	周二刊	104	1.30	135	1348	233
内蒙古晨报	4	24	周六刊	312	9.00	2808	84240	2808
北方新报	4	48	周六刊	298	8.60	2563	153768	2563
内蒙古日报	2	8	日刊	353	9.10	3212	64246	2730
内蒙古日报（蒙古文版）	2	8	日刊	353	1.05	371	7413	206
内蒙古商报	4	24	周五刊	260	4.00	1040	31200	1040
辽宁日报	2	16	日刊	365	19.15	6990	279587	6990
辽沈晚报	4	48	日刊	352	87.68	30862	1851696	15431
华商晨报	2	28	日刊	351	48.00	16848	1179360	8424
北方晨报	2	24	周六刊	300	12.00	3600	216000	2880
半岛晨报	2	64	日刊	358	30.00	10740	1718400	10740
时代商报	2	24	日刊	347	6.56	2276	113928	1138
友报	2	8	周一刊	52	3.00	156	3120	234
吉林日报	2	12	日刊	351	13.00	4563	136890	3650
城市晚报	4	32	日刊	349	41.00	14309	572360	7155
新文化报	2	28	日刊	350	48.00	16800	1176000	13440
协商新报	2	4	周二刊	100	0.42	42	420	29
黑龙江晨报	4	24	日刊	345	15.30	5279	158355	2639
生活报	4	32	日刊	344	27.42	9434	641596	4717
新都市报	4	16	周六刊	280	3.00	840	16800	420
北方时报	4	8	周三刊	144	1.18	170	1702	107
远东经贸导报（俄文版）	4	8	周一刊	47	1.00	47	470	94
黑龙江日报	2	12	日刊	341	12.20	4161	107980	4161
解放日报	2	20	日报	365	35.45	12938	711711	12938
天天新报	4	48	日报	365	2.99	1092	65547	1092
联合时报	2	8	周二报	102	4.34	443	8864	443
上海日报	4	40	日报	361	2.55	922	42425	1844
新民晚报	4	48	日报	365	98.04	35786	2320918	35786
浦东时报	4	16	周二报	131	13.40	1755	35104	1755
上海英文星报	2	4	周一报	36	8.81	317	3171	317

中央及省、自治区、直辖市级综合报纸出版数量(续表2)

平均期印数：万份　印数：万份　印张：千印张　金额：万元

	开张	版数	刊期	期数	平均期印数	总印数	总印张	总金额
青年报	4	48	日报	365	8.96	3271	196283	2617
东方早报	4	64	日报	365	15.90	5805	464403	5805
新闻晨报	4	88	日报	365	32.71	11937	1069255	11937
新闻晚报	4	40	日报	365	18.07	6596	438197	6596
上海商报	4	40	日报	346	3.76	1301	65049	650
上海侨报	4	32	周一报	49	1.73	85	3408	85
江南晚报	4	52	日刊	358	15.50	5549	360685	3884
扬子晚报	4	60	日刊	364	179.00	65156	4886700	65156
新华日报	2	16	日刊	360	35.00	12600	504000	12600
现代快报	4	88	日刊	364	61.80	22495	2474472	22495
江南时报	4	24	周五刊	264	3.20	845	25344	845
海门日报	4	16	周六刊	302	2.30	695	13892	451
南京晨报	4	48	日刊	361	12.99	4690	281383	3283
浙江日报	2	20	日刊	365	40.70	21488	562830	21488
现代金报	2	32	日刊	360	18.69	6728	538272	3364
青年时报	4	48	日刊	365	28.10	10257	615390	5128
钱江晚报	4	64	日刊	365	175.00	63875	3741500	63875
联谊报	2	4	周三刊	145	9.80	1421	19502	924
安徽日报	2	8	日刊	365	21.00	7665	153300	11498
安徽商报	4	24	日刊	341	48.00	16368	1625280	8184
福建日报	2	8	日刊	364	26.80	9756	231578	9756
海峡导报	2	48	日刊	358	17.69	6332	759851	3166
海峡都市报	4	52	日刊	365	39.83	14539	945031	14539
东南快报	8	40	日刊	365	10.34	3773	94332	2641
信息日报	4	32	日刊	556	15.02	5150	299399	2575
江西商报	4	64	周一刊	50	3.00	150	12000	150
江南都市报	4	48	日刊	344	42.00	14448	866880	7224
光华时报	2	4	周二刊	101	2.00	202	2020	105
经济晚报	4	16	周五刊	260	5.00	1300	26000	650
江西日报	2	12	日刊	365	21.74	7936	228087	3968
鲁中晨报	4	40	日刊	360	7.91	2848	284821	1424
生活日报	4	30	日刊	358	12.64	4524	376459	2262
大众日报	2	12	日刊	365	41.00	14965	512500	14217
城市信报	4	40	周五刊	265	82.00	21730	1086500	6519
山东商报	4	56	日刊	356	56.00	19936	1395520	9968
联合日报	2	4	周六刊	288	5.20	1498	14976	1198
齐鲁晚报	4	32	日刊	358	172.64	61805	2472190	30902
半岛都市报	4	80	日刊	358	118.00	42244	8448800	33795

中央及省、自治区、直辖市级综合报纸出版数量(续表3)

平均期印数：万份　印数：万份　印张：千印张　金额：万元

	开张	版数	刊期	期数	平均期印数	总印数	总印张	总金额
大河报	4	64	日刊	346	83.00	28718	2297440	14359
东方今报	4	56	周六刊	296	58.00	17168	1201760	8584
河南日报	2	12	日刊	355	51.57	18308	549232	18308
湖北日报	2	16	日刊	365	22.27	8128	325135	8128
楚天金报	4	40	日刊	358	57.68	20648	1032383	20648
楚天都市报	4	49	日刊	358	121.00	43319	2653260	38120
湖南日报	2	8	日刊	365	26.06	9512	280666	8443
潇湘晨报	2	28	日刊	360	61.34	22084	1545869	11042
三湘都市报	4	32	日刊	356	49.35	17567	702673	8783
当代商报	4	24	日刊	351	4.40	1544	46332	772
湘声报	2	4	周二刊	108	6.09	658	6577	658
南方日报	2	24	日刊	365	92.10	33617	2016990	33617
羊城晚报	2	32	日刊	365	105.00	38325	3066000	38325
新快报	4	88	日刊	365	109.00	39785	4376350	39785
南方都市报	4	112	日刊	365	185.30	67635	9468830	67635
理财周报	2	100	周一刊	50	25.00	1250	312500	7500
南方周末	2	32	周一刊	52	98.44	5119	409497	15356
广西日报	2	16	日刊	365	21.26	7759	310376	6208
南国今报	4	40	日刊	361	11.14	4021	201026	2412
华声晨报	2	32	周三刊	150	8.00	1200	96000	1800
南国早报	4	56	日刊	361	22.61	8161	571294	6529
当代生活报	4	48	日刊	361	8.32	3003	180174	1501
广西政协报	2	4	周一刊	57	2.00	114	1540	98
海南日报	2	16	日刊	365	14.30	5220	208780	5220
南国都市报	4	32	日刊	355	12.93	4590	183606	4590
巴渝都市报	4	16	日刊	360	3.53	1271	25416	1271
重庆时报	4	42	日刊	360	49.43	17795	934227	8897
重庆商报	2	32	日刊	360	28.50	10260	820800	5130
三峡都市报	4	20	日刊	353	5.50	1942	97075	1553
重庆晚报	4	46	日刊	360	19.23	6922	398026	6922
重庆晨报	4	56	日刊	360	28.00	10080	705600	10080
重庆青年报	4	8	周二刊	86	7.60	654	6536	1307
重庆日报	2	10	日刊	360	20.94	7539	188478	7539
华西都市报	2	44	日刊	359	89.00	31951	3514610	31951
四川政协报	2	4	周三刊	148	3.60	533	5328	352
四川日报	2	16	日刊	365	29.33	10705	428206	10705

中央及省、自治区、直辖市级综合报纸出版数量(续表4)

平均期印数：万份　印数：万份　印张：千印张　金额：万元

	开张	版数	刊期	期数	平均期印数	总印数	总印张	总金额
天府早报	2	32	日刊	358	12.35	4420	342206	2210
贵州都市报	4	56	日刊	358	20.71	7413	468813	3707
贵州商报	4	32	日刊	358	4.14	1482	59299	445
贵州政协报	2	28	周四刊	197	1.99	393	27500	314
贵州日报	2	8	日刊	365	14.59	5324	136089	5324
春城晚报	4	64	日刊	352	28.21	9930	794422	4965
云南日报	2	12	日刊	365	17.97	6559	154551	5248
都市时报	4	56	日刊	351	28.79	10105	707370	5053
生活新报	4	40	日刊	350	32.00	11200	560000	5600
云南政协报	2	8	周三刊	151	3.19	481	9630	481
西藏商报	2	42	日刊	288	1.60	461	48384	300
西藏日报(藏文版)	2	8	日刊	365	3.51	1281	25625	513
西藏日报	2	8	日刊	365	2.50	912	18237	547
华商报	2	60	日刊	353	52.60	18568	2785170	18533
三秦都市报	4	24	日刊	350	12.00	4200	126000	2100
各界导报	2	12	周六刊	295	3.00	885	26550	885
陕西日报	2	16	日刊	355	20.00	7100	284000	5976
民主协商报	2	4	周一刊	52	1.00	52	520	31
甘肃日报	2	8	日刊	365	14.00	5110	102200	5110
西部商报	4	36	日刊	360	8.31	2992	134656	1496
青海日报	2	8	日刊	365	3.71	1356	27111	1356
青海日报(藏文版)	4	24	周一刊	52	0.28	15	437	36
海南报	4	4	周三刊	156	0.30	47	234	14
海南报(藏文版)	4	4	周一刊	48	0.35	17	84	7
西海都市报	4	32	日刊	362	10.50	3801	162540	1140
华兴时报	2	12	周五刊	222	1.69	375	11248	375
宁夏日报	2	8	日刊	365	5.75	2099	35834	2099
亚洲中心时报	2	4	周一刊	50	0.90	45	450	27
亚洲中心时报(维吾尔文版)	2	4	周二刊	100	0.99	91	910	55
生活晚报	4	8	周二刊	100	5.40	540	5400	232
新疆日报	2	8	日刊	356	8.55	3045	60891	3045
新疆日报(蒙古文版)	2	4	日刊	356	0.41	146	1460	73
新疆日报(维吾尔文版)	2	8	日刊	352	7.90	2781	55616	1390
新疆日报(哈萨克文版)	4	4	日刊	352	0.41	144	722	72
新疆都市报	4	48	周六刊	298	13.00	3874	232440	2712
参考消息(维吾尔文版)	4	4	周六刊	302	0.26	79	394	39
参考消息(哈萨克文版)	4	4	周六刊	302	0.12	38	188	19
兵团日报(维吾尔文版)	4	8	周五刊	240	2.47	593	5928	439
兵团日报	4	8	周五刊	240	2.47	593	5928	439

各种刊期的报纸出版数量

	日刊				每周六刊			
	种数（种）	总印数（万份）	总印张（千印张）	总金额（万元）	种数（种）	总印数（万份）	总印张（千印张）	总金额（万元）
全国总计	**487**	**3087280**	**182142974**	**2496136**	**238**	**431863**	**12890763**	**351860**
中　央	**22**	**419506**	**11547747**	**396741**	**16**	**93666**	**3808685**	**111587**
地　方	**465**	**2667774**	**170595227**	**2099395**	**222**	**338197**	**9082078**	**240273**
北　京	9	113334	8675327	101495	3	11475	144337	3315
天　津	7	83752	5084714	77333				
河　北	13	78980	2866585	46170	16	27142	638942	18643
山　西	16	49600	1466270	43889	13	37694	482484	25020
内蒙古	10	10539	233542	7505	11	9318	289539	7723
辽　宁	12	109436	8667366	82293	17	21048	784819	16390
吉　林	12	58579	2984213	38039	5	2070	20703	1574
黑龙江	16	43070	2181961	27603	11	14144	317907	9533
上　海								
江　苏	36	208447	12807705	184464	14	21788	339831	16562
浙　江	40	314463	15174852	254943	8	14392	231366	8067
安　徽	13	84923	5526292	51868	10	10279	203086	6938
福　建	20	85276	4218375	72614				
江　西	11	48350	2508750	31098	10	9219	206613	5476
山　东	32	260658	19231229	160774	11	18931	490887	14904
河　南	6	59128	3153577	43448	20	60488	2973109	39671
湖　北	21	148850	7795435	130902	12	13341	392878	9190
湖　南	19	79332	3474614	44684	4	4323	53434	2958
广　东	41	380999	38890273	371919	5	8602	442154	15042
广　西	21	54307	2312692	35630	5	5324	97127	4950
海　南	6	20785	701195	20639	1	991	19821	991
重　庆	7	55808	3169622	41393	2	1703	49842	1153
四　川	33	126143	9272834	97975	12	19596	338498	12933
贵　州	11	32887	1729986	20833	5	4743	103608	3735
云　南	15	54986	2936256	32689	4	3123	45537	2201
西　藏	4	3734	157046	2439				
陕　西	9	48157	3975756	41161	7	7251	137613	5830
甘　肃	14	34366	821434	24931	4	3601	83331	2463
青　海	3	7360	255747	3157	2	252	2520	97
宁　夏	3	6130	197077	2700	2	650	9996	560
新　疆	5	5395	124502	4807	8	6709	182096	4354

各种刊期的报纸出版数量(续表)

	每周五刊				每周四刊			
	种数(种)	总印数(万份)	总印张(千印张)	总金额(万元)	种数(种)	总印数(万份)	总印张(千印张)	总金额(万元)
全国总计	**190**	**257817**	**6937011**	**224504**	**55**	**54498**	**1111551**	**52536**
中　　央	**27**	**59296**	**1194106**	**65313**	**8**	**16359**	**320384**	**18416**
地　　方	**163**	**198521**	**5742905**	**159191**	**47**	**38139**	**791167**	**34120**
北　　京	4	8416	295771	5342				
天　　津					3	1473	23564	1786
河　　北	5	4652	95558	3672	3	1361	36855	1283
山　　西	3	10298	62680	6801	4	2505	44280	3048
内 蒙 古	11	5330	130504	3195	4	279	1777	102
辽　　宁	9	5008	103659	4033	2	611	5335	307
吉　　林	4	1628	40968	1789	3	497	7396	578
黑 龙 江	7	9121	169303	4981	5	2009	14811	1683
上　　海								
江　　苏	7	15436	343609	12585	4	8196	163910	3919
浙　　江	3	4672	49458	3583	2	7112	89635	5271
安　　徽	9	7378	99381	5249				
福　　建								
江　　西	5	3741	71991	2859	1	241	1206	48
山　　东	12	43144	1535830	19050				
河　　南	19	22243	532545	20246	1	1073	10726	858
湖　　北	8	6361	161969	10412	1	337	3366	337
湖　　南	5	5473	160162	7388				
广　　东	8	21589	1031884	34224	1	3419	102579	6839
广　　西	1	800	16000	448	1	1192	11920	1192
海　　南								
重　　庆	1	587	2933	293				
四　　川	2	4130	53129	1119	4	4854	53535	3737
贵　　州	2	1486	14857	846	1	393	27500	314
云　　南	4	2459	534645	1988	1	572	148720	572
西　　藏	1	80	798	48				
陕　　西	3	1572	15721	1254				
甘　　肃	6	2442	19020	1372				
青　　海	1	780	62400	468	1	473	9450	378
宁　　夏	4	1944	42629	2186	2	482	20700	752
新　　疆	19	7751	95501	3760	3	1060	13902	1116

全国少数民族文字报纸出版数量

	种数（种）	平均期印数（万份）	总印数（万份）	总印张（千印张）	总金额（万元）
全国总计	**84**	**91. 53**	**20070**	**325991**	**10441**
中　　央					
地　　方	**84**	**91. 53**	**20070**	**325991**	**10441**
内 蒙 古	12	4. 58	949	13058	752
辽　　宁	2	0. 69	61	1146	52
吉　　林	6	4. 70	469	11655	515
黑 龙 江	1	1. 10	319	6380	179
四　　川	2	0. 93	116	1158	56
云　　南	6	1. 96	115	904	7
西　　藏	9	10. 40	2237	37161	955
青　　海	7	3. 17	138	1111	119
新　　疆	39	64. 00	15666	253418	7806

全国少数民族文字报纸出版数量与去年相比增减百分比

	种数	平均期印数	总印数	总印张	总金额（万元）
全　　国	2. 44	5. 16	1. 13	33. 46	11. 42
中　　央					
地　　方	2. 44	5. 16	1. 13	33. 46	11. 42

四、音像、电子出版物出版

按载体形式分类全国各地区录音制品出版品种、数量及发行总量

单位：种、万盒、万张

	录音制品合计					录音带(AT)			
	合计		其中：新版		发行数量	合计		其中：新版	
	种数	数量	种数	数量		种数	数量	种数	数量
全国总计	**9931**	**24642.75**	**5848**	**4743.56**	**26047.38**	**3250**	**18757.06**	**1322**	**1797.10**
中　　央	**4133**	**17771.59**	**2028**	**1738.03**	**15587.68**	**1329**	**15361.34**	**226**	**627.12**
地　　方	**5798**	**6871.16**	**3820**	**3005.53**	**10459.70**	**1921**	**3395.72**	**1096**	**1169.98**
北　　京	258	119.37	258	119.37	167.08	212	63.23	212	63.23
天　　津	62	34.42	57	29.34	136.27	11	4.20	11	4.20
河　　北	39	441.32	39	441.32	550.50	38	440.12	38	440.12
山　　西	15	2.07	15	2.07	63.83	11	0.67	11	0.67
内 蒙 古	33	9.98	33	9.98	26.23				
辽　　宁	373	238.07	245	144.05	464.56	35	25.70	19	7.90
吉　　林	68	22.24	56	15.19	43.54	6	1.81	6	1.81
黑 龙 江	6	2.40	3	1.20	2.40				
上　　海	1928	2641.07	795	1058.25	2741.43	562	1330.53	81	297.72
江　　苏	415	965.77	231	180.02	429.91	159	700.53	77	5.25
浙　　江	108	311.89	57	22.89	1512.75	48	288.08	2	0.09
安　　徽	108	58.44	100	53.03	517.68	57	36.42	50	31.51
福　　建	61	39.99	34	9.03	102.03	56	37.09	29	6.13
江　　西	117	75.22	117	75.22	119.83	64	47.47	64	47.47
山　　东	151	25.03	70	22.77	1294.16	67	9.42	25	7.16
河　　南	57	69.61	56	64.61	72.55	40	26.16	40	26.16
湖　　北	166	58.66	138	51.15	507.16	24	18.62	21	17.72
湖　　南	160	905.54	57	73.06	547.86	19	26.93	10	4.71
广　　东	1151	509.72	1120	473.66	682.64	263	145.21	254	144.48
广　　西	104	34.65	79	17.92	34.81	79	11.13	69	9.43
海　　南	7	1.00	7	1.00	14.16				
重　　庆	108	99.44	49	43.08	194.40	49	70.82	27	32.44
四　　川	32	25.77	31	25.47	38.75	4	4.00	4	4.00
贵　　州									
云　　南	122	23.09	94	20.72	27.54	50	3.22	30	1.98
西　　藏	4	2.10	4	2.10	2.20				
陕　　西	134	152.50	64	47.23	158.38	67	104.36	16	15.80
甘　　肃	1	0.50	1	0.50	3.20				
青　　海					1.60				
宁　　夏					2.25				
新　　疆	10	1.30	10	1.30					

按载体形式分类全国各地区录音制品出版品种、数量及发行总量(续表)

单位：种、万盒、万张

	激光唱盘(CD)				高密度激光唱盘(DVD－A)及其他			
	合计		其中：新版		合计		其中：新版	
	种数	数量	种数	数量	种数	数量	种数	数量
全国总计	**4716**	**3731.56**	**3456**	**2156.31**	**1965**	**2154.13**	**1070**	**790.15**
中　　央	**1718**	**1460.28**	**1218**	**748.65**	**1086**	**949.97**	**584**	**362.26**
地　　方	**2998**	**2271.28**	**2238**	**1407.67**	**879**	**1204.16**	**486**	**427.88**
北　　京	26	51.34	26	51.34	20	4.80	20	4.80
天　　津	49	28.82	44	23.74	2	1.40	2	1.40
河　　北	1	1.20	1	1.20				
山　　西	2	0.80	2	0.80	2	0.60	2	0.60
内 蒙 古	33	9.98	33	9.98				
辽　　宁	63	37.02	63	37.02	275	175.35	163	99.13
吉　　林	51	15.67	40	8.82	11	4.76	10	4.56
黑 龙 江					6	2.40	3	1.20
上　　海	1046	855.04	560	552.15	320	455.50	154	208.38
江　　苏	243	256.14	141	165.67	13	9.10	13	9.10
浙　　江	59	23.51	54	22.50	1	0.30	1	0.30
安　　徽	46	19.98	46	19.98	5	2.04	4	1.54
福　　建	5	2.90	5	2.90				
江　　西	53	27.75	53	27.75				
山　　东	45	15.61	45	15.61	39			
河　　南	16	43.35	15	38.35	1	0.10	1	0.10
湖　　北	87	22.37	83	21.67	55	17.67	34	11.76
湖　　南	104	410.21	34	27.40	37	468.40	13	40.95
广　　东	853	340.85	831	305.52	35	23.66	35	23.66
广　　西	24	15.52	10	8.49	1	8.00		
海　　南	7	1.00	7	1.00				
重　　庆	44	21.54	19	9.03	15	7.08	3	1.61
四　　川	27	21.47	26	21.17	1	0.30	1	0.30
贵　　州								
云　　南	70	19.58	62	18.45	2	0.29	2	0.29
西　　藏	4	2.10	4	2.10				
陕　　西	30	26.23	24	13.73	37	21.91	24	17.70
甘　　肃					1	0.50	1	0.50
青　　海								
宁　　夏								
新　　疆	10	1.30	10	1.30				

按内容分类全国录音制品出版品种、数量

单位：种、万盒(张)

	AT				DVD－A			
	合计		其中：新版		合计		其中：新版	
	种数	数量	种数	数量	种数	数量	种数	数量
全 国 总 计	**3250**	**18757.06**	**1322**	**1797.10**	**51**	**29.65**	**50**	**29.35**
其中：少儿	445	60.25	299	47.01	4	1.11	4	1.11
一、自编节目	**3249**	**18756.76**	**1321**	**1796.80**	**50**	**27.65**	**49**	**27.35**
歌曲	144	168.87	7	1.10	7	1.00	7	1.00
乐曲	6	0.29			2	0.80	2	0.80
戏曲	75	2.54			1	0.20	1	0.20
曲艺	10	0.43	1	0.25				
教育	2188	6204.70	1109	1263.46	25	16.33	25	16.33
文学	125	14.98	33	11.20				
语言	673	12359.28	143	515.13	5	1.82	4	1.52
科技					1	1.20	1	1.20
经济					3	2.00	3	2.00
体育								
医药卫生								
综合	28	5.66	28	5.66	6	4.30	6	4.30
其他		0.01						
二、引进节目	**1**	**0.30**	**1**	**0.30**	**1**	**2.00**	**1**	**2.00**
歌曲					1	2.00	1	2.00
乐曲								
教育								
语言								
文学	1	0.30	1	0.30				
经济								
科技								
医药卫生								
体育								
其他								
三、对外合作								

按内容分类全国录音制品出版品种、数量(续表)

单位：种、万盒(张)

	CD				其他			
	合计		其中：新版		合计		其中：新版	
	种数	数量	种数	数量	种数	数量	种数	数量
全国总计	**4716**	**3731.56**	**3456**	**2156.31**	**1914**	**2124.48**	**1020**	**760.79**
其中：少儿	457	374.48	339	316.41	63	17.08	30	14.48
一、自编节目	**4228**	**3298.03**	**3011**	**1760.11**	**1868**	**2107.06**	**997**	**751.64**
歌曲	1397	623.77	1284	486.70	21	189.30	18	80.86
乐曲	590	303.04	429	211.21	27	23.06	8	6.33
戏曲	175	55.44	75	43.25	1	0.60	1	0.60
曲艺	44	12.90	23	5.07	5	3.83	2	0.90
教育	1197	1579.65	657	635.19	436	682.12	267	171.46
文学	112	131.63	60	82.52	9	7.67	8	6.46
语言	590	517.60	369	231.49	1365	1198.47	690	483.42
科技	14	12.43	14	12.43				
经济	30	17.70	30	17.70	1	0.40		
体育	3	2.87						
医药卫生	5	8.40	2	2.20				
综合	70	30.61	67	30.37	3	1.62	3	1.62
其他	1	1.99	1	1.98		-0.01		-0.01
二、引进节目	**487**	**433.33**	**444**	**396.00**	**46**	**17.41**	**23**	**9.15**
歌曲	349	251.73	332	235.46				
乐曲	109	160.31	90	149.36				
教育	13	9.07	11	5.00	16	7.95	15	7.35
语言	8	8.29	3	2.25	30	9.46	8	1.80
文学	3	0.90	3	0.90				
经济								
科技								
医药卫生								
体育								
其他	5	3.03	5	3.03				
三、对外合作	**1**	**0.20**	**1**	**0.20**				

按内容分类全国各地区录音制品出版品种、数量（AT）

单位：种、万盒

	自编节目合计		歌曲		乐曲		戏曲	
	种数	出版数量	种数	出版数量	种数	出版数量	种数	出版数量
全国总计	**3249**	**18756.76**	**144**	**168.87**	**6**	**0.29**	**75**	**2.54**
中　　央	**1328**	**15361.04**	**107**	**166.74**	**5**	**0.27**		
地　　方	**1921**	**3395.72**	**37**	**2.13**	**1**	**0.02**	**75**	**2.54**
北　　京	212	63.23						
天　　津	11	4.20						
河　　北	38	440.12						
山　　西	11	0.67						
内 蒙 古								
辽　　宁	35	25.70						
吉　　林	6	1.81	4	0.80				
黑 龙 江								
上　　海	562	1330.53	27	0.94	1	0.02	75	2.54
江　　苏	159	700.53						
浙　　江	48	288.08	3	0.09				
安　　徽	57	36.42						
福　　建	56	37.09						
江　　西	64	47.47						
山　　东	67	9.42						
河　　南	40	26.16						
湖　　北	24	18.62						
湖　　南	19	26.93						
广　　东	263	145.21	3	0.30				
广　　西	79	11.13						
海　　南								
重　　庆	49	70.82						
四　　川	4	4.00						
贵　　州								
云　　南	50	3.23						
西　　藏								
陕　　西	67	104.36						
甘　　肃								
青　　海								
宁　　夏								
新　　疆								

按内容分类全国各地区录音制品出版品种、数量(续表1)
(AT)

单位：种、万盒

	文学		教育		语言		其他		其中(少儿)	
	种数	出版数量	种数	出版数量	种数	出版数量	种数	出版数量	种数	出版数量
全国总计	**125**	**14.98**	**2188**	**6204.70**	**673**	**12359.28**	**38**	**6.10**	**444**	**59.95**
中　　央	**3**	**8.00**	**767**	**3682.53**	**446**	**11503.49**		**0.01**	**14**	**12.50**
地　　方	**122**	**6.98**	**1421**	**2522.17**	**227**	**855.79**	**38**	**6.09**	**430**	**47.45**
北　　京			212	63.23					153	5.13
天　　津			11	4.20						
河　　北			38	440.12						
山　　西			11	0.67						
内 蒙 古										
辽　　宁			19	7.90	16	17.80				
吉　　林			2	1.01						
黑 龙 江										
上　　海	100	4.58	299	1266.99	51	55.27	9	0.19	119	8.24
江　　苏			108	29.24	51	671.28		0.01		0.32
浙　　江			45	287.99						
安　　徽			54	35.63	2	0.54	1	0.25	10	1.53
福　　建			36	31.64	20	5.44		0.01		
江　　西			51	33.95	12	13.32	1	0.20	37	12.38
山　　东			52	6.05			15	3.37		
河　　南			40	26.16					1	1.30
湖　　北			24	18.62					12	2.70
湖　　南			19	26.93					4	1.22
广　　东	22	2.40	225	140.11	1	0.30	12	2.10	36	8.90
广　　西			74	10.13	5	1.00			32	2.48
海　　南										
重　　庆			49	70.82						
四　　川			4	4.00						
贵　　州										
云　　南			38	2.70	12	0.53				
西　　藏										
陕　　西			10	14.06	57	90.29		0.01	26	3.26
甘　　肃										
青　　海										
宁　　夏										
新　　疆										

按内容分类全国各地区录音制品出版品种、数量(续表2)
(AT)

单位：种、万盒

	引进节目合计		歌曲		教育		语言		对外合作	
	种数	出版数量	种数	出版数量	种数	出版数量	种数	出版数量	种数	出版数量
全国总计	**1**	**0.30**								
中　　央	**1**	**0.30**								
地　　方										
北　　京										
天　　津										
河　　北										
山　　西										
内 蒙 古										
辽　　宁										
吉　　林										
黑 龙 江										
上　　海										
江　　苏										
浙　　江										
安　　徽										
福　　建										
江　　西										
山　　东										
河　　南										
湖　　北										
湖　　南										
广　　东										
广　　西										
海　　南										
重　　庆										
四　　川										
贵　　州										
云　　南										
西　　藏										
陕　　西										
甘　　肃										
青　　海										
宁　　夏										
新　　疆										

按内容分类全国各地区录音制品出版品种、数量(续表3)
(CD)

单位：种、万盒

	自编节目合计		歌曲		乐曲		戏曲		曲艺	
	种数	出版数量	种数	出版数量	种数	出版数量	种数	出版数量	种数	出版数量
全国总计	**4228**	**3298.03**	**1397**	**623.77**	**590**	**303.04**	**175**	**55.44**	**44**	**12.90**
中　央	**1643**	**1436.35**	**471**	**196.26**	**214**	**89.35**	**14**	**8.70**	**15**	**4.28**
地　方	**2585**	**1861.69**	**926**	**427.51**	**376**	**213.69**	**161**	**46.74**	**29**	**8.62**
北　京	26	51.34	6	1.50	1	0.10	3	1.60		
天　津	45	24.44	12	3.70	11	10.54	1	0.30		
河　北	1	1.20	1	1.20						
山　西	2	0.80	1	0.70						
内蒙古	33	9.98	30	9.68	3	0.30				
辽　宁	56	34.02	36	26.32	12	6.00				
吉　林	51	15.67	9	1.70	8	1.60				
黑龙江										
上　海	747	509.37	116	108.49	190	137.88	97	7.77	14	1.51
江　苏	242	254.64	31	10.75	10	3.86	8	1.80	2	0.50
浙　江	42	15.81	3	0.60	2	0.30	15	7.20	1	0.25
安　徽	46	19.98	4	0.50	2	0.30	4	1.10		
福　建	5	2.90	1	0.20	3	1.70				
江　西	53	27.75	1	0.40						
山　东	45	15.61	4	1.40	12	1.70	1	0.10		
河　南	16	43.35	3	13.30	3	7.50	5	17.95		
湖　北	87	22.37	73	15.27	6	0.65				
湖　南	92	400.47	4	1.60	12	14.37	6	2.53	5	5.65
广　东	780	303.25	493	190.76	88	24.04	20	6.10	7	0.70
广　西	24	15.52	7	2.29	1	0.10				
海　南	7	1.00	4	0.50	3	0.50				
重　庆	44	21.54			1	0.20				
四　川	27	21.47	20	16.20	2	0.45				
贵　州										
云　南	70	19.59	47	16.03	5	1.40				
西　藏	4	2.10	3	1.80			1	0.30		
陕　西	30	26.23	7	1.30	1	0.20				
甘　肃										
青　海										
宁　夏										
新　疆	10	1.30	10	1.30						

按内容分类全国各地区录音制品出版品种、数量(续表4)
(CD)

单位：种、万盒

	经济		体育		文学		医药卫生		综合	
	种数	出版数量	种数	出版数量	种数	出版数量	种数	出版数量	种数	出版数量
全国总计	**30**	**17.70**	**3**	**2.87**	**112**	**131.63**	**5**	**8.40**	**70**	**30.61**
中　　央	**3**	**7.90**	**3**	**2.87**	**27**	**62.51**	**4**	**8.20**	**29**	**14.52**
地　　方	**27**	**9.80**			**85**	**69.12**	**1**	**0.20**	**41**	**16.09**
北　　京										
天　　津					1	1.20				
河　　北										
山　　西										
内 蒙 古										
辽　　宁							1	0.20		
吉　　林										
黑 龙 江										
上　　海					53	11.57			4	0.34
江　　苏					1	0.81				
浙　　江	10	2.00								
安　　徽										
福　　建										
江　　西									2	0.25
山　　东										
河　　南										
湖　　北					1	0.20			2	4.00
湖　　南					5	41.41				
广　　东	15	3.80			14	12.30			23	10.65
广　　西										
海　　南										
重　　庆										
四　　川	2	4.00			2	0.52				
贵　　州										
云　　南					8	1.11			9	0.65
西　　藏										
陕　　西									1	0.20
甘　　肃										
青　　海										
宁　　夏										
新　　疆										

按内容分类全国各地区录音制品出版品种、数量(续表5)
(CD)

单位：种、万盒

	教育		语言		科技		其他		其中(少儿)	
	种数	出版数量	种数	出版数量	种数	出版数量	种数	出版数量	种数	出版数量
全国总计	**1197**	**1579.65**	**590**	**517.60**	**14**	**12.43**	**1**	**2.00**	**436**	**359.88**
中　央	**500**	**691.50**	**350**	**336.23**	**12**	**12.03**	**1**	**2.00**	**112**	**146.35**
地　方	**697**	**888.15**	**240**	**181.37**	**2**	**0.40**			**324**	**213.53**
北　京	15	43.14	1	5.00					3	8.74
天　津	16	7.20	4	1.50						
河　北										
山　西	1	0.10								
内蒙古									1	0.40
辽　宁	4	0.40	3	1.10						
吉　林	33	9.92	1	2.45					21	11.05
黑龙江										
上　海	166	149.83	107	91.97					90	32.61
江　苏	154	219.55	36	17.36					59	77.24
浙　江	9	5.06			2	0.40			2	2.11
安　徽	36	18.08							18	8.79
福　建			1	1.00						
江　西	32	15.90	18	11.20					46	25.90
山　东	26	11.05	2	1.36					1	0.10
河　南	5	4.60								
湖　北	5	2.25							5	2.30
湖　南	54	329.30	6	5.60					3	1.70
广　东	84	36.21	36	18.70					41	21.76
广　西	12	12.33	4	0.80					16	13.13
海　南									3	0.30
重　庆	43	21.34							2	0.20
四　川			1	0.30					1	0.10
贵　州										
云　南	1	0.40							7	0.81
西　藏									1	0.30
陕　西	1	1.50	20	23.03					4	6.00
甘　肃										
青　海										
宁　夏										
新　疆										

按内容分类全国各地区录音制品出版品种、数量(续表6)
(CD)

单位：种、万盒

	引进节目合计		歌曲		乐曲		教育		语言		对外合作	
	种数	出版数量	种数	出版数量	种数	出版数量	种数	出版数量	种数	出版数量	种数	出版数量
全国总计	**487**	**433.33**	**349**	**251.73**	**109**	**160.31**	**13**	**9.07**	**8**	**8.29**	**1**	**0.20**
中　　央	**75**	**23.93**	**51**	**11.50**	**13**	**6.93**	**4**	**0.70**	**4**	**3.90**		
地　　方	**412**	**409.39**	**298**	**240.23**	**96**	**153.38**	**9**	**8.37**	**4**	**4.38**	**1**	**0.20**
北　　京												
天　　津	4	4.38			1	0.20			3	4.18		
河　　北												
山　　西												
内 蒙 古												
辽　　宁	6	2.80					6	2.80			1	0.20
吉　　林												
黑 龙 江												
上　　海	299	345.67	229	201.63	69	143.94						
江　　苏	1	1.50					1	1.50				
浙　　江	17	7.70	9	5.00	8	2.70						
安　　徽												
福　　建												
江　　西												
山　　东												
河　　南												
湖　　北												
湖　　南	12	9.74			6	2.74	2	4.07				
广　　东	73	37.60	60	33.60	12	3.80			1	0.20		
广　　西												
海　　南												
重　　庆												
四　　川												
贵　　州												
云　　南												
西　　藏												
陕　　西												
甘　　肃												
青　　海												
宁　　夏												
新　　疆												

按内容分类全国各地区录音制品出版品种、数量(续表7)
(DVD-A及其他)

单位：种、万盒

	自编节目合计		歌曲		乐曲		戏曲		曲艺	
	种数	出版数量	种数	出版数量	种数	出版数量	种数	出版数量	种数	出版数量
全国总计	**1918**	**2134.72**	**28**	**190.30**	**29**	**23.86**	**2**	**0.80**	**5**	**3.83**
中　央	**1056**	**940.51**	**18**	**113.57**	**13**	**6.64**			**3**	**1.80**
地　方	**862**	**1194.21**	**10**	**76.74**	**16**	**17.22**	**2**	**0.80**	**2**	**2.03**
北　京	20	4.80								
天　津	2	1.40					1	0.60	1	0.80
河　北										
山　西	2	0.60			1	0.50				
内蒙古										
辽　宁	275	175.35								
吉　林	8	4.61								
黑龙江	6	2.40								
上　海	306	445.70	1	73.04						
江　苏	13	9.10					1	0.20		
浙　江	1	0.30	1	0.30						
安　徽	5	2.04	3	1.23	1	0.31				
福　建										
江　西										
山　东	39									
河　南	1	0.10								
湖　北	55	17.67								
湖　南	37	468.40	3	1.86	13	16.11			1	1.23
广　东	35	23.66								
广　西	1	8.00								
海　南										
重　庆	15	7.08								
四　川	1	0.30			1	0.30				
贵　州										
云　南	2	0.30	2	0.30						
西　藏										
陕　西	37	21.91								
甘　肃	1	0.50								
青　海										
宁　夏										
新　疆										

按内容分类全国各地区录音制品出版品种、数量(续表8)
(DVD－A 及其他)

单位：种、万盒

	教育		语言		科技		其他		其中(少儿)	
	种数	出版数量	种数	出版数量	种数	出版数量	种数	出版数量	种数	出版数量
全国总计	**461**	**698.45**	**1370**	**1200.29**	**1**	**1.20**	**22**	**15.99**	**67**	**18.19**
中　　央	**114**	**70.57**	**894**	**738.17**	**1**	**1.20**	**13**	**8.56**	**26**	**12.90**
地　　方	**347**	**627.88**	**476**	**462.12**			**9**	**7.42**	**41**	**5.29**
北　　京	18	4.50	1	0.10			1	0.20		
天　　津										
河　　北										
山　　西							1	0.10		
内 蒙 古										
辽　　宁	8	4.04	267	171.31					2	1.01
吉　　林	6	3.01					2	1.60	3	0.81
黑 龙 江	5	2.00	1	0.40						
上　　海	157	125.49	148	247.16				0.01	4	2.91
江　　苏	1	3.00	11	5.90						
浙　　江										
安　　徽	1	0.50							1	0.50
福　　建										
江　　西										
山　　东	39								30	
河　　南	1	0.10								
湖　　北	46	14.32	9	3.35						
湖　　南	18	442.40	1	4.00			1	2.80		
广　　东	31	20.94					4	2.72	1	0.07
广　　西			1	8.00						
海　　南										
重　　庆	15	7.08								
四　　川										
贵　　州										
云　　南										
西　　藏										
陕　　西			37	21.91						
甘　　肃	1	0.50								
青　　海										
宁　　夏										
新　　疆										

按内容分类全国各地区录音制品出版品种、数量(续表9)
(DVD－A及其他)

单位：种、万盒

	引进节目合计		歌曲		教育		语言		对外合作	
	种数	出版数量	种数	出版数量	种数	出版数量	种数	出版数量	种数	出版数量
全国总计	**47**	**19.41**	**1**	**2.00**	**16**	**7.95**	**30**	**9.46**		
中　　央	**30**	**9.46**					**30**	**9.46**		
地　　方	**17**	**9.95**	**1**	**2.00**	**16**	**7.95**				
北　　京										
天　　津										
河　　北										
山　　西										
内 蒙 古										
辽　　宁										
吉　　林	3	0.15			3	0.15				
黑 龙 江										
上　　海	14	9.80	1	2.00	13	7.80				
江　　苏										
浙　　江										
安　　徽										
福　　建										
江　　西										
山　　东										
河　　南										
湖　　北										
湖　　南										
广　　东										
广　　西										
海　　南										
重　　庆										
四　　川										
贵　　州										
云　　南										
西　　藏										
陕　　西										
甘　　肃										
青　　海										
宁　　夏										
新　　疆										

按载体形式分类全国各地区录像制品出版品种、数量及发行总量

单位：种、万盒、万张

	录像制品合计					激光数码视盘(VCD)			
	合计		其中：新版		发行数量	合计		其中：新版	
	种数	数量	种数	数量		种数	数量	种数	数量
全国总计	**9477**	**21788.20**	**6993**	**18221.20**	**12807.09**	**2994**	**6864.36**	**1591**	**4417.73**
中　央	**3885**	**6721.29**	**2298**	**3779.28**	**6547.68**	**1415**	**3986.41**	**418**	**1878.87**
地　方	**5592**	**15066.91**	**4695**	**14441.92**	**6259.41**	**1579**	**2877.95**	**1173**	**2538.86**
北　京	159	315.57	159	315.57	202.28	24	22.85	24	22.85
天　津	33	8.30	33	8.30	7.45	1	1.50	1	1.50
河　北	35	24.70	35	24.70	64.93				
山　西	120	18.02	76	12.54	173.28	14	3.91	2	0.40
内蒙古	88	18.40	88	18.40	48.77				
辽　宁	426	8260.33	422	8259.29	304.20	55	65.01	55	65.01
吉　林	79	36.66	74	35.66	145.53	18	4.34	17	3.74
黑龙江	12	48.70	8	46.70	48.62	1	5.50	1	5.50
上　海	580	484.38	353	341.07	406.77	145	129.36	35	60.28
江　苏	335	318.72	225	249.46	191.30	143	75.93	67	26.07
浙　江	318	108.64	257	83.22	237.65	101	57.29	61	34.03
安　徽	150	64.14	141	57.79	53.45	20	10.05	20	10.05
福　建	190	112.22	54	36.22	169.22	33	35.60	17	25.60
江　西	132	43.33	125	42.23	73.15	109	23.57	102	22.47
山　东	217	146.24	214	144.32	237.72	17	17.12	16	16.80
河　南	246	207.66	222	137.64	81.32	44	72.52	31	32.00
湖　北	293	558.42	287	555.52	298.10	223	379.91	218	377.11
湖　南	228	450.62	167	393.35	570.67	78	38.94	40	16.45
广　东	1281	3055.89	1193	2990.42	2324.42	316	1506.98	312	1476.88
广　西	76	133.83	70	129.90	57.23	37	86.22	37	86.22
海　南	5	2.40	5	2.40	13.60				
重　庆	153	253.54	71	188.18	107.24	76	219.94	6	158.04
四　川	96	73.13	96	73.13	85.49	22	10.58	22	10.58
贵　州	3	0.50	3	0.50	7.50				
云　南	222	218.70	213	208.70	203.69	64	82.44	59	74.35
西　藏	17	7.85	17	7.85	14.95	13	1.30	13	1.30
陕　西	52	73.69	44	58.23	75.03	24	26.59	16	11.13
甘　肃	21	17.83	19	16.33	50.15	1	0.50	1	0.50
青　海					5.00				
宁　夏	2		2		0.70				
新　疆	23	4.50	22	4.30					

按载体形式分类全国各地区录像制品出版品种、数量及发行总量(续表)

单位：种、万盒、万张

	高密度激光视盘(DVD－V)				录像带(VT)及其他			
	合计		其中：新版		合计		其中：新版	
	种数	数量	种数	数量	种数	数量	种数	数量
全国总计	**6342**	**14860. 86**	**5265**	**13743. 70**	**141**	**62. 98**	**137**	**59. 77**
中　　央	**2397**	**2700. 52**	**1807**	**1866. 06**	**73**	**34. 36**	**73**	**34. 36**
地　　方	**3945**	**12160. 33**	**3458**	**11877. 64**	**68**	**28. 62**	**64**	**25. 41**
北　　京	133	289. 92	133	289. 92	2	2. 80	2	2. 80
天　　津	32	6. 80	32	6. 80				
河　　北	35	24. 70	35	24. 70				
山　　西	95	7. 68	63	5. 71	11	6. 43	11	6. 43
内 蒙 古	88	18. 40	88	18. 40				
辽　　宁	366	8194. 31	362	8193. 27	5	1. 01	5	1. 01
吉　　林	49	32. 20	45	31. 80	12	0. 12	12	0. 12
黑 龙 江	11	43. 20	7	41. 20				
上　　海	408	343. 05	295	272. 04	27	11. 96	23	8. 75
江　　苏	191	242. 39	157	222. 99	1	0. 40	1	0. 40
浙　　江	217	51. 35	196	49. 19				
安　　徽	130	54. 09	121	47. 74				
福　　建	157	76. 62	37	10. 62				
江　　西	23	19. 76	23	19. 76				
山　　东	199	129. 02	197	127. 42	1	0. 10	1	0. 10
河　　南	202	135. 14	191	105. 64				
湖　　北	69	178. 31	68	178. 21	1	0. 20	1	0. 20
湖　　南	150	411. 67	127	376. 90				
广　　东	961	1547. 20	877	1511. 83	4	1. 70	4	1. 70
广　　西	38	45. 61	32	41. 68	1	2. 00	1	2. 00
海　　南	5	2. 40	5	2. 40				
重　　庆	77	33. 60	65	30. 13				
四　　川	73	62. 30	73	62. 30	1	0. 25	1	0. 25
贵　　州	3	0. 50	3	0. 50				
云　　南	157	134. 78	153	132. 86	1	1. 5	1	1. 5
西　　藏	4	6. 55	4	6. 55				
陕　　西	27	46. 95	27	46. 95	1	0. 15	1	0. 15
甘　　肃	20	17. 33	18	15. 83				
青　　海								
宁　　夏	2		2					
新　　疆	23	4. 50	22	4. 30				

按内容分类全国录像制品出版品种、数量

单位：种、万盒(张)

	VT				DVD－V			
	合计		其中：新版		合计		其中：新版	
	种数	数量	种数	数量	种数	数量	种数	数量
全国总计	**1**	**1.50**	**1**	**1.50**	**6342**	**14860.86**	**5265**	**13743.70**
其中：少儿					960	1929.03	730	1794.49
一、自编节目	**1**	**1.50**	**1**	**1.50**	**5622**	**14024.53**	**4797**	**13014.29**
故事片					197	376.22	194	374.35
电视剧					378	8616.39	371	8610.99
戏曲片					242	85.12	206	77.21
风光片					59	71.60	59	71.60
卡通片					158	720.50	147	701.00
音乐舞蹈					451	270.72	401	226.92
卡拉OK					41	14.74	40	9.94
MTV					67	16.40	67	16.40
社会科学					216	210.98	185	170.85
教育					2126	2318.92	1710	1661.82
语言					154	97.37	117	66.47
科技					42	20.43	37	18.28
经济					95	133.29	81	107.61
体育	1	1.50	1	1.50	114	84.62	85	50.36
文学					11	12.60	10	12.50
医药卫生					245	107.80	196	73.91
农业科学					101	47.49	77	25.41
工业技术					36	13.65	27	8.50
交通					4	52.31	4	52.31
航空					1	0.30	1	0.30
军事					15	2.82	15	2.82
综合					511	482.44	455	441.97
其他					358	267.81	312	232.76
二、引进节目					**710**	**829.83**	**464**	**725.91**
故事片					414	350.84	297	330.18
卡通片					190	324.86	76	263.95
音乐舞蹈					39	31.10	36	30.20
卡拉OK					1	1.00	1	1.00
教育					17	15.42	15	13.30
科技					1	6.00	1	6.00
经济					16	47.00	16	47.00
体育					1	6.00	1	6.00
文学								
医药卫生					2	0.50	2	0.50
其他					29	47.11	19	27.78
三、对外合作					**10**	**6.50**	**4**	**3.50**

按内容分类全国录像制品出版品种、数量(续表)

单位：种、万盒(张)

	VCD				其他			
	合计		其中：新版		合计		其中：新版	
	种数	数量	种数	数量	种数	数量	种数	数量
全 国 总 计	**2994**	**6864.36**	**1591**	**4417.73**	**140**	**61.48**	**136**	**58.27**
其中：少儿	673	3664.23	609	3595.69	7	4.61	6	2.51
一、自编节目	**2943**	**6594.38**	**1550**	**4154.83**	**89**	**39.18**	**85**	**35.97**
故事片	31	30.10	31	30.10	21	11.70	21	11.70
电视剧	2	4.00	2	4.00	1	1.00	1	1.00
戏曲片	334	318.63	254	285.87				
风光片	4	3.90	3	3.30	1	0.10	1	0.10
卡通片	122	1105.45	119	1073.65	1	0.50	1	0.50
音乐舞蹈	163	199.63	130	147.12	4	0.60	4	0.60
卡拉 OK	6	23.30	6	23.30				
MTV	12	8.50	12	8.50				
社会科学	42	305.41	19	5.30				
教育	1246	4050.57	552	2267.68	44	19.37	41	16.57
语言	77	64.43	45	39.52	1	0.20	1	0.20
科技	74	58.60	46	30.18	1	0.51	1	0.51
经济	36	40.72	21	7.66				
体育	22	20.72	12	17.91	4	1.56	4	1.56
文学	32	42.85	19	36.74				
医药卫生	68	49.60	17	21.11	1	0.41		
农业科学	467	132.79	146	66.17				
工业技术	52	21.95	25	16.28				
交通								
航空								
军事								
综合	89	47.17	65	42.66	1		1	
其他	64	66.06	26	27.78	9	3.23	9	3.23
二、引进节目	**51**	**269.98**	**41**	**262.90**	**51**	**22.30**	**51**	**22.30**
故事片	7	59.40	7	59.40	48	21.70	48	21.70
卡通片	12	181.20	10	181.10	1	0.05	1	0.05
音乐舞蹈	1	1.20	1	1.20				
卡拉 OK	1	1.00	1	1.00				
教育	1	1.20	1	1.20				
科技								
经济								
体育								
文学								
医药卫生								
其他	29	25.98	21	19.00	2	0.55	2	0.55
三、对外合作								

按内容分类全国各地区录像制品出版品种、数量（VT及其他）

单位：种、万张

	自编节目合计		故事片		教育		语言		其他		其中(少儿)	
	种数	出版数量	种数	出版数量	种数	出版数量	种数	出版数量	种数	出版数量	种数	出版数量
全国总计	**90**	**40.68**	**21**	**11.70**	**44**	**19.37**	**1**	**0.20**	**24**	**9.41**	**6**	**4.56**
中　　央	**42**	**18.86**	**21**	**11.70**	**11**	**4.60**			**10**	**2.56**	**1**	**1.00**
地　　方	**48**	**21.82**			**33**	**14.77**	**1**	**0.20**	**14**	**6.85**	**5**	**3.56**
北　　京	2	2.80			2	2.80						
天　　津												
河　　北												
山　　西	11	6.43			6	6.00			5	0.43		
内 蒙 古												
辽　　宁	3	0.91			2	0.40			1	0.51	1	0.30
吉　　林	12	0.12			12	0.12						
黑 龙 江												
上　　海	11	5.46			10	5.05			1	0.41	2	2.61
江　　苏	1	0.40			1	0.40						
浙　　江												
安　　徽												
福　　建												
江　　西												
山　　东	1	0.10							1	0.10		
河　　南												
湖　　北	1	0.20					1	0.20				
湖　　南												
广　　东	2	1.50							2	1.50	1	0.50
广　　西	1	2.00							1	2.00		
海　　南												
重　　庆												
四　　川	1	0.25							1	0.25		
贵　　州												
云　　南	1	1.50							1	1.50		
西　　藏												
陕　　西	1	0.15							1	0.15	1	0.15
甘　　肃												
青　　海												
宁　　夏												
新　　疆												

按内容分类全国各地区录像制品出版品种、数量(续表1)
(VT及其他)

单位：种、万盒

	引进节目合计		卡通片		教育		其他		对外合作	
	种数	出版数量	种数	出版数量	种数	出版数量	种数	出版数量	种数	出版数量
全国总计	**51**	**22.30**	**48**	**21.70**	**1**	**0.05**	**2**	**0.55**		
中　　央	**31**	**15.50**	**30**	**15.00**			**1**	**0.50**		
地　　方	**20**	**6.80**	**18**	**6.70**	**1**	**0.05**	**1**	**0.05**		
北　　京										
天　　津										
河　　北										
山　　西										
内 蒙 古										
辽　　宁	2	0.10			1	0.05	1	0.05		
吉　　林										
黑 龙 江										
上　　海	16	6.50	16	6.50						
江　　苏										
浙　　江										
安　　徽										
福　　建										
江　　西										
山　　东										
河　　南										
湖　　北										
湖　　南										
广　　东	2	0.20	2	0.20						
广　　西										
海　　南										
重　　庆										
四　　川										
贵　　州										
云　　南										
西　　藏										
陕　　西										
甘　　肃										
青　　海										
宁　　夏										
新　　疆										

按内容分类全国各地区录像制品出版品种、数量(续表2)
(DVD－V)

单位：种、万张

	自编节目合计		故事片		电视剧		戏曲片		音乐舞蹈		卡拉 OK、MTV	
	种数	出版数量	种数	出版数量	种数	出版数量	种数	出版数量	种数	出版数量	种数	出版数量
全国总计	**5622**	**14024.53**	**197**	**376.22**	**378**	**8616.39**	**242**	**85.12**	**451**	**270.72**	**108**	**31.14**
中　央	**2205**	**2526.84**	**44**	**174.00**	**3**	**1.80**	**13**	**8.32**	**103**	**65.89**	**21**	**13.35**
地　方	**3417**	**11497.69**	**153**	**202.22**	**375**	**8614.59**	**229**	**76.80**	**348**	**204.83**	**87**	**17.79**
北　京	112	235.82	4	1.60	2	38.00	2	1.70	1	1.60		
天　津	32	6.80					23	2.70			1	0.20
河　北	35	24.70			2	6.30	16	5.10	1	0.30		
山　西	95	7.68	1	0.80			3	0.70				
内蒙古	88	18.40	15	7.50			1	0.10	37	3.70	1	0.20
辽　宁	349	8191.23	10	79.00	232	8020.00			11	6.40	1	0.20
吉　林	49	32.20	1	0.10					10	1.20		
黑龙江	11	43.20										
上　海	344	305.18	4	1.00	6	1.00	35	5.49	49	45.10	1	0.40
江　苏	190	241.59	4	2.13	3	3.60	24	5.48	20	4.73	2	0.30
浙　江	217	51.35	4	2.80			21	6.38	8	4.80	2	0.20
安　徽	130	54.09			1	3.00	43	24.15	6	2.45		
福　建	57	16.62					12	1.50	7	2.70		
江　西	22	10.76					1	0.50				
山　东	199	129.02	1	0.20	7	18.86	2	0.30	1	0.10	1	0.10
河　南	202	135.14	2	0.60			16	14.10	2	0.60		
湖　北	69	178.31	1	2.00					13	12.20	1	0.20
湖　南	149	407.65	5	2.12	46	287.27	1	1.20	11	33.94		
广　东	648	1062.64	58	33.90	75	235.96	16	4.60	85	53.81	72	15.24
广　西	38	45.61	2	1.17			1	0.40	2	1.49		
海　南	5	2.40							1	0.30		
重　庆	77	33.60							1	0.20	3	0.45
四　川	65	59.90	1	0.30					27	9.61		
贵　州	3	0.50					2	0.40				
云　南	156	133.97	20	63.00	1	0.60	3	0.40	45	15.86		
西　藏	3	0.55							1	0.05	1	0.30
陕　西	27	46.95					6	1.20	5	2.20		
甘　肃	20	17.33					1	0.40	1	1.00		
青　海												
宁　夏	2										1	
新　疆	23	4.50	20	4.00					3	0.50		

按内容分类全国各地区录像制品出版品种、数量(续表3)
(DVD－V)

单位：种、万张

	社会科学		教育		医药卫生		语言		科技		经济	
	种数	出版数量	种数	出版数量	种数	出版数量	种数	出版数量	种数	出版数量	种数	出版数量
全国总计	**216**	**210.98**	**2126**	**2318.92**	**245**	**107.80**	**154**	**97.37**	**42**	**20.43**	**95**	**133.29**
中　　央	**148**	**171.98**	**896**	**1372.27**	**217**	**91.73**	**68**	**56.58**	**16**	**4.90**	**74**	**106.49**
地　　方	**68**	**39.00**	**1230**	**946.65**	**28**	**16.07**	**86**	**40.80**	**26**	**15.53**	**21**	**26.80**
北　　京	1	1.20	88	92.89							5	13.50
天　　津			1	0.30			1	0.30				
河　　北	2	2.10	11	7.10								
山　　西			84	4.58								
内 蒙 古			2	1.10								
辽　　宁			27	4.98	5	0.88	5	1.58	8	7.13	1	0.10
吉　　林			21	23.80							8	4.10
黑 龙 江			11	43.20								
上　　海	2	2.69	159	128.05	5	2.93	9	12.32				
江　　苏	9	7.56	68	57.74			6	3.00	1	0.10		
浙　　江	4	2.90	139	21.02	1	0.10	1	1.00	3	0.30	1	0.50
安　　徽	6	1.32	31	9.75			25	8.50			2	0.20
福　　建	3	0.42	29	8.30	1	0.20						
江　　西			10	3.65								
山　　东			78	27.82			8	4.00				
河　　南	2	0.50	168	113.34					10	5.00		
湖　　北			22	103.11							1	1.20
湖　　南	2	0.60	73	73.93	1	0.31						
广　　东	1	0.20	115	115.59	13	10.98	30	9.30			3	7.20
广　　西	2	2.21	21	26.02					3	2.00		
海　　南	1	1.00										
重　　庆	21	6.40	31	7.05								
四　　川	1	0.80	19	25.54								
贵　　州												
云　　南	4	0.60	15	9.65	1	0.47			1	1.00		
西　　藏			1	0.20								
陕　　西	6	8.50	5	30.45			1	0.80				
甘　　肃			1	7.50	1	0.20						
青　　海												
宁　　夏	1											
新　　疆												

按内容分类全国各地区录像制品出版品种、数量(续表4)
(DVD-V)

单位：种、万张

	体育		文学		农业科学		风光片		卡通片	
	种数	出版数量	种数	出版数量	种数	出版数量	种数	出版数量	种数	出版数量
全国总计	**114**	**84.62**	**11**	**12.60**	**101**	**47.49**	**59**	**71.60**	**158**	**720.50**
中　　央	**75**	**64.79**			**33**	**21.85**	**3**	**3.20**	**15**	**13.70**
地　　方	**39**	**19.83**	**11**	**12.60**	**68**	**25.64**	**56**	**68.40**	**143**	**706.80**
北　　京	2	0.20			2	0.38				
天　　津	1	0.30	1	0.30						
河　　北										
山　　西	1	0.10								
内 蒙 古										
辽　　宁	12	5.30					1	0.50	3	7.40
吉　　林	3	1.50							6	1.50
黑 龙 江										
上　　海	2	2.00	2	0.70	1	1.00	31	54.00	1	30.00
江　　苏					19	7.62	2	3.30	2	90.50
浙　　江					15	1.60	4	2.00	3	1.05
安　　徽							1	0.40	1	0.90
福　　建							1	1.80		
江　　西					1	0.50	2	1.30	2	3.60
山　　东	8	5.60	1	0.30	6	2.00	1	0.10	8	7.40
河　　南									1	0.80
湖　　北			6	8.10			2	1.10		
湖　　南	4	2.03	1	3.20			1	0.20	1	0.85
广　　东	4	1.00					4	1.70	96	543.80
广　　西										
海　　南					2	1.00	1	0.10		
重　　庆							1	0.20	19	19.00
四　　川							2	0.50		
贵　　州										
云　　南	2	1.80			14	7.84	2	1.20		
西　　藏										
陕　　西										
甘　　肃					8	3.70				
青　　海										
宁　　夏										
新　　疆										

按内容分类全国各地区录像制品出版品种、数量(续表5)
(DVD－V)

单位：种、万张

	工业技术		交通		军事		综合		其他		其中(少儿)	
	种数	出版数量	种数	出版数量	种数	出版数量	种数	出版数量	种数	出版数量	种数	出版数量
全国总计	**36**	**13.65**	**4**	**52.31**	**15**	**2.82**	**511**	**482.44**	**359**	**268.11**	**633**	**1443.84**
中　央	**32**	**10.55**	**4**	**52.31**	**14**	**2.42**	**223**	**123.99**	**203**	**166.73**	**130**	**407.84**
地　方	**4**	**3.10**			**1**	**0.40**	**288**	**358.45**	**156**	**101.39**	**503**	**1036.00**
北　京							2	80.90	3	3.85	21	19.58
天　津							2	2.40	2	0.30		
河　北									3	3.80	2	2.00
山　西							3	0.30	3	1.20		
内蒙古							13	2.65	19	3.15	2	1.10
辽　宁							27	48.51	6	9.26	27	12.66
吉　林											10	1.90
黑龙江												
上　海	2	2.00					28	11.14	7	5.38	43	100.55
江　苏							16	47.20	14	8.32	33	120.73
浙　江	1	0.10					3	5.90	7	0.70	12	5.05
安　徽							12	1.92	2	1.50	44	16.55
福　建							1	0.50	3	1.20	27	7.10
江　西							6	1.21			2	3.60
山　东							74	59.94	3	2.30	12	8.50
河　南									1	0.20		
湖　北							23	50.40			16	23.80
湖　南							2	1.80	1	0.20	6	33.95
广　东	1	1.00			1	0.40	53	16.13	21	11.83	211	653.90
广　西							6	11.83	1	0.50	3	1.47
海　南												
重　庆									1	0.30	20	19.17
四　川							3	6.60	12	16.55		
贵　州							1	0.10				
云　南							3	3.10	45	28.45		
西　藏											1	0.30
陕　西							2	1.40	2	2.40	3	0.80
甘　肃							8	4.53			4	2.50
青　海												
宁　夏												
新　疆											4	0.80

按内容分类全国各地区录像制品出版品种、数量(续表6)
(DVD－V)

单位：种、万张

	引进节目合计		故事片		卡通片		教育		电视剧	
	种数	出版数量	种数	出版数量	种数	出版数量	种数	出版数量	种数	出版数量
全国总计	**710**	**829.83**	**414**	**350.84**	**190**	**324.86**	**17**	**15.42**		
中　　央	**183**	**167.58**	**145**	**117.70**	**7**	**2.10**	**7**	**6.12**		
地　　方	**527**	**662.25**	**269**	**233.14**	**183**	**322.76**	**10**	**9.30**		
北　　京	21	54.10					5	7.10		
天　　津										
河　　北										
山　　西										
内 蒙 古										
辽　　宁	16	2.68	7	0.35	5	0.93	4	1.40		
吉　　林										
黑 龙 江										
上　　海	64	37.87	24	10.30	13	3.90				
江　　苏	1	0.80								
浙　　江										
安　　徽										
福　　建	100	60.00	26	7.80	74	52.20				
江　　西	1	9.00			1	9.00				
山　　东										
河　　南										
湖　　北										
湖　　南	1	4.03								
广　　东	313	484.57	204	212.29	90	256.73				
广　　西										
海　　南										
重　　庆										
四　　川	8	2.40	8	2.40						
贵　　州										
云　　南	1	0.80					1	0.80		
西　　藏	1	6.00								
陕　　西										
甘　　肃										
青　　海										
宁　　夏										
新　　疆										

按内容分类全国各地区录像制品出版品种、数量(续表7)
(DVD－V)

单位：种、万张

	戏曲片		风光片		音乐舞蹈		卡拉OK		MTV	
	种数	出版数量	种数	出版数量	种数	出版数量	种数	出版数量	种数	出版数量
全国总计	**3**	**1.20**	**2**	**0.17**	**39**	**31.10**	**1**	**1.00**	**3**	**1.30**
中　　央					**6**	**2.70**				
地　　方	**3**	**1.20**	**2**	**0.17**	**33**	**28.40**	**1**	**1.00**	**3**	**1.30**
北　　京										
天　　津										
河　　北										
山　　西										
内 蒙 古										
辽　　宁										
吉　　林										
黑 龙 江										
上　　海	3	1.20	2	0.17	21	21.30	1	1.00		
江　　苏										
浙　　江										
安　　徽										
福　　建										
江　　西										
山　　东										
河　　南										
湖　　北										
湖　　南										
广　　东					12	7.10			3	1.30
广　　西										
海　　南										
重　　庆										
四　　川										
贵　　州										
云　　南										
西　　藏										
陕　　西										
甘　　肃										
青　　海										
宁　　夏										
新　　疆										

按内容分类全国各地区录像制品出版品种、数量(续表8)
(DVD－V)

单位：种、万张

	社会科学		语言		科技		综合		其他		对外合作	
	种数	出版数量	种数	出版数量	种数	出版数量	种数	出版数量	种数	出版数量	种数	出版数量
全国总计	**10**	**13.95**	**8**	**19.16**	**1**	**6.00**	**1**	**0.80**	**21**	**64.03**	**10**	**6.50**
中　央	**9**	**13.80**	**8**	**19.16**					**1**	**6.00**	**9**	**6.10**
地　方	**1**	**0.15**			**1**	**6.00**	**1**	**0.80**	**20**	**58.03**	**1**	**0.40**
北　京									16	47.00		
天　津												
河　北												
山　西												
内蒙古												
辽　宁											1	0.40
吉　林												
黑龙江												
上　海												
江　苏							1	0.80				
浙　江												
安　徽												
福　建												
江　西												
山　东												
河　南												
湖　北												
湖　南									1	4.03		
广　东	1	0.15							3	7.00		
广　西												
海　南												
重　庆												
四　川												
贵　州												
云　南												
西　藏					1	6.00						
陕　西												
甘　肃												
青　海												
宁　夏												
新　疆												

按内容分类全国各地区录像制品出版品种、数量(续表9)
(VCD)

单位：种、万张

	自编节目合计		故事片		戏曲片		音乐舞蹈		卡拉 OK、MTV	
	种数	出版数量	种数	出版数量	种数	出版数量	种数	出版数量	种数	出版数量
全国总计	**2943**	**6594.38**	**31**	**30.10**	**334**	**318.63**	**163**	**199.63**	**18**	**31.80**
中　　央	**1392**	**3969.64**			**10**	**6.80**	**37**	**32.00**	**1**	**0.10**
地　　方	**1551**	**2624.73**	**31**	**30.10**	**324**	**311.83**	**126**	**167.63**	**17**	**31.70**
北　　京	24	22.85								
天　　津	1	1.50								
河　　北										
山　　西	14	3.91			2	0.40				
内 蒙 古										
辽　　宁	55	65.01								
吉　　林	18	4.34								
黑 龙 江	1	5.50								
上　　海	137	121.55			46	3.74	13	27.78		
江　　苏	143	75.93			50	13.20	1	1.70		
浙　　江	101	57.29			53	29.90	1	0.20		
安　　徽	20	10.05			1	0.40				
福　　建	33	35.60			19	28.60				
江　　西	109	23.57			14	3.15				
山　　东	17	17.12			6	1.90			1	0.10
河　　南	44	72.52			3	12.90			1	20.00
湖　　北	222	376.91					26	82.40		
湖　　南	78	38.94			21	12.92	2	1.22		
广　　东	297	1264.58	28	28.60	66	110.00	23	10.80	14	11.50
广　　西	37	86.22			35	86.02				
海　　南										
重　　庆	76	219.94								
四　　川	22	10.58			1	0.20	17	5.06		
贵　　州										
云　　南	64	82.43	3	1.50	3	7.70	41	38.07		
西　　藏	13	1.30			2	0.20	1	0.10	1	0.10
陕　　西	24	26.59			1	0.10	1	0.30		
甘　　肃	1	0.50			1	0.50				
青　　海										
宁　　夏										
新　　疆										

按内容分类全国各地区录像制品出版品种、数量(续表10)
(VCD)

单位：种、万张

	农业科学		教育		语言		其他		其中(少儿)	
	种数	出版数量	种数	出版数量	种数	出版数量	种数	出版数量	种数	出版数量
全国总计	**467**	**132.79**	**1246**	**4050.57**	**77**	**64.43**	**607**	**1766.43**	**637**	**3408.93**
中　　央	**370**	**82.90**	**635**	**3372.18**	**26**	**24.95**	**313**	**450.71**	**115**	**1676.13**
地　　方	**97**	**49.89**	**611**	**678.39**	**51**	**39.49**	**294**	**1315.70**	**522**	**1732.80**
北　　京	1	0.30	18	22.05			5	0.50	17	22.00
天　　津			1	1.50						
河　　北										
山　　西			12	3.51						
内 蒙 古										
辽　　宁			25	38.00			30	27.01	37	49.80
吉　　林			17	3.74			1	0.60	4	0.40
黑 龙 江			1	5.50						
上　　海	5	29.37	40	25.64	4	1.93	29	33.09	27	27.99
江　　苏	1	0.59	83	57.22			8	3.22	14	3.04
浙　　江	5	1.73	41	24.56			1	0.90	6	3.62
安　　徽			18	9.35			1	0.30	16	8.75
福　　建			14	7.00					14	7.00
江　　西	71	7.20	18	7.57			6	5.65	15	10.45
山　　东			3	0.72			7	14.40	3	4.90
河　　南			31	15.42			9	24.20		
湖　　北	6	3.51	149	230.70	17	11.80	24	48.50	181	330.90
湖　　南			22	11.47			33	13.33	27	8.20
广　　东			34	18.78	22	10.30	110	1074.60	144	1086.50
广　　西			2	0.20						
海　　南										
重　　庆			66	179.64			10	40.30	11	162.48
四　　川			4	5.32						
贵　　州										
云　　南	3	6.68					14	28.48	2	1.07
西　　藏	5	0.50					4	0.40		
陕　　西			12	10.50	8	15.46	2	0.23	4	5.70
甘　　肃										
青　　海										
宁　　夏										
新　　疆										

按内容分类全国各地区录像制品出版品种、数量(续表11)
(VCD)

单位：种、万张

	引进节目合计		故事片		卡通片		教育		其他		对外合作	
	种数	出版数量	种数	出版数量	种数	出版数量	种数	出版数量	种数	出版数量	种数	出版数量
全国总计	**51**	**269.98**	**7**	**59.40**	**12**	**181.20**	**1**	**1.20**	**31**	**28.18**		
中　　央	**23**	**16.76**			**2**	**0.60**			**21**	**16.16**		
地　　方	**28**	**253.21**	**7**	**59.40**	**10**	**180.60**	**1**	**1.20**	**10**	**12.01**		
北　　京												
天　　津												
河　　北												
山　　西												
内 蒙 古												
辽　　宁												
吉　　林												
黑 龙 江												
上　　海	8	7.81							8	7.81		
江　　苏												
浙　　江												
安　　徽												
福　　建												
江　　西												
山　　东												
河　　南												
湖　　北	1	3.00							1	3.00		
湖　　南												
广　　东	19	242.40	7	59.40	10	180.60	1	1.20	1	1.20		
广　　西												
海　　南												
重　　庆												
四　　川												
贵　　州												
云　　南												
西　　藏												
陕　　西												
甘　　肃												
青　　海												
宁　　夏												
新　　疆												

全国电子出版物出版品种、数量汇总表

单位：种、万张

	电子出版物					只读光盘（CD－ROM）			
	合计		其中：新版		发行数量	合计		其中：新版	
	种数	数量	种数	数量		种数	数量	种数	数量
全国总计	**11154**	**21322.22**	**6924**	**8087.81**	**20576.73**	**7546**	**15919.66**	**4314**	**4433.80**
中　　央	**7739**	**13614.76**	**4478**	**5218.89**	**13337.21**	**4792**	**9777.71**	**2439**	**2512.84**
地　　方	**3415**	**7707.46**	**2446**	**2868.91**	**7239.52**	**2754**	**6141.95**	**1875**	**1920.96**
北　　京	146	263.87	146	263.87	52.40	100	78.70	100	78.70
天　　津	95	39.05	78	33.35	31.82	53	16.45	45	13.95
河　　北	21	15.34	21	15.34	9.92	19	12.34	19	12.34
山　　西	33	4.24	33	4.24	0.23	32	4.14	32	4.14
内 蒙 古									
辽　　宁	285	390.32	206	108.24	423.28	271	386.06	195	104.98
吉　　林	196	56.70	196	56.70	72.30	49	31.10	49	31.10
黑 龙 江									
上　　海	652	1686.19	398	215.20	1533.66	529	1627.81	299	200.25
江　　苏	337	1314.56	99	757.13	564.85	292	1275.41	81	732.48
浙　　江	160	740.94	82	49.06	787.24	153	739.07	75	47.19
安　　徽	24	7.66	22	7.45	45.61	24	7.66	22	7.45
福　　建	64	7.93	30	5.54	10.14	62	7.73	28	5.34
江　　西	50	49.68	49	49.28	99.50	43	46.93	42	46.53
山　　东	284	126.36	278	107.89	1360.31	260	112.96	254	94.49
河　　南	91	421.00	80	138.81	78.20	40	332.50	29	50.31
湖　　北	121	178.08	67	26.39	190.58	103	172.72	50	21.33
湖　　南	86	387.63	40	111.35	319.31	77	372.81	31	96.89
广　　东	182	1059.39	111	550.04	312.91	155	729.80	84	220.45
广　　西	35	727.42	29	187.42	30.07	21	5.91	21	5.91
海　　南					1.20				
重　　庆	134	74.80	69	32.01	401.32	94	53.32	49	25.29
四　　川	309	114.21	308	114.11	147.25	287	92.95	286	92.85
贵　　州									
云　　南	35	9.48	34	9.38	51.22	33	7.17	32	7.09
西　　藏									
陕　　西	70	31.81	65	25.31	703.80	55	28.11	50	21.60
甘　　肃	2	0.30	2	0.30	10.20	2	0.30	2	0.30
青　　海	3	0.50	3	0.50	2.20				
宁　　夏									
新　　疆									

全国电子出版物出版品种、数量汇总表(续表)

单位：种、万张

	高密度只读光盘(DVD－ROM)				交互式光盘(CD－I)及其他			
	合计		其中：新版		合计		其中：新版	
	种数	数量	种数	数量	种数	数量	种数	数量
全国总计	**2747**	**3995.40**	**2072**	**2858.13**	**861**	**1407.17**	**538**	**795.88**
中　央	**2370**	**2978.93**	**1779**	**2457.02**	**577**	**858.12**	**260**	**249.03**
地　方	**377**	**1016.46**	**293**	**401.11**	**284**	**549.05**	**278**	**546.85**
北　京	15	1.77	15	1.77	31	183.40	31	183.40
天　津	12	8.40	9	7.40	30	14.20	24	12.00
河　北	1	2.00	1	2.00	1	1.00	1	1.00
山　西	1	0.10	1	0.10				
内蒙古								
辽　宁	12	4.27	9	3.27	2		2	
吉　林	9	1.60	9	1.60	138	24.00	138	24.00
黑龙江								
上　海	69	55.78	45	12.35	54	2.59	54	2.59
江　苏	44	39.13	17	24.63	1	0.02	1	0.02
浙　江	7	1.87	7	1.87				
安　徽								
福　建	2	0.20	2	0.20				
江　西	7	2.75	7	2.75				
山　东	20	13.00	20	13.00	4	0.40	4	0.40
河　南	51	88.50	51	88.50				
湖　北	17	5.07	16	4.76	1	0.30	1	0.30
湖　南	9	14.82	9	14.46				
广　东	9	7.46	9	7.46	18	322.13	18	322.13
广　西	14	721.51	8	181.51				
海　南								
重　庆	40	21.48	20	6.73				
四　川	21	21.15	21	21.15	1	0.10	1	0.10
贵　州								
云　南	2	2.30	2	2.30				
西　藏								
陕　西	12	2.80	12	2.80	3	0.91	3	0.91
甘　肃								
青　海	3	0.50	3	0.50				
宁　夏								
新　疆								

五、出版物发行

全国新华书店系统、出版社自办发行单位出版物发行进、销、存情况

单位：万册(张、份、盒)、万元

	购进		销售		库存	
	数量	金额	数量	金额	数量	金额
全国总计	**1840642**	**20248910**	**1781734**	**19534916**	**558558**	**8040534**
中　央	**227570**	**4572979**	**223935**	**4359226**	**122042**	**3230532**
地　方	**1613072**	**15675931**	**1557799**	**15175689**	**436516**	**4810002**
北　京	14977	365379	16130	374678	6359	164006
天　津	10405	141816	10198	137498	4814	102278
河　北	80070	537697	72361	522102	33348	126699
山　西	50524	546815	48133	484765	16247	145059
内蒙古	9855	84473	8087	75765	5682	35822
辽　宁	29894	401024	29586	381294	9880	209380
吉　林	26664	276018	28584	300501	6620	68330
黑龙江	23172	230212	23275	226954	5509	80549
上　海	43402	552725	48107	699526	14380	315591
江　苏	201776	1707205	181620	1539262	69597	663665
浙　江	82663	910112	76612	832649	38819	478383
安　徽	87047	931449	88451	906918	6406	134065
福　建	40050	371953	42143	362874	7275	68688
江　西	57337	588993	57338	592504	7886	95432
山　东	128182	1059031	117049	960541	42383	323586
河　南	106310	858745	107275	854984	24598	222363
湖　北	64395	584250	58988	542306	14804	199118
湖　南	103218	1187587	101304	1204272	32080	257324
广　东	52629	629338	49577	593443	18540	277865
广　西	65309	509378	66478	498734	3587	70962
海　南	14004	127440	14152	132389	3986	17470
重　庆	38175	453615	36667	435721	5491	88731
四　川	68566	732103	63850	664223	12016	209076
贵　州	39815	258448	38355	243424	9304	50270
云　南	41541	437834	40696	414480	9580	120275
西　藏	2010	13926	2104	15132	894	4594
陕　西	59536	530704	60246	544015	13764	170605
甘　肃	34725	263925	34454	260934	4893	40196
青　海	3441	23186	3513	23094	760	5442
宁　夏	4273	64792	4283	65304	1006	10898
新　疆	29107	295758	28180	285404	6009	53279

注：1. 本表中购进、销售为总购进、总销售(按国家商品流通企业统计口径，包括新华书店系统内购销)。
2. 纯销售额：指向读者实际销售的出版物以及直接向国外出口的出版物。

全国新华书店系统、出版社自办发行单位出版物纯销售情况

单位：万元

	总计	零售			批给县以下单位或个人	其他	出口
		合计	市、县	县以下			
全国总计	**6535864**	**5823950**	**4747793**	**1076157**	**271063**	**420949**	**19902**
中　　央	**355435**	**224460**	**220235**	**4225**	**10787**	**105510**	**14678**
地　　方	**6180429**	**5599490**	**4527558**	**1071932**	**260275**	**315440**	**5224**
北　　京	166612	152798	151323	1475	969	12241	605
天　　津	44146	39648	39474	173	3039	1016	444
河　　北	201629	198807	147269	51538	2124	698	
山　　西	236318	223221	155433	67788	9182	3914	
内 蒙 古	41581	40692	40614	78	879		11
辽　　宁	106949	92602	88866	3737	2507	11839	
吉　　林	32916	32916	32916				
黑 龙 江	92601	90547	89923	624	1542	512	
上　　海	235405	159970	159768	202	2010	70571	2854
江　　苏	574712	512217	309837	202381	9031	52948	516
浙　　江	409261	408414	383180	25235	97	750	
安　　徽	323352	322593	276482	46112	575	142	41
福　　建	161730	157493	128226	29267	1725	2034	478
江　　西	297832	241967	223863	18104	44232	11632	
山　　东	432781	413777	305768	108009		19004	
河　　南	331384	299351	165478	133873	1057	30976	
湖　　北	172369	171073	162042	9031	1021		275
湖　　南	415890	408391	313432	94959	6459	1040	
广　　东	254703	204125	174706	29419	47840	2737	
广　　西	218214	111469	111469		99600	7145	
海　　南	40319	12394	12394			27926	
重　　庆	221377	183419	74397	109022	2814	35144	
四　　川	344597	335236	335236		1998	7363	
贵　　州	114148	88837	66876	21961	14081	11231	
云　　南	180599	177299	133293	44006		3300	
西　　藏	6166	6166	4390	1776			
陕　　西	240364	231847	197587	34260	7492	1025	
甘　　肃	109018	109018	71209	37809			
青　　海	13054	13054	11959	1095			
宁　　夏	9359	9359	9359				
新　　疆	151045	150791	150791			254	

全国新华书店系统、出版社自办发行单位出版物销售分类情况

单位：万(册、张、份、盒)、万元

	2009年		2010年		增减(%)		2009年各类所占百分比		2010年各类所占百分比	
	数量	金额	数量	金额	数量	金额	数量	金额	数量	金额
总　　计	**1697036**	**17541569**	**1781734**	**19534916**	**0.66**	**6.47**	**-**	**-**	**-**	**-**
其中零售合计	**583275**	**5352174**	**595371**	**5823950**	**-3.44**	**2.01**	**100.00**	**100.00**	**100.00**	**100.00**
哲学、社会科学	24735	357224	21846	368581	-16.28	-3.28	4.24	6.67	3.67	6.33
文化、教育	213603	1817546	224918	2153834	-61.85	-51.83	36.62	33.96	37.78	36.98
文学、艺术	20076	290198	20143	287816	-3.51	-6.89	3.44	5.42	3.38	4.94
自然科学、技术	24963	371079	15030	283362	-43.51	-29.45	4.28	6.93	2.52	4.87
少年儿童读物	17300	207026	15120	178595	-16.13	-17.32	2.97	3.87	2.54	3.07
大中专教材	10876	154633	9667	171100	-13.46	6.56	1.86	2.89	1.62	2.94
中小学课本	244742	1750965	262279	1992716	-0.85	1.81	41.96	32.72	44.05	34.22
其他	11198	109605	13626	152099	21.35	34.23	1.92	2.05	2.29	2.61
期刊	1901	103729	1684	44398	-14.75	-57.39	0.33	1.94	0.28	0.76
报纸	1423	10877	846	5748	-40.52	-47.15	0.24	0.20	0.14	0.10
音像制品	8854	103376	6901	92733	-22.09	-9.76	1.52	1.93	1.16	1.59
电子出版物	3604	75916	3310	92964	-33.23	-6.24	0.62	1.42	0.56	1.60
非出版物商品		321084		550123						

注：1. 文化、教育类内含教辅读物数量139732万册，金额1235188万元。
2. 非出版物商品销售额不含在销售总额中。

全国出版物发行机构数和网点人数

单位：处、人

	发行机构								新华书店系统出版社自办发行从业人数	
	合计	国有书店及国有发行点	供销社	出版社	网上书店	文化教育广电邮政系统	新华书店系统外批发网点	集个体零售	全部职工	其中：国有书店及国有发行点
全国总计	**168586**	**9513**	**997**	**447**	**101**	**36455**	**7141**	**113932**	**148639**	**139504**
中央	**151**	**4**		**147**					**2655**	**918**
地方	**168435**	**9509**	**997**	**300**	**101**	**36455**	**7141**	**113932**	**145984**	**138586**
北京	8773	124		17	62	2400	1418	4752	4766	4263
天津	2962	79		13			160	2710	1894	1780
河北	5234	340		7		874	381	3632	3356	2573
山西	3225	412	26			445	122	2220	5880	5850
内蒙古	1946	227		7			49	1663	2132	2072
辽宁	4848	208		12		487	277	3864	6194	5899
吉林	2597	111		4	14	243	237	1988	2909	2817
黑龙江	3031	239	59	5	1	582	138	2007	3943	3821
上海	8982	150		45	14	2390	389	5994	3324	2838
江苏	12045	906		18	2	1683	239	9197	6107	5969
浙江	11066	477		14	1	2614	367	7593	6805	6695
安徽	8858	607		11	2	3580	329	4329	5177	5022
福建	4340	233		5		1301	158	2643	3932	3832
江西	3238	205	23	6		21	159	2824	4026	3851
山东	7626	810	170	5		920	161	5560	10318	10004
河南	8498	1050		12		2310	283	4843	14197	14030
湖北	5560	234	3	16		664	201	4442	5305	4963
湖南	8132	390		14		5003	174	2551	9778	8672
广东	13142	416	635	19			489	11583	10211	8772
广西	5051	255	81	23		1924	119	2649	4568	4204
海南	696	28		4		362	42	260	974	950
重庆	3321	267		4		620	134	2296	2577	2562
四川	9820	242			1	3389	224	5964	8511	8511
贵州	3317	222		2	1	672	115	2305	1725	1684
云南	11020	309		7		1736	121	8847	5695	5684
西藏	131	52		1		8		70	299	295
陕西	4714	205		25		1597	269	2618	4287	3997
甘肃	2204	323		3		80	179	1619	3136	3032
青海	534	61				93	28	352	734	734
宁夏	939	31		1	1	457	32	417	456	442
新疆	2585	296			2		147	2140	2768	2768

六、出版物印刷

全国出版物印刷生产情况

指标名称	企业数	工业销售产值	印刷产量		装订产量	用纸量	
			黑白	彩色			
计量单位	个	万元	万令	万对开色令	万令	万令	万吨
全国总计	**8309**	**13206765.08**	**30090.95**	**152912.73**	**28984.86**	**33366.23**	**1013.97**
北京	775	1015549.65	2553.53	12298.49	2730.59	3240.52	54.02
天津	127	154900.69	202.41	2908.62	179.32	338.61	10.50
河北	588	702305.70	1775.14	2532.85	2091.25	2039.36	24.48
山西	185	165344.70	316.06	2086.13	277.32	288.11	11.98
内蒙古	93	38690.94	98.11	311.73	94.46	85.80	5.38
辽宁	172	182383.88	1696.67	2421.56	879.03	345.10	13.95
吉林	250	359635.79	1415.17	2525.23	540.53	534.62	9.63
黑龙江	170	132503.28	286.84	2038.60	461.49	311.88	9.09
上海	255	942895.91	1227.05	12546.31	574.45	500.24	29.29
江苏	419	836226.33	1511.53	6508.99	1651.51	1670.78	58.77
浙江	450	1538739.83	1537.66	19613.74	1405.05	2684.08	86.25
安徽	261	391575.80	1228.30	2293.39	1015.33	928.90	33.90
福建	219	347832.17	506.49	1782.16	311.56	476.73	12.75
江西	124	234156.59	705.89	1532.62	771.02	522.42	16.90
山东	589	1011225.40	2426.62	22876.18	3283.90	2769.72	132.56
河南	405	402932.40	1153.54	3001.76	1126.63	1156.45	35.49
湖北	359	434663.04	1255.03	3724.68	1270.91	847.98	61.49
湖南	453	703243.43	1135.13	3178.82	1436.55	2098.31	83.41
广东	858	2269874.38	3903.30	32406.84	4144.71	9958.28	127.42
广西	178	152913.00	1759.00	3245.00	660.00	477.00	62.00
海南	58	12957.70	68.30	425.66	49.10	45.26	2.44
重庆	175	186244.95	281.63	638.15	332.72	187.36	11.11
四川	194	232199.90	1475.30	4130.85	2316.94	520.90	64.54
贵州	183	79239.54	149.83	2650.37	177.19	179.87	5.76
云南	145	152930.00	316.11	2273.97	228.50	243.17	16.16
西藏	9	9686.40	24.56	50.73	23.36	21.73	0.38
陕西	243	360972.40	668.54	1661.92	496.18	528.97	16.29
甘肃	105	76044.47	251.17	442.33	238.10	160.38	6.91
青海	49	22624.86	55.08	125.99	33.31	39.06	2.33
宁夏	80	23725.32	30.90	100.96	37.07	54.55	0.80
新疆	138	32546.64	76.06	578.11	146.77	110.12	8.00

全国出版物印刷企业财务情况

地　　区	单位数（家）	资产年末合计（万元）	负债年末合计（万元）	所有者权益年末合计（万元）	主营业务收入（万元）	营业利润（万元）	利润总额（万元）	年末平均人数（人）	增加值（万元）
全国总计	**8309**	**17819901**	**9153789**	**8666112**	**13124096**	**655189**	**783728**	**576226**	**4123744**
北　　京	775	1853880	1103397	750483	1047857	20	10997	46403	414293
天　　津	127	316531	197790	118742	142897	-1204	-25	8216	39777
河　　北	588	932400	416338	516062	672894	61646	66705	40276	230305
山　　西	185	259939	138003	121937	171551	6783	6887	10235	53350
内 蒙 古	93	57086	26569	30517	34200	2699	3888	3654	16079
辽　　宁	172	317280	194369	122911	165024	-3040	241	9957	52161
吉　　林	250	638480	199282	439198	261505	3949	14753	10889	129111
黑 龙 江	170	160262	72673	87589	122396	7052	7648	8252	49405
上　　海	255	1351342	645407	705935	1006139	54571	81650	21935	346884
江　　苏	419	949085	517156	431929	739280	38202	46795	28771	233537
浙　　江	450	1992437	1221911	770526	1441552	75671	89869	38005	337341
安　　徽	261	548244	256597	291647	416983	34160	36862	18979	136726
福　　建	219	406492	195574	210918	436283	12335	19396	14031	74217
江　　西	124	304838	175308	129530	230064	21908	22717	10139	60594
山　　东	589	1114504	572695	541809	980882	57535	66655	38792	255979
河　　南	405	594295	313687	280608	429549	20666	21835	28351	136823
湖　　北	359	468740	244625	224115	401209	14405	16820	20518	121939
湖　　南	453	756304	349831	406472	862473	95112	98886	20955	232864
广　　东	858	2641466	1209639	1431827	2128729	75418	82475	102803	658666
广　　西	178	208438	113725	94713	181902	9575	9605	7449	54443
海　　南	58	34446	19124	15322	24145	2236	2595	1209	29062
重　　庆	175	312529	169162	143368	239499	13702	16843	14591	80549
四　　川	194	315420	223193	92227	218477	14699	15744	10551	69675
贵　　州	183	134894	68280	66613	84410	-6557	-4679	5893	28115
云　　南	145	240093	121608	118484	157726	4176	6897	9332	60925
西　　藏	9	14932	4904	10028	9915	203	536	661	3491
陕　　西	243	520336	264914	255423	325236	29702	30167	32151	126493
甘　　肃	105	209200	58876	150324	69396	-247	91	6245	26635
青　　海	49	31591	18449	13142	22257	490	1071	1705	7568
宁　　夏	80	33670	11113	22557	32127	4688	4882	2927	20527
新　　疆	138	100747	29592	71155	67540	4634	4921	2351	36209

七、出版物进出口

全国图书、期刊、报纸进出口情况

		出口			进口		
		种数（种次）	数量（万册、份）	金额（万美元）	种数（种次）	数量（万册、份）	金额（万美元）
总计		**914726**	**1144.18**	**3905.51**	**1119975**	**2979.88**	**28373.26**
图书	合计	878174	855.76	3276.61	1042288	754.85	11666.91
	哲学、社会科学	201653	101.52	752.50	276618	117.99	2476.69
	文化、教育	181888	158.08	571.18	165089	180.25	2037.88
	文学、艺术	208855	144.66	650.66	168122	138.23	1690.11
	自然科学、技术	89654	57.99	345.88	252027	134.63	3414.30
	少儿读物	64657	205.23	280.61	63665	78.66	629.25
	综合性图书	131467	188.27	675.77	116767	105.09	1418.68
期刊		36018	252.89	573.44	76337	439.93	13906.17
报纸		534	35.52	55.46	1350	1785.10	2800.18

注：以上数据为全国有出版物进口经营许可证的出版物进出口经营单位数据。

全国音像、电子出版物进出口情况

		出口			进口		
		种数（种次）	数量（盒、张）	金额（万美元）	种数（种次）	数量（盒、张）	金额（万美元）
总计		**8077**	**77091**	**35.17**	**14553**	**396287**	**14134.78**
录音	合计	347	1345	0.25	11386	147281	130.79
	录音带(AT)	0	0	0.00	0	0	0.00
	激光唱盘	347	1345	0.25	11384	147279	130.78
	数码激光唱盘	0	0	0.00	2	2	0.01
录像	合计	**7730**	**75746**	**34.93**	**691**	**75489**	**13.32**
	VT	0	0	0.00	0	0	0.00
	DVD-V	7104	69129	34.25	691	75489	13.32
	VCD	626	6617	0.68	0	0	0.00
电子出版物		0	0	0.00	2476	173517	13990.67

注：以上数据为全国有出版物进口经营许可证的出版物进出口经营单位数据。

八、版权管理及贸易

全国版权合同登记情况统计

单位：份

	合　计	图　书	期　刊	音像制品	电子出版物	软　件	电　影	电视节目	其　他
合　计	**20797**	**14401**	**288**	**245**	**485**	**955**		**3**	**4420**
北京市	**8513**	7919	281		47	266			
天津市	**272**	272							
河北省	**38**	38							
山西省	**47**	47							
内蒙古									
辽宁省	**349**	328		5	2	14			
吉林省	**646**	645	1						
黑龙江	**72**	72							
上海市	**1134**	772		161	165	36			
江苏省	**4937**	718			5	178			4036
浙江省	**882**	264		77	149	8			384
安徽省	**144**	143				1			
福建省	**47**	34		2	11				
江西省	**663**	663							
山东省	**235**	235							
河南省	**231**	231							
湖北省	**208**	208							
湖南省	**438**	326	3		106			3	
广东省	**102**	102							
广西区	**326**	326							
海南省									
重庆市	**283**	261				22			
四川省	**265**	255	3			7			
贵州省	**13**	13							
云南省	**212**	212							
西藏区									
陕西省	**653**	230				423			
甘肃省									
青海省									
宁夏区	**21**	21							
新疆区	**66**	66							

全国作品自愿登记情况统计

单位：件

	合计	文字	口述	音乐	曲艺	舞蹈	杂技	美术
合　计	**442983**	**80424**	**1**	**2004**	**46**	**34**	**1**	**53326**
北京市	348175	66685		423	1			1006
天津市								
河北省	246	64		16				166
山西省	339	50		58				218
内蒙古	233	60		40	2	3		122
辽宁省	10037	6138		195		6		1677
吉林省	263	96		22				4
黑龙江	197	71		49				55
上海市	10129	3303		56				2765
江苏省	13629	991		78	2	14		11714
浙江省	13422	137		32				13051
安徽省	168	60		8	1			56
福建省	13100	99		111				12711
江西省	296	69		67				160
山东省	20167	804		160				1461
河南省	193	57		21		1		100
湖北省	843	588		18				186
湖南省	376	96		39	2			228
广东省	7667	375		150	8			5556
广西区	137	37		41	28			28
海南省								
重庆市	871	121		50				635
四川省	813	216	1	51	2	1		514
贵州省	163	7		4				122
云南省	459	108		53				230
西藏区								
陕西省	237	66		15				131
甘肃省	42	15				1		26
青海省	10	6				3	1	
宁夏区	46	21		7				17
新疆区	725	84		240		5		387

全国作品自愿登记情况统计(续表)

单位：件

	摄影	建筑	影视	设计图	地图	模型	其他
合　计	**297028**	**6**	**7544**	**1210**	**93**	**8**	**1258**
北京市	274902		4860	43			255
天津市							
河北省							
山西省			1	4	7		1
内蒙古			4	1			1
辽宁省	24	3	1980	14			
吉林省	3			16			122
黑龙江	1		6	1			14
上海市	3666		174	36			129
江苏省	538		182	57			53
浙江省			16	14	69		103
安徽省	3		34	6			
福建省	31		106	41			1
江西省							
山东省	17733		9				
河南省			4	5			5
湖北省	24		8	14	1	1	3
湖南省	1		5	5			
广东省	18		128	884	14		534
广西区	1	1	1				
海南省							
重庆市	4		11	23	1	7	19
四川省	3	2	12	10	1		
贵州省			3	27			
云南省	68						
西藏区							
陕西省	5			8			12
甘肃省							
青海省							
宁夏区	1						
新疆区	2			1			6

引进版权汇总表

原版权所在国家或地区	合　计	图　书	录音制品	录像制品	电子出版物	软　件	电　影	电视节目	其　他
合　计	**16639**	**14708**	**278**	**421**	**185**	**273**	**37**	**734**	**3**
美国	5182	4553	38	289	2	47	11	241	1
英国	2595	2256	13	90	9	15		212	
德国	895	881				14			
法国	720	706	2	1		1		10	
俄罗斯	57	55	1		1				
加拿大	140	133	1	5	1				
新加坡	265	200			3	2		60	
日本	2161	1982	21	10	3	14		130	1
韩国	1098	1047	2	9	25	8	6	1	
香港地区	658	345	141	3	3	114	20	32	
澳门地区	1	1							
台湾地区	1497	1295	52	9	135	5			1
其他	1370	1254	7	5	3	53		48	

输出版权汇总表

原版权所在国家或地区	合　计	图　书	录音制品	录像制品	电子出版物	软　件	电　影	电视节目	其　他
合　计	**7783**	**5922**	**130**	**20**	**125**	**5**	**2**	**1559**	**20**
美国	1077	766	11		21			278	1
英国	433	422	1		5	5			
德国	146	127	2						17
法国	129	126	1		2				
俄罗斯	40	40							
加拿大	16	15	1						
新加坡	221	131			42			48	
日本	187	161	25						1
韩国	507	446	51	2	8				
香港地区	448	366	1		2			79	
澳门地区	37	19			18				
台湾地区	1656	1644	1					10	1
其他	2886	1659	36	18	27		2	1144	

九、出版机构、人员及单位名录

各地区图书、音像、出版物印刷、物资机构数及职工人数

单位：处、人

	图书出版社		出版物印刷厂	印刷物资公司		音像出版单位	
	机构数	职工人数	机构数	机构数	职工人数	机构数	职工人数
全国总计	**580**	**67173**	**8309**	**202**	**1455**	**369**	**5130**
中　央	**220**	**28761**				**146**	**1479**
地　方	**360**	**38412**	**8309**	**202**	**1455**	**223**	**3651**
北　京	17	697	775			10	72
天　津	12	1062	127	1	59	7	107
河　北	8	869	588			5	83
山　西	8	664	185	2	141	3	71
内蒙古	7	515	93			1	25
辽　宁	18	1469	172			13	186
吉　林	15	1839	250	148		8	79
黑龙江	13	1018	170	1	81	6	39
上　海	38	3999	255	1	80	27	796
江　苏	18	2177	419	1	236	7	141
浙　江	14	985	450	6		7	37
安　徽	11	904	261			7	71
福　建	11	671	219	1	22	5	255
江　西	7	807	124	1	56	5	128
山　东	17	1482	589	1	268	13	219
河　南	12	1216	405	1	81	5	96
湖　北	14	1742	359	1	135	7	155
湖　南	13	2268	453	1	136	12	108
广　东	19	1311	858	5	125	24	362
广　西	8	2976	178	1		4	30
海　南	4	427	58			2	6
重　庆	3	1773	175	25		6	39
四　川	16	2163	194	1		10	143
贵　州	5	310	183	1	35	2	12
云　南	8	755	145	1		8	60
西　藏	2	93	9			2	5
陕　西	17	1780	243			9	117
甘　肃	9	280	105			3	46
青　海	2	130	49			2	12
宁　夏	3	1005	80	1		1	17
新　疆	11	1025	138	1		2	134

注：全国图书出版社580家，其中含副牌社33家，新疆包含新疆生产建设兵团数据。

全国图书出版社名录

中央出版社

出版社名称	出版社名称	出版社名称
人民出版社	中国工商出版社	人民卫生出版社
东方出版社(副牌)	光明日报出版社	人民邮电出版社
生活·读书·新知三联书店	国际文化出版公司	社会科学文献出版社
人民文学出版社	国家行政学院出版社	石油工业出版社
天天出版社	海洋出版社	时事出版社
商务印书馆	航空工业出版社	世界知识出版社
中华书局	红旗出版社	台海出版社
人民美术出版社	华龄出版社	团结出版社
人民音乐出版社	华文出版社	外文出版社
华乐出版社(副牌)	华夏出版社	华语教学出版社
中国大百科全书出版社	化学工业出版社	海豚出版社
知识出版社(副牌)	机械工业出版社	万国学术出版社
中国对外翻译出版公司	教育科学出版社	世界图书出版公司
印刷工业出版社	金城出版社	文化艺术出版社
现代出版社	经济管理出版社	文物出版社
荣宝斋出版社	经济科学出版社	五洲传播出版社
连环画出版社(副牌)	经济日报出版社	西苑出版社
中国书籍出版社	九州出版社	线装书局
中国盲文出版社	开明出版社	新华出版社
求真出版社(副牌)	科学出版社	新世界出版社
中国 ISBN 中心	龙门书局(副牌)	新星出版社
商务印书馆国际有限公司	科学技术文献出版社	学习出版社
东方出版中心	科学普及出版社	学苑出版社
国家图书馆出版社	中国科学技术出版社(副牌)	冶金工业出版社
兵器工业出版社	煤炭工业出版社	中国宇航出版社
朝华出版社	民主与建设出版社	语文出版社
大众文艺出版社	民族出版社	原子能出版社
当代世界出版社	企业管理出版社	中共党史出版社
当代中国出版社	气象出版社	中共中央党校出版社
党建读物出版社	群言出版社	中国标准出版社
地震出版社	群众出版社	中国财政经济出版社
地质出版社	人民法院出版社	中国藏学出版社
电子工业出版社	人民交通出版社	中国城市出版社
法律出版社	人民教育出版社	中国大地出版社
方志出版社	人民日报出版社	中国地图出版社
高等教育出版社	人民体育出版社	测绘出版社(副牌)

全国图书出版社名录(续表1)

中央出版社

出版社名称	出版社名称	出版社名称
中华地图学社	中国少年儿童出版社	北京大学医学出版社
中国电力出版社	中国摄影出版社	对外经济贸易大学出版社
中国电影出版社	中国社会出版社	清华大学出版社
中国商务出版社	中国社会科学出版社	外语教学与研究出版社
中国发展出版社	中国时代经济出版社	中国农业大学出版社
中国法制出版社	中国石化出版社	中国人民大学出版社
中国方正出版社	中国水利水电出版社	中国人民公安大学出版社
中国纺织出版社	中国税务出版社	中国政法大学出版社
中国妇女出版社	中国铁道出版社	中央广播电视大学出版社
中国工人出版社	中国统计出版社	中央民族大学出版社
中国广播电视出版社	中国文联出版社	解放军出版社
中国国际广播出版社	中国文史出版社	长虹出版公司(副牌)
中国和平出版社	中国市场出版社	解放军文艺出版社
中国华侨出版社	中国物资出版社	昆仑出版社(副牌)
中国画报出版社	中国戏剧出版社	金盾出版社
中国环境科学出版社	中国协和医科大学出版社	军事科学出版社
中国计划出版社	中国言实出版社	军事医学科学出版社
中国质检出版社	中国医药科技出版社	军事谊文出版社
中国检察出版社	中国友谊出版公司	蓝天出版社
中国建材工业出版社	中国致公出版社	人民军医出版社
中国建筑工业出版社	中国中医药出版社	星球地图出版社
中国金融出版社	中华工商联合出版社	长城出版社
中国经济出版社	中信出版社	长征出版社
中国劳动社会保障出版社	中央编译出版社	国防大学出版社
中国林业出版社	中央文献出版社	国防工业出版社
中国旅游出版社	中医古籍出版社	新时代出版社(副牌)
中国民航出版社	知识产权出版社	海潮出版社
中国民主法制出版社	紫禁城出版社	中国航海图书出版社(副牌)
中国民族摄影艺术出版社	宗教文化出版社	华艺出版社
中国农业出版社	作家出版社	研究出版社
农村读物出版社(副牌)	北京大学出版社	中国海关出版社
中国农业科学技术出版社	中国传媒大学出版社	北京交通大学出版社
中国青年出版社	北京航空航天大学出版社	人民武警出版社
中国轻工业出版社	北京理工大学出版社	中国长安出版社
中国人口出版社	北京师范大学出版社	中央音乐学院出版社
中国人事出版社	北京体育大学出版社	现代教育出版社
中国三峡出版社	北京邮电大学出版社	
中国商业出版社	北京语言大学出版社	

全国图书出版社名录(续表2)

地方出版社

出版社名称	出版社名称	出版社名称
北京	**河北**	辽宁教育出版社
北京出版社	河北人民出版社	辽宁科学技术出版社
北京人民出版社(副牌)	河北教育出版社	辽宁美术出版社
北京教育出版社(副牌)	河北科学技术出版社	辽宁民族出版社
北京美术摄影出版社(副牌)	河北美术出版社	辽宁少年儿童出版社
北京少年儿童出版社(副牌)	河北少年儿童出版社	大连出版社
北京十月文艺出版社(副牌)	花山文艺出版社	沈阳出版社
文津出版社(副牌)	河北大学出版社	大连海事大学出版社
同心出版社	燕山大学出版社(2011 年 11 月成立)	大连理工大学出版社
北京科学技术出版社	**山西**	东北财经大学出版社
北京工艺美术出版社	山西人民出版社	东北大学出版社
北京燕山出版社	书海出版社(副牌)	辽宁大学出版社
北京联合出版公司	北岳文艺出版社	辽宁师范大学出版社
中国书店	三晋出版社	白山出版社
北京工业大学出版社	山西教育出版社	吉林
首都经济贸易大学出版社	山西经济出版社	吉林出版集团有限责任公司
首都师范大学出版社	山西科学技术出版社	吉林人民出版社
旅游教育出版社	希望出版社	北方妇女儿童出版社
天津	**内蒙古**	吉林教育出版社
天津人民出版社	内蒙古人民出版社	吉林科学技术出版社
百花文艺出版社	内蒙古科学技术出版社	吉林美术出版社
天津古籍出版社	内蒙古少年儿童出版社	吉林摄影出版社
天津教育出版社	内蒙古文化出版社	吉林文史出版社
新蕾出版社	远方出版社	时代文艺出版社
天津科学技术出版社	内蒙古大学出版社	长春出版社
天津人民美术出版社	内蒙古教育出版社	延边人民出版社
天津社会科学院出版社	**辽宁**	延边教育出版社
天津杨柳青画社	辽宁人民出版社	东北师范大学出版社
天津科技翻译出版公司	春风文艺出版社(副牌)	吉林大学出版社
南开大学出版社	辽海出版社	延边大学出版社
天津大学出版社	万卷出版公司	**黑龙江**

全国图书出版社名录(续表3)

地方出版社

出版社名称	出版社名称	出版社名称
黑龙江人民出版社	学林出版社	南京大学出版社
北方文艺出版社	上海科学技术文献出版社	南京师范大学出版社
黑龙江朝鲜民族出版社	上海科学普及出版社	苏州大学出版社
黑龙江教育出版社	立信会计出版社	中国矿业大学出版社
黑龙江美术出版社	上海财经大学出版社	广陵书社
黑龙江少年儿童出版社	上海社会科学院出版社	浙江
哈尔滨出版社	文汇出版社	浙江人民出版社
哈尔滨地图出版社	复旦大学出版社	杭州出版社
黑龙江科学技术出版社	华东理工大学出版社	宁波出版社
东北林业大学出版社	华东师范大学出版社	浙江古籍出版社
黑龙江大学出版社	上海交通大学出版社	浙江教育出版社
哈尔滨工程大学出版社	上海外语教育出版社	浙江科学技术出版社
哈尔滨工业大学出版社	同济大学出版社	浙江人民美术出版社
上海	上海大学出版社	浙江少年儿童出版社
上海人民出版社	上海浦江教育出版社	浙江摄影出版社
上海中西书局	东华大学出版社	浙江文艺出版社
格致出版社	第二军医大学出版社	西泠印社出版社
上海人民美术出版社	上海音乐学院出版社	浙江大学出版社
上海三联书店	中国福利会出版社	中国美术学院出版社
上海辞书出版社	**江苏**	浙江工商大学出版社
上海古籍出版社	江苏人民出版社	**安徽**
上海锦绣文章出版社	凤凰出版社	安徽人民出版社
上海教育出版社	江苏教育出版社	安徽教育出版社
上海科技教育出版社	江苏科学技术出版社	安徽科学技术出版社
上海科学技术出版社	江苏美术出版社	安徽美术出版社
上海书店	江苏少年儿童出版社	安徽少年儿童出版社
上海书画出版社	江苏文艺出版社	安徽文艺出版社
上海文艺出版社	译林出版社	黄山书社
上海文化出版社	南京出版社	安徽大学出版社
上海音乐出版社	古吴轩出版社	中国科学技术大学出版社
上海译文出版社	东南大学出版社	合肥工业大学出版社
上海远东出版社	河海大学出版社	安徽师范大学出版社
少年儿童出版社	江苏大学出版社	**福建**

全国图书出版社名录(续表4)

地方出版社

出版社名称	出版社名称	出版社名称
福建人民出版社	中国海洋大学出版社	湖南人民出版社
鹭江出版社(副牌)	山东大学出版社	湖南地图出版社
福建科学技术出版社	中国石油大学出版社	湖南教育出版社
福建美术出版社	黄河出版社	湖南科学技术出版社
福建少年儿童出版社	**河南**	湖南美术出版社
海峡书局出版社	河南人民出版社	湖南少年儿童出版社
海峡文艺出版社	文心出版社(副牌)	湖南文艺出版社
福建教育出版社	大象出版社	岳麓书社
福建省地图出版社	海燕出版社	湖南大学出版社
厦门大学出版社	河南科学技术出版社	湖南师范大学出版社
海风出版社	河南美术出版社	中南大学出版社
江西	河南文艺出版社	国防科技大学出版社
江西人民出版社	中原农民出版社	湘潭大学出版社
百花洲文艺出版社	中州古籍出版社	**广东**
二十一世纪出版社	河南大学出版社	广东人民出版社
江西教育出版社	郑州大学出版社	广东教育出版社
江西科学技术出版社	黄河水利出版社	广东经济出版社
江西美术出版社	**湖北**	广东科技出版社
江西高校出版社	湖北人民出版社	花城出版社
山东	崇文书局	岭南美术出版社
山东人民出版社	长江文艺出版社	广东新世纪出版社
齐鲁书社	湖北教育出版社	广东高等教育出版社
明天出版社	湖北科学技术出版社	广东旅游出版社
山东画报出版社	湖北美术出版社	广东省地图出版社
山东教育出版社	湖北少年儿童出版社	广州出版社
山东科学技术出版社	武汉出版社	海天出版社
山东美术出版社	中国地质大学出版社	珠海出版社(已于2011年8月注销)
山东文艺出版社	华中科技大学出版社	汕头大学出版社
山东友谊出版社	华中师范大学出版社	中山大学出版社
泰山出版社	武汉大学出版社	华南理工大学出版社
济南出版社	武汉理工大学出版社	暨南大学出版社
青岛出版社	长江出版社	羊城晚报出版社
山东省地图出版社	**湖南**	南方日报出版社

全国图书出版社名录(续表5)

地方出版社

出版社名称	出版社名称	出版社名称
深圳报业集团出版社	西南财经大学出版社	西北大学出版社
广西	西南交通大学出版社	西北工业大学出版社
广西人民出版社	**贵州**	第四军医大学出版社
漓江出版社	贵州人民出版社	西北农林科技大学出版社
广西教育出版社	贵州教育出版社	**甘肃**
广西科学技术出版社	贵州科学技术出版社	甘肃人民出版社
广西美术出版社	贵州民族出版社	甘肃少年儿童出版社(副牌)
接力出版社	贵州大学出版社	甘肃教育出版社(副牌)
广西民族出版社	**云南**	甘肃科学技术出版社(副牌)
广西师范大学出版社	云南人民出版社	甘肃民族出版社(副牌)
海南	晨光出版社	甘肃人民美术出版社(副牌)
海南出版社	云南教育出版社	敦煌文艺出版社(副牌)
三环出版社(副牌)	云南科学技术出版社	甘肃文化出版社
南方出版社	云南美术出版社	兰州大学出版社
南海出版公司	德宏民族出版社	**青海**
重庆	云南民族出版社	青海人民出版社
重庆出版社	云南大学出版社	青海民族出版社(副牌)
重庆大学出版社	**西藏**	**宁夏**
西南师范大学出版社	西藏人民出版社	宁夏人民出版社
四川	藏文古籍出版社	阳光出版社(副牌)
四川人民出版社	**陕西**	宁夏人民教育出版社(副牌)
巴蜀书社	陕西人民出版社	**新疆**
成都地图出版社	三秦出版社	新疆人民出版社
成都时代出版社	陕西科学技术出版社	喀什维吾尔文出版社
四川辞书出版社	陕西人民教育出版社	新疆人民卫生出版社
四川教育出版社	陕西人民美术出版社	新疆科学技术出版社
四川科学技术出版社	太白文艺出版社	新疆美术摄影出版社
四川美术出版社	未来出版社	克孜勒苏柯尔克孜文出版社
四川民族出版社	西安出版社	新疆教育出版社
四川少年儿童出版社	陕西旅游出版社	新疆青少年出版社
四川文艺出版社	西安地图出版社	伊犁人民出版社
天地出版社	陕西师范大学出版社	新疆大学出版社
电子科技大学出版社	西安电子科技大学出版社	新疆生产建设兵团出版社
四川大学出版社	西安交通大学出版社	

全国音像出版社名录

中央出版社

出版社名称	出版社名称	出版社名称
人民卫生电子音像出版社	中国妇女音像出版社	中央文献音像出版社
地质出版社（国土资源电子音像出版社）	中国对外翻译音像出版公司	中影音像出版发行有限责任公司
北京语言大学出版社有限公司	（中国对外翻译出版公司）	北京中科新世纪音像出版社有限责任公司
生活·读书·新知三联书店	中国少年儿童音像电子出版社	中纺音像出版社
三辰影库音像出版社有限公司	宗教文化出版社	中经录音录像中心
世图音像电子出版社有限公司	中国广播影视音像出版中心	九洲音像出版公司
北京世界知识音像电子出版社	中国广播音像出版社	五洲传播音像出版社
东方音像电子出版社	中国录音录像出版总社	中国人民大学出版社有限公司
中信出版股份有限公司	中国文采声像出版公司	人民交通音像电子出版社
中华书局有限公司	中国旅游出版社	人民体育音像出版社
中华医学电子音像出版社	中国时代经济音像电子出版社	人民教育电子音像出版社
中国人口出版社	中国检察出版社	人民法院电子音像出版社
中国人民公安大学出版社	中国民族音像出版社	人民邮电出版社
中国传媒大学出版社	《中国汽车报》社	人民音乐电子音像出版社
中国农影音像出版社	中国电力音像电子出版社	农业教育声像出版社
中国劳动社会保障出版社	中国电子音像出版社	北京中电电子出版社
中国华侨出版社	中国盲文出版社有声读物部	北京东方影音公司
中国卫生科教音像出版社	中国科学文化音像出版社有限公司	北京中轻生活音像出版社
中国原子能出版传媒有限公司	中国职工音像出版社	北京交通大学电子音像出版社
中国和平出版社有限责任公司	中国质检出版社（原中国标准出版社）	北京体育大学音像电子出版社
（中国和平音像电子出版社）	中国青少年音像出版社	北京协和医学音像电子出版社
中国国际传播音像出版社	中国青年出版社	北京南海音像出版社
中国国际广播音像出版社	中国青年教育音像出版社	北京国际音像出版社
中国国际电视总公司（节目代理部）	中央广播电视大学音像出版社有限责任公司	北京外语音像出版社
中国大百科全书电子音像出版社	中央教育科学研究所音像出版社	北京大学音像出版社有限公司

全国音像出版单位名录(续表1)

中央出版社

出版社名称	出版社名称	出版社名称
北京天盛科学技术音像出版社	新影音像出版社	中国音乐家音像出版社
北京对外经济贸易大学出版社有限责任公司	红旗音像电子出版社	中国医药科技音像出版社
北京师范大学音像出版社	民族音像出版社	清华同方光盘电子出版社
北京环球音像出版社	中共中央党校求索音像出版社	中国康艺音像出版社
北京科影音像出版社	清华大学出版社有限公司	建设音像出版社
北京科海电子出版社	现代教育出版社	北京伟地电子音像出版社
中航出版传媒有限责任公司	电化教育电子音像出版社有限责任公司	煤炭工业音像出版社
(原北京航宇音像出版社)	北京社科智库电子音像出版社	时代传播音像出版社
北京财经电子音像出版社	科学普及出版社	人民出版社
北京北影录音录像公司	纵横电子音像出版社	中国方正出版社
华信音像出版社	中电报(北京)音像出版社有限公司	中国文联音像出版公司
华录出版传媒有限公司	英华电子音像出版社	北京卓众出版有限公司
华盛音像出版社	语文音像出版社	海豚出版社有限责任公司
商务印书馆国际有限公司	金城音像出版社	中国书店
商务印书馆电子音像出版中心	金报电子音像出版中心	中国石化出版社有限公司
国家行政学院音像出版社	隆兴音像出版社	总政
国际文化交流音像出版社	中国唱片总公司	中国华艺音像实业有限公司
外文出版社有限责任公司	高等教育电子音像出版社有限公司	武警音像出版社
奔流电子音像出版社	法制音像出版社	解放军卫生音像出版社
中国建筑工业出版社	先行音像出版社	解放军外语音像出版社
开明文教音像出版社	中国金融出版社	解放军音像出版社
当代中国音像出版社	学习出版社	金盾音像出版社
文物出版社	北京理工大学出版社	国防工业音像出版社
新世界出版社有限责任公司音像部	大恒电子音像出版社	南海潮音像出版社
新华音像中心	中国电影音像出版社	中国三环音像社

全国音像出版单位名录(续表2)

地方出版社

出版社名称	出版社名称	出版社名称
北京	**内蒙古**	黑龙江文化电子音像出版社
北京市青少年音像出版社有限责任公司	内蒙古文化音像出版社	黑龙江省教育音像出版社
北京文化艺术音像出版有限责任公司	**辽宁**	黑龙江省教育音像出版社
北京电子音像出版社	东北大学音像出版社	**上海**
北京电影学院音像出版社	半岛音像出版社	上海中医药大学音像出版社
北京联合出版有限责任公司	大连理工大学电子音像出版社	上海同济大学电子音像出版社有限公司
北京音像公司	大连音像出版社有限公司	上海城市动漫出版传媒有限公司
北京高教电子音像出版社有限责任公司	实用医学音像出版社	上海声像出版社有限公司
北京旅游教育出版社有限责任公司	沈阳电子出版社	上海外语音像出版社有限公司
北京电视艺术中心音像出版社有限公司	辽宁广播电视音像出版社	上海尚世影业有限公司
北京科学技术出版社有限公司	辽宁教育出版社	上海世纪出版股份有限公司教育声像出版社
天津	辽宁教育电子音像出版社	上海教育音像出版社有限责任公司
天津北洋音像出版社有限公司	辽宁文化艺术音像出版社	上海文艺音像电子出版社有限公司
南开大学出版社电子音像部	辽宁科学技术出版社有限责任公司	上海海文音像出版社
天大电子出版社	辽宁辽沈音像电子出版社	上海世纪出版股份有限公司科技音像出版社(上海科技音像出版社)
天津外语电子音像出版社有限责任公司	辽宁音像出版社有限责任公司	上海电影音像出版社
天津市文化艺术音像出版社有限公司	**吉林**	上海科学技术文献出版社有限公司
天津音像公司	长春音像电子出版社	上海世纪出版股份有限公司译文电子音像出版社
新蕾音像出版社	吉林音像出版社	上海音像出版社有限公司
河北	东北师范大学音像出版社	上海音像有限公司
方圆电子音像出版社有限责任公司	吉林大学音像出版社	上海高教电子音像出版社有限公司
河北教育音像出版社有限责任公司	吉林教育音像出版社	东方出版中心
河北文化音像出版社	吉林民族音像出版社	中国唱片上海公司
河北百灵音像出版社	吉林文化音像出版社	华东师范大学电子音像出版社有限公司
河北音像出版社	吉林银声音像出版社有限公司	华东理工大学电子音像出版社
山西	**黑龙江**	上海复旦大学电子音像出版社有限公司
山西教育音像出版社有限责任公司	哈尔滨工业大学音像教材出版社	上海世纪出版股份有限公司少年儿童电子音像出版社
山西广电音像出版有限责任公司	哈尔滨商业大学音像教材出版社	浦东电子出版社
山西春秋电子音像出版社	黑龙江广播电视音像出版社	上海交通大学电子音像出版社有限公司

全国音像出版单位名录(续表3)

地方出版社

出版社名称	出版社名称	出版社名称
上海科学普及出版社	福建教育音像出版社有限责任公司	**湖北**
上海音乐学院出版社	福建省文艺音像出版社有限责任公司	宜昌三峡电子音像出版社有限责任公司
江苏	福建电子音像出版社有限责任公司	华中科技大学电子音像出版社
东南大学电子音像出版社	**江西**	湖北省扬子江影音有限责任公司
南京音像出版社	二十一世纪音像电子出版社	武汉大学音像出版社
南京大学电子音像出版社	江西教育音像电子出版社	武汉影视艺术传媒有限公司
苏州江南电子音像出版社	江西音像出版社	湖北音像艺术出版社
江苏凤凰电子音像出版社有限公司	江西高校出版社	湖北九通电子音像出版社有限公司
江苏文化音像出版社	红星电子音像出版社有限责任公司	**湖南**
江苏音像出版社	**山东**	中南大学音像出版社
浙江	大众音像出版社	湖南国风电子音像出版社有限责任公司
浙江音像出版社有限公司	黄海数字出版社	湖南大学出版社
浙江文艺音像出版社有限公司	明天出版社有限公司	湖南少年儿童音像出版社有限责任公司
浙江电子音像出版社有限公司	齐鲁电子音像出版社	湖南师范大学出版社
浙江大学电子音像出版社	青岛电子音像出版社	湖南教育音像电子出版社
杭州汉书数字出版传播有限公司	山东电子音像出版社有限公司	湖南文化音像出版社
宁波东海岸电子音像出版社	山东教育电子音像出版社	湖南电子音像出版社有限责任公司
嘉兴吴越电子音像出版有限公司	山东科学技术出版社有限公司	湖南科学技术电子音像出版社有限公司
安徽	山东商报电子音像出版社	湖南美术电子音像出版社有限责任公司
时代新媒体出版社有限责任公司	山东文化音像出版社	潇湘电影制片厂音像出版社
安徽音像出版社	中国石油大学音像电子出版社有限公司	湖南金蜂音像出版社
安徽教育电子音像出版社	山东农业大学电子音像出版社	**广东**
安徽新华音像出版社	山东大学音像出版社有限公司	中国唱片广州公司
中国科学技术大学音像出版社	**河南**	中国唱片深圳公司
安徽科技音像有限公司	河南教育电子音像出版社有限责任公司	中山大学音像出版社
合肥工业大学出版社有限责任公司	河南电子音像出版社有限公司	华南理工大学出版社有限公司
福建	河南省文化艺术音像出版有限责任公司	太平洋影音公司
厦门音像出版有限公司	黄河音像出版社	广东嘉应音像出版有限公司
海峡世纪(福建)影视文化有限公司	河南科学技术出版社有限公司	广东大音音像出版社

全国音像出版单位名录(续表4)

地方出版社

出版社名称	出版社名称	出版社名称
广东岭南美术出版社有限责任公司	西南师范大学电子音像出版社	**陕西**
广东惠州音像出版社	重庆音像出版社有限责任公司	陕西师范大学出版总社有限公司
广东新世纪音像电子出版社有限公司	重庆电子音像出版社有限公司	陕西文化音像出版社
广东珠江音像出版社	**四川**	西安外语音像教材出版社有限公司
广东语言音像电子出版社有限公司	四川党建音像出版社	西安出版社有限责任公司
广东音像出版社有限公司	华科音像出版社	西北工业大学音像电子出版社
广东音像教材出版社有限公司	四川大学出版社有限责任公司	西安电影制片厂录音录像出版社
广州出版社有限公司	四川文艺音像出版社	陕西电子音像出版社
广州外语音像出版社有限公司	四川音像出版社	陕西音像出版社
深圳市书城电子出版物有限责任公司	峨眉电影制片厂音像出版社	西安交通大学音像出版社有限责任公司
深圳市激光节目出版发行公司	成都音像出版社有限公司	**甘肃**
深圳音像公司	四川省教育电子音像出版社	甘肃省音像出版社有限责任公司
珠江电影制片公司白天鹅音像出版社	四川数字出版传媒有限公司	飞天电子音像出版社
珠海特区音像出版社	成都西南交大出版社有限公司	甘肃省声像教材出版社有限责任公司
珠海百年电子音像出版社	**贵州**	**青海**
广东海燕电子音像出版社有限公司	贵州文化音像出版社	青海昆仑音像出版社
广东教育出版社有限公司	贵州省东方音像出版社有限公司	西海民族音像出版社
广西	**云南**	**宁夏**
广西工学院音像电子出版社有限责任公司	云南科技出版社有限责任公司	宁夏黄河电子音像出版社
接力音像电子出版社	云南人民电子音像出版社	**新疆**
广西音像教材出版社有限公司	云南教育音像电子出版社有限责任公司	新疆电子音像出版社
广西金海湾电子音像出版社有限公司	晨光音像电子出版社	新疆音像出版社
海南	云南民族文化音像出版社有限责任公司	
南方音像出版社	云南音像出版社	
海南省电子音像出版社	云南大学电子音像出版社	
重庆	德宏民族出版社	
天健电子音像出版社(重庆天健电子音像出版有限公司)	**西藏**	
重庆大学电子音像出版社有限公司	西藏音像出版社	
重庆中电电子音像出版有限责任公司	雪域音像电子出版社	